BAYESIAN INFERENCE FOR SOCIAL SCIENCE RESEARCH

社会科学研究的贝叶斯推断方法

顾 昕◎著

华东师范大学出版社
·上海·

图书在版编目(CIP)数据

社会科学研究的贝叶斯推断方法/顾昕著. —上海：华东师范大学出版社，2024. —ISBN 978-7-5760-5449-1

Ⅰ. C3

中国国家版本馆 CIP 数据核字第 2024W0H815 号

社会科学研究的贝叶斯推断方法

著　　者　顾　昕
责任编辑　彭呈军
特约审读　单敏月
责任校对　王丽平
装帧设计　郝　钰

出版发行　华东师范大学出版社
社　　址　上海市中山北路 3663 号　邮编 200062
网　　址　www.ecnupress.com.cn
电　　话　021-60821666　行政传真 021-62572105
客服电话　021-62865537　门市(邮购) 电话 021-62869887
地　　址　上海市中山北路 3663 号华东师范大学校内先锋路口
网　　店　http://hdsdcbs.tmall.com

印 刷 者　上海锦佳印刷有限公司
开　　本　787 毫米×1092 毫米　1/16
印　　张　15.5
字　　数　258 千字
版　　次　2024 年 11 月第 1 版
印　　次　2024 年 11 月第 1 次
书　　号　ISBN 978-7-5760-5449-1
定　　价　58.00 元

出 版 人　王　焰

目录

前言

大约 260 年前，理查德·普莱斯（Richard Price）发表了他的已故朋友托马斯·贝叶斯（Thomas Bayes）的论文（Bayes & Price, 1763），提出了贝叶斯公式，创立了贝叶斯统计理论。尽管贝叶斯的思想在当时并未立即引起广泛关注，但托马斯·贝叶斯的工作为后来的统计学界开启了一扇新的大门。大约 210 年前，西蒙-皮埃尔·拉普拉斯（Simon-Pierre Laplace）提出了统计学的贝叶斯定理（Bayes Theorem, Laplace, 1814）。这一里程碑式的贡献使得贝叶斯理论得到了推广。贝叶斯统计的原理较复杂，计算较为困难，是阻碍其应用的主要原因。进入 20 世纪，随着计算机技术的飞速进步，贝叶斯统计迎来了发展机遇，计算能力的提升使得复杂的贝叶斯数据分析变得可行，贝叶斯方法开始被广泛应用。但是贝叶斯统计的应用更多是在生物学、化学、医学、工程技术等领域，在人文社会科学领域的应用远不及理工科领域。在 21 世纪，面向社会科学（如教育学、心理学、管理学、社会学等）的统计学也将目光转向了贝叶斯方法，旨在促进贝叶斯统计在社会科学研究中的应用。

统计推断是数据分析的核心，包括参数估计和假设检验两个部分。近年来，基于贝叶斯定理的贝叶斯统计推断方法得到了快速发展，贝叶斯统计学者开发了许多适合社会科学数据分析的贝叶斯软件，包括 BUGS、JAGS、JASP、Stan，以及 R 语言平台软件包 brms、BAS、bain、blavaan 等。同时，也出现了很多关于贝叶斯统计的综述、评论或教程文献，帮助社会科学研究者使用贝叶斯方法和软件分析数据和解读结果。尽管近十年面向社会科学研究的贝叶斯统计推断方法和软件发展迅猛，但是目前频率统计推断仍是社会科学数据分析的主流方法，尤其在国内教育学、心理学领域使用贝叶斯方法的实证研究还很少。此外，目前有关贝叶斯统计推断的中文书籍主要关注贝叶斯统计理论和计算方法，没有结合统计软件演示贝叶斯推断在实证研究中的应用，仅适合有较强数理背景的理工科研究者。

作者在过去十年间研究了贝叶斯假设检验和模型选择的方法和应用，并开发了R软件包bain，参与了JASP软件的开发工作。本书涵盖了作者关于贝叶斯假设检验和模型选择的研究工作，结合案例在各类常用统计模型下讨论贝叶斯方法的应用流程和结果解读，同时给出案例数据分析的bain软件代码和JASP操作步骤。

本书主要讨论贝叶斯假设检验和模型选择的理论方法、模型应用、实证应用。第一章概述贝叶斯统计的基本概念以及相比于传统频率统计的优势。第二章综述贝叶斯假设检验的方法和应用，并介绍作者开发的贝叶斯检验软件，该章节不涉及统计原理和具体模型。第三章详细论述贝叶斯假设检验的原理和贝叶斯因子指标的计算，重点讨论本书作者提出的贝叶斯检验方法。该章节适合有一定数理基础的读者，只关注实际应用的读者可跳过第三章，不影响后续阅读。

第四、五、六、七、八章阐述贝叶斯假设检验在具体统计模型中的应用，每章都以实证案例穿插其中，展示作者提出的贝叶斯检验方法的实际应用，并演示作者开发的贝叶斯假设检验R软件包bain和JASP软件Bain模块的数据分析操作。具体地，第四章关注贝叶斯t检验模型，包括单样本t检验、两样本t检验、独立样本t检验、配对样本t检验的贝叶斯评估方法及其在软件中的实现。第五章考虑方差分析模型，包括单因素方差分析、两因素方差分析、协方差分析、重复测量方差分析模型的贝叶斯检验方法及其软件实现。第六章探讨贝叶斯检验方法在线性回归模型和logistic回归模型中的应用，包括自变量效应的检验、自变量效应次序的评估、模型整体检验等，同时给出回归模型贝叶斯检验的软件操作。第七章讨论因子分析模型中的贝叶斯检验问题，主要涉及因子负荷的贝叶斯检验，同样也有软件操作演示。第八章将线性回归模型和因子分析模型结合，在潜变量回归模型中考虑潜变量效应大小的贝叶斯检验以及软件实现。

第九章讨论线性回归模型和因子分析模型的贝叶斯变量选择方法，根据模型的后验概率指标选择最优模型，并给出融合先验信息的单边变量选择方法。第十章关注模型变量的相对重要性评估问题，在回归模型下讨论重要性评估指标和检验方法，并将其拓展到潜变量回归模型和多重中介模型。第十一章介绍贝叶斯网络的方法、应用与优势，并给出贝叶斯网络结构学习算法，使用融合先验信息的贝叶斯模型选择方法构建贝叶斯网络。

第一章　贝叶斯统计推断

统计推断是数据分析的必要手段，它帮助研究者从数据中提取有意义的信息，并据此做出决策。频率学派和贝叶斯学派是统计学的两大分支，它们在概率解释和先验信息使用上存在差异。长期以来频率统计推断都是社会科学研究的主流方法，但也受到了广泛的批评（Edwards et al.，1963；Mulaik & Steiger，1997；Wagenmakers，2007）。随着计算机技术的进步，贝叶斯统计推断方法得到快速发展，许多贝叶斯统计学者致力于推广贝叶斯统计的应用（Wagenmakers et al.，2018a；Van de Schoot et al.，2021；Heck et al.，2023）。但是贝叶斯方法在人文社会科学研究的应用还较少（van de Schoot et al.，2017），可能的原因是相比于频率统计，贝叶斯统计的原理较为复杂、更难理解。本章以较为通俗的语言阐述贝叶斯统计与频率统计的区别、贝叶斯统计的基本概念与计算方法、贝叶斯假设检验的方法与优势等。

第 1 节　频率统计与贝叶斯统计

大多数社会科学研究者在使用量化分析方法时知道统计学在解决研究问题中所起的重要作用，然而并不是所有的研究者都意识到统计推断背后的概率理论，以及不同理论之间的实际差异。现代统计学分为频率学派和贝叶斯学派，这两个学派的本质差异是概率理论的范式不同。

以罗纳德・费希尔（Ronald Fisher）、耶日・内曼（Jerzy Neyman）、埃贡・皮尔逊（Egon Pearson）为代表人物的频率学派，将概率与多次实验事件发生的频率相联系，将概率看作是频率的极限，以样本数据的频率为基础进行推断。一个典型的例子是抛硬币实验，当我们重复无限次实验后，概率表示为抛硬币正面或反面朝上的比例。频率统计假定总体中的未知参数是固定不变的，只有一个真实的总体参数。

以哈罗德·杰弗里斯（Harold Jefferys）和大卫·林德利（David Lindley）为代表人物的贝叶斯学派，将未知参数看作是随机的，将概率解释为未知参数的不确定性，以概率分布描述未知参数。在观测数据之前，人们对未知参数的认识称为先验信息。贝叶斯统计没有无限重复实验这一假想的概念，研究者使用当次实验数据更新未知参数的先验信息。例如在抛硬币实验中，正面朝上的概率是随机变化的，当观测到某次实验的结果时，正面概率也随之更新。

频率统计通过样本信息构造统计量的抽样分布，推断总体参数。总体参数是确定的值，但它的样本估计可能存在误差，频率统计使用置信区间（confidence interval）表达参数估计的误差范围。贝叶斯统计则将先验信息和样本数据结合，得到后验分布，并以此推断未知参数。总体参数是随机的，样本数据更新了先验信息中随机参数的值。贝叶斯统计使用可信区间（credible interval）表达随机参数的范围，95%可信区间表示总体参数在该区间的概率是95%。表1-1展示了以上讨论的频率统计和贝叶斯统计的区别。

表1-1 频率统计与贝叶斯统计的区别

	频率统计	贝叶斯统计
参数性质	未知但是确定	未知因此随机
总体参数	具有唯一真值	服从概率分布
先验信息	不能包含	可以包含
推断分布	抽样分布	后验分布
推断区间	置信区间	可信区间
信息来源	实验数据	先验和数据

第2节 贝叶斯推断的基本概念

2.1 贝叶斯定理

在贝叶斯统计中，所有的变量和参数都将被赋予一个联合概率分布，构建未知参数在给定观测变量下的条件分布进行推断。条件分布是概率论中的一个重要概念，它描述了在已知某些变量条件下随机变量的分布情况。基本的条件概率公式可写为：

$$P(B \mid A)=\frac{P(AB)}{P(A)} \tag{1-1}$$

其中，A 和 B 表示事件或变量，$P(B \mid A)$ 表示在事件 A 发生的条件下事件 B 发生的概率，它等于事件 A 和 B 同时发生的概率 $P(AB)$ 与事件 A 发生的概率 $P(A)$ 的比值。需要注意的是，$P(AB)=P(BA)$ 都表示事件 A 和 B 同时发生的概率，且根据式(1-1)，$P(AB)=P(B \mid A)P(A)$。但是 $P(A \mid B) \neq P(B \mid A)$，两个条件概率的关系可由贝叶斯法则(Bayes' rule)表示为：

$$P(A \mid B)=\frac{P(AB)}{P(B)}=\frac{P(B \mid A)P(A)}{P(B)} \tag{1-2}$$

在统计模型中，令 $\boldsymbol{\theta}$ 表示模型参数，D 表示观测数据，则 $\pi(\boldsymbol{\theta} \mid D)$ 代表未知参数在给定观测变量下的条件概率分布。根据式(1-2)该条件概率分布可以写为：

$$\pi(\boldsymbol{\theta} \mid D)=\frac{f(D \mid \boldsymbol{\theta})\pi(\boldsymbol{\theta})}{m(D)} \propto f(D \mid \boldsymbol{\theta})\pi(\boldsymbol{\theta}) \tag{1-3}$$

在式(1-3)中，$f(D \mid \boldsymbol{\theta})$ 表示数据在模型参数下的条件分布，称为数据的似然函数(likelihood function)或概率密度函数(probability density function)；$\pi(\boldsymbol{\theta})$ 表示在收集数据前模型参数的概率分布，称为参数的先验分布(prior distribution)；$\pi(\boldsymbol{\theta} \mid D)$ 表示模型参数在观测数据下的条件分布，称为参数的后验分布(posterior distribution)；$m(D)$ 是与模型参数无关的常数，称为数据的边际似然(marginal likelihood)。省略常数 $m(D)$ 后，后验分布正比于($\propto$)先验分布与数据似然函数的乘积。先验分布、似然函数、后验分布是贝叶斯统计中的重要概念，下面将分别介绍。

2.2 先验分布

先验分布(有时简称先验)在贝叶斯统计中起着关键性作用，反映了数据分析前人们对模型参数的认识。先验分布可以有许多不同的分布形式，如正态分布、均匀分布、贝塔分布等，这些分布也可以包含未知的参数。这类参数被称为超参数

(hyperparameters),它们并不是模型参数,而是为了表达先验分布的不确定性。例如,考虑一个正态先验 $N(\mu_0, \sigma_0^2)$,均值 μ_0 和方差 σ_0^2 为超参数,μ_0 表示分布可能的集中趋势,σ_0^2 表示集中趋势的不确定性。它们描述了先验分布的不确定性。

先验分布可以包含从完全不确定到完全确定的任何程度的先验信息。根据包含先验信息强弱的不同,可将先验大致划分为三类:有信息先验(informative)、弱信息先验(weakly informative)、无信息先验(noninformative)。这些分类并不严格,有时需要研究者的个人判断。例如方差等于 1 000 的正态先验既可以被认为是无信息的,也可以被当作弱信息先验使用。

有信息先验包含了较强的先验信息,这些先验信息由先验分布的超参数表达。先验方差反映了先验信息的强弱,例如在特定模型参数的正态先验中,若设定较小的先验方差,则表明我们较为确定模型参数将在先验均值附近;若考虑更极端的情况,设置先验方差为 0,则不需要额外的数据分析,我们完全确信模型参数等于先验均值。当现有信息已经表明对特定模型参数或参数间关系的限制,则研究者可能希望使用有信息的先验,以控制样本数据可能带来的偏差。先验信息可以有不同的信息来源,例如专家组基于特定领域知识对超参数的估计,或是本领域已发表的研究论文或元分析等。

此外,当先验信息不存在时,我们也可以使用样本数据信息设定基于数据的有信息先验(data-based priors),即使用极大似然或其他样本统计量估计先验分布中的超参数。但是,由于该方法可能涉及数据的重复使用问题,受到一些统计学者的批评,即数据既用于先验分布的设定,又用于似然函数的计算。为了避免数据二次使用的问题,我们可对样本数据进行划分,只使用小部分设定先验分布超参数,其余部分用于似然函数,该方法将在本书第三章进一步讨论。

无信息先验不包括参数的先验信息,当模型参数的先验知识不存在或是研究者不愿在统计推断中加入主观的先验信息时,可以设定无信息先验。不过在设置先验时,可能无法保证完全不包含任何先验信息,例如统计分析软件常使用平坦先验(flat prior)作为默认先验,通常通过设置极大的先验方差实现,例如 $N(0, 100^2)$,但平坦先验并不是完全无信息的。另一类常用的无信息先验是 Jeffreys 先验,它根据参数的 Fisher 信息量设定,不过 Jeffreys 先验可能是非正常先验(improper prior),即先验并不满足分布函数的要求,可能导致非正常的后验分布。

总的来说，无信息先验的使用非常广泛，它包括不同的类型，研究者在使用无信息先验进行统计推断时要注明所使用的先验类型。

当使用无信息先验分布时，统计推断完全由数据决定，这时研究者可能有的疑问是，贝叶斯与频率统计分析的结果是否变得相同，例如无信息先验下的贝叶斯估计结果是否与频率统计的极大似然估计结果相同。这取决于无信息先验的形式和具体模型参数。在式(1-3)中，当无信息先验$\pi(\boldsymbol{\theta}) \propto 1$时，后验分布正比于似然函数。不过贝叶斯方法使用后验分布(似然函数)的均值作为估计值，而极大似然方法考虑使似然函数最大的值作为估计值，两者在似然函数为单峰对称分布时相等。

弱信息先验介于有信息先验和无信息先验之间，这类先验可能对后验分布的影响不大，统计推断仍然是由样本数据决定的。当研究者有一些关于参数的先验知识，但又存在很大的不确定性时，可以使用弱信息先验作为折中的方案。鉴于无信息先验过于发散且可能并不满足分布函数的要求，弱信息先验可能是较好的选择。为此，我们应指定合理的参数空间，利用弱信息先验对参数的取值范围稍作约束。例如设定回归系数的弱信息先验，使得95%的先验分布处于−10到10之间，以避免过大的取值。

此外，研究者也可以设置具有混合信息的先验分布，贝叶斯变量选择常用的spike and slab先验是一类典型的混合先验分布。spike and slab先验考虑回归系数在两种情形下的混合先验，当备选模型不包含某个变量时，对该变量回归系数使用有信息先验，将回归系数的分布约束在0附近；当预期模型包含某个变量时，对该变量回归系数使用弱信息先验或无信息先验，回归系数的分布较为分散。关于spike and slab先验的详细介绍和讨论，可见本书第九章内容。

最后想要说明的是，当先验分布与数据似然不一致时，并不一定是先验分布的问题，也可能是数据的抽样误差或模型的错误设定问题，又或者两者都没有问题，数据分析结果将会更新研究者对参数先验的认识。

2.3　似然函数

数据的似然函数是频率统计和贝叶斯统计推断共有的概念，它表示数据在当前模型和参数下的可能性。在贝叶斯统计中，似然函数涵盖了下列信息：统计模型、观测数据、参数取值。似然函数的形式由统计模型决定，大小由观测数据和参数的拟合程度决定。例如正态线性模型的数据似然为正态密度的乘积，数据与给定模型参数的拟合度越高，其似然越大。

在一些较为简单的统计模型下，数据的似然函数也较为简单，可以直接设定。例如，考虑抛硬币实验中正面朝上的概率 θ。在实验中共抛 n 次硬币，第 i 次的结果记为 y_i，$y_i=1$ 表示正面朝上，$y_i=0$ 表示反面朝上。正面朝上的总次数记为 $y=\sum_{i=1}^{n} y_i$，y 服从二项分布：

$$f(y \mid \theta)=C_n^y\theta^y(1-\theta)^{n-y} \tag{1-4}$$

其中 C_n^y 表示从 n 中选 y 个的组合次数。若实验结果为抛 10 次硬币有 6 次朝上，则似然函数为：

$$f(y \mid \theta)=C_{10}^6\theta^6(1-\theta)^4 \tag{1-5}$$

这里给定 θ 即可算出似然值，如 $\theta=0.5$，则 $f(y \mid \theta)=0.205$。

在实践中，数据的分布或数据来源的模型可能未知，研究者可能出于习惯而轻易地选择某个分布。例如正态分布是社会科学研究使用最多最广泛的数据分布，但是某些变量数据并不满足正态分布的形态，这可能导致数据似然的偏差，进而影响统计推断。在统计推断前诊断数据的分布函数，或在统计推断后对结果进行稳健性分析(robustness)，可以在一定程度上避免分布或似然函数的选择偏差问题。

2.4 后验分布

后验分布综合了先验分布和似然函数的信息，是贝叶斯统计推断的基础。后验分布的分布函数由先验分布和似然函数决定，若参数的先验分布与似然函数“相匹配”，则后验分布与先验分布具有相同的分布函数，这类先验称为共轭先验(conjugate prior)。例如，若使用正态共轭先验，则后验分布也服从正态分布，后验分布的均值和方差融入了数据的信息，与先验分布不同。然而，在很多情况下参数的后验分布没有显式表达式，即无法直接计算后验概率密度，这对贝叶斯统计推断造成了一些困难，也是贝叶斯推断在过去很长一段时间没有成为统计分析主流方法的原因之一。不过，随着马尔可夫链蒙特卡洛(Markov chain Monte Carlo, MCMC)方法的发展以及计算机技术的支持，我们可以抽取未知参数的后验样本，基于后验样本可估计后验分布的特征，如后验均值可由后验样本平均值估计。第3节将进一步介绍MCMC算法。

后验分布反映了数据对先验知识的更新，更新后得到的后验分布也可以当作是下一次实验数据分析的先验分布，与新的数据似然结合，得到新的后验分布，这一过程称为贝叶斯更新(Bayesian update)。贝叶斯更新根据新获得的数据不断更新对未知参数的信念，动态调整模型参数的估计和检验。此外，贝叶斯更新自然地量化了推断的不确定性，随着数据信息的不断加入，我们关于模型参数的知识也在不断增多，参数的不确定性逐渐降低，参数的后验方差也随之减小。随着更多信息的加入，我们对未知参数的理解会越来越接近真实情况。

第3节　贝叶斯推断的抽样算法

当后验分布涉及多个参数的联合分布时，其形式往往较为复杂，无法直接计算后验分布的特征(均值、方差、密度、概率等)。此外，假设检验和模型选择更多关注的是单个参数或部分参数的分布情况，而不是所有参数的联合分布。为此我们需要对联合分布中的其他参数进行积分以得到所关心参数的边际后验分布，然而在大部分模型中，参数联合分布的积分计算较为困难。这时，对后验分布进行抽样得到参数的后验样本可以估计所关心参数的分布特征。MCMC是贝叶斯统计最常用的后验分布抽样算法。

MCMC算法结合了马尔可夫链和蒙特卡洛两个概念，前者从后验分布中获得一组参数的样本，后者使用参数样本计算后验分布的特征。一方面，蒙特卡洛方法允许使用参数样本对分布的特征进行估计。例如，我们可使用所关心参数的样本均值和方差估计它们边际后验分布的均值和方差，也能够计算参数样本服从特定约束的概率，估计边际后验分布的累积概率(如参数为正的概率，或是在区间[−0.2，0.2]的概率)。此外，边际后验分布密度也能够通过参数样本的核密度(kernel density)近似估计。另一方面，马尔可夫链帮助我们迭代抽取参数的后验样本。给定参数在第t次迭代时的状态，马尔可夫链指定了参数在第$t+1$次迭代时的分布，它构造的平稳分布(stationary distribution)等于我们感兴趣的参数后验分布。因此，如果迭代抽样次数足够多，使得马尔可夫链达到平稳分布，则该链的后续迭代样本可以被视为来自后验分布的样本，用于相应的蒙特卡洛估计。需要注意的是，从马尔可夫链中获得的参数样本是自相关的，依赖于前次迭代中的抽样值。

MCMC 算法使用转移核(transition kernel)定义马尔可夫链中的参数从当前状态转移到下一个状态的概率。根据转移核的不同，MCMC 算法有多种分类，这里介绍常用的两类：Metropolis-Hastings(MH)算法和 Gibbs 算法。MH 是第一个 MCMC 抽样算法，也是默认的 MCMC 算法。MH 算法的每一步都生成一个候选样本，如果候选参数样本的后验概率高于当前样本，则该候选样本被接受成为下一个样本；否则，则根据候选样本和当前样本的后验概率之比定义接受概率，并根据接受概率随机选择候选样本或当前样本。参数样本的后验概率由式(1－3)计算，接受或拒绝候选样本的概率取决于先验分布和数据似然。此外，候选样本是随机生成的，如果与当前样本过于相似或者有很大不同，都会导致较低的抽样效率。因此，选择合适的候选分布生成候选样本至关重要。Gibbs 抽样是 MH 算法的特例，它将候选分布指定为参数的条件分布，即某一参数在其他参数给定时的条件分布，根据其他参数的当前状态即可生成该参数的候选样本。此外，Gibbs 抽样设定接受概率为 1，总是接受候选样本成为新样本，提高了抽样效率。

本节简单介绍了 MCMC 的基本思想和方法，关于 MCMC 问题的深入讨论可参考相关统计方法文献(Gelfand & Smith, 1990; Robert & Casella, 2004)。

第 4 节　贝叶斯推断的评估指标

在统计推断中，参数估计给出的是差异的大小或效应的强弱，不能直接回答总体中是否存在差异或效应，推断差异或效应是否存在需要使用假设检验的方法。后验分布是贝叶斯参数估计的最终目标，参数的估计值为后验分布的均值，估计误差由后验分布的方差或标准差表示。但是，我们无法单独使用后验分布进行贝叶斯假设检验。在频率统计中，经常使用的假设检验方法是构造参数的置信区间，并判断零假设取值是否落入置信区间，以此判断是否拒绝零假设。但是，正如伯格(Berger, 2006, p. 383)所述，“贝叶斯统计不能使用置信区间来检验精确的假设”。

4.1　模型先验概率与后验概率

贝叶斯假设检验在后验分布之外还需要考虑假设模型的先验概率。与频率统计显著性检验预先假定样本来自零假设下的总体不同，贝叶斯假设检验考虑两个（或多个）假设下的模型，如表示效应不存在的零假设 H_0 和表示效应存在的备择假设 H_u。贝叶斯检验需要为两个假设模型都定义先验概率，先验概率是研究者在数据分析前对假设模型的认识。需要注意的是，模型的先验概率与参数的先验分布不同，前者反映的是模型在假设检验中的相对概率，即数据分析前，哪个模型更有可能为真；后者反映的是对模型参数的先验认识，即数据分析前，参数的可能取值是多少。

贝叶斯假设检验和模型选择的核心评估指标是假设的后验概率，后验概率越大的假设或模型，得到的数据支持证据越多。在检验零假设 H_0 和备择假设 H_u 时，根据式（1-2）中的贝叶斯公式，它们的后验概率比可表示为：

$$\frac{p(H_0 \mid D)}{p(H_u \mid D)}=\frac{p(H_0)}{p(H_u)}\times\frac{m(D \mid H_0)}{m(D \mid H_u)} \tag{1-6}$$

其中 $p(H_0 \mid D)$ 和 $p(H_u \mid D)$ 分别表示 H_0 和 H_u 的后验概率，$p(H_0)$ 和 $p(H_u)$ 分别表示 H_0 和 H_u 的先验概率，$m(D \mid H_0)$ 和 $m(D \mid H_u)$ 分别表示 H_0 和 H_u 下的数据边际似然。上式表示了假设的先验概率比 $p(H_0)/p(H_u)$ 在观测数据后更新为假设的后验概率比 $p(H_0 \mid D)/p(H_u \mid D)$。数据所带来的先验概率到后验概率的比例变化称为贝叶斯因子（Bayes factor），记为：

$$BF_{0u}=\frac{m(D \mid H_0)}{m(D \mid H_u)} \tag{1-7}$$

4.2　贝叶斯因子

贝叶斯假设检验的重点在于数据改变人们对假设信念的程度，也即贝叶斯因子。当贝叶斯因子 $BF_{0u}=5$ 时，则表示数据来自假设 H_0 的可能性是 H_u 的 5 倍；而当贝叶斯因子 $BF_{0u}=0.2$ 时，则数据来自假设 H_u 的可能性是 H_0 的 5 倍。这里 $BF_{0u}=1/BF_{u0}$，BF_{0u} 的下标表示 H_0 在式（1-7）的分子上，而 BF_{u0} 的下标相反。

贝叶斯因子也可解释为模型的相对预测表现。考虑两个假设模型 H_0 和 H_u

以及两次观测样本 $D=(D_1, D_2)$，贝叶斯因子 $BF_{0u}(D)$ 等于 $m(D_1, D_2 \mid H_0)/m(D_1, D_2 \mid H_u)$。这表明在贝叶斯因子中两个模型都对数据进行了概率预测，预测效果更好的模型将被优先选择。这种预测性解释也展示了贝叶斯因子具备贝叶斯更新的特性。根据条件概率的定义，$m(D_1, D_2)=m(D_1)m(D_2 \mid D_1)$，在示例中 H_0 和 H_u 都对第一个数据样本 D_1 进行预测，得到关于 D_1 的相对预测表现 $BF_{0u}(D_1)=m(D_1 \mid H_0)/m(D_1 \mid H_u)$。接下来两个模型都结合从第一个数据样本中获得的知识，对第二个观测样本进行预测，得到 $BF_{0u}(D_2 \mid D_1)=m(D_2 \mid D_1, H_0)/m(D_2 \mid D_1, H_u)$，即给定从第一个数据样本获得的知识，关于第二个数据样本的相对预测表现。结合两次数据样本和相对预测表现，可得到模型的整体相对预测表现 $BF_{0u}(D_1, D_2)=BF_{0u}(D_1)BF_{0u}(D_2 \mid D_1)$，也即完成了贝叶斯检验的更新。

贝叶斯检验比较了两个竞争假设受到数据支持的相对证据。从贝叶斯的角度来看，证据是一个内在的相对的概念。因此，在没有指定另一种作为对比的假设的情况下，评估单一特定假设的证据是没有意义的。这也是贝叶斯检验和频率统计显著性检验的主要区别之一，显著性检验量化了零假设下数据的极端性，即给定零假设为真，获得比观测数据还要极端的数据的概率，没有衡量两个假设的相对数据证据。

4.3 贝叶斯检验的优势

表 1-2 展示了贝叶斯检验相较于频率统计显著性检验的诸多优势。第一，贝叶斯因子能够量化数据支持零假设的证据，如公式(1-6)所示。在贝叶斯统计中，被检验的两个假设都没有特殊的地位。在指定假设模型后，贝叶斯因子既可以支持备择假设也能够支持零假设。贝叶斯因子的这一重要性质使得它比显著性检验 p 值能够处理更多的问题。在社会科学研究中，并非只有差异性的结果才具有学术价值，比如验证不同群体(性别、文化等)之间的认知功能不存在差异有助于加深对其一般机制的理解。所以人们感兴趣的假设可能是无差异、无效应的零假设，使用贝叶斯因子量化支持零假设的证据十分重要。

表 1-2　显著性检验和贝叶斯检验

	显著性检验	贝叶斯检验
支持零假设	×	√
量化数据证据	×	√
更新数据证据	×	√
依赖抽样计划	√	×

贝叶斯因子的分析结果可以划分为三个类别：支持备择假设的证据（即支持效应存在的证据）、支持零假设的证据（即支持效应不存在的证据）、既不支持备择假设也不支持零假设的证据。例如，若 $BF_{0u}=10$，则观测数据来自 H_0 的可能性为来自 H_u 的 10 倍，得到数据支持零假设的证据；若 $BF_{0u}=1.2$，尽管结果更偏向零假设 H_0，但观测数据来自 H_0 的可能性仅为来自 H_u 的 1.2 倍，支持零假设的证据不够充分。以上两种结果在贝叶斯视角下有着明显的区别，而传统显著性检验显然不能做出上述区分，在两种情况下都可能只是得到 p 值等于 $p=0.2$ 的结果。

第二，贝叶斯因子能够量化两个假设受到数据支持的相对证据。这与显著性检验的 p 值是不同的，p 值是在零假设 H_0 为真的条件下计算的，并没有考虑备择假设 H_u，H_u 仅作为互斥假设用于证伪零假设。因此，显著性检验 p 值仅提供拒绝或不拒绝零假设的二分推断结果，并未给出竞争假设的相对证据。

统计学中的一个经验案例说明了仅从单一假设出发存在的问题。该案例名为英国萨利·克拉克案（Sally Clark case），萨利的两个孩子都很早就夭折了，被认为可能死于婴儿猝死综合征。据统计，像萨利这样的母亲，两个孩子都出现婴儿猝死综合征的概率为 7 300 万分之一。如此小的概率可能影响了法官和陪审团，他们在 1999 年 11 月决定以谋杀罪判处萨利入狱。但是，在 2002 年发表的一封公开信中，英国皇家统计学会（Royal Statistical Society）主席彼得·格林（Peter Green）解释了为什么 7 300 万分之一的概率毫无意义："陪审团需要权衡婴儿死亡的两种相互矛盾的解释：婴儿猝死综合征或谋杀。"两个婴儿都死于疾病的可能性不大的结论本身并没有什么价值，两起谋杀案都发生的可能性也更低。我们应该关注的是在每种解释下婴儿死亡的相对可能性，而不仅仅是在某一种解释下死亡的可能性（Nobles & Schiff，2005）。这一批判观点不仅适用于萨利案，也适用于仅从零假设出发的显著性检验和所有基于 p 值的推断。

贝叶斯因子比较两个相互竞争的模型或假设，比较在两个假设下观测数据出现的可能性。相对地，p 值只是对分布的积分，表示在零假设成立的情况下获得比观测数据更极端的结果的概率。事实上，实证研究者对 p 值最普遍的误解之一是将 p 值解释为"在零假设成立的情况下获得这些数据的概率"。正如杰弗里斯（Jeffreys，1980，p. 453）所说："我一直认为 p 值的论点是荒谬的。它相当于说，一个可能正确也可能不正确的假设（零假设）因为与实验数据偏离较大而被拒绝；也就是说，它没有预测那些没有发生的事情。"

第三，贝叶斯因子能够随着数据的不断收集更新对两个假设的支持证据。使用贝叶斯因子时，研究者可在数据收集过程中随时监控数据对假设的支持证据，并当证据足够令人信服时终止数据收集。贝叶斯更新的性质使得贝叶斯因子相较于 p 值更加灵活、有效。例如，当我们计划使用脑电图对 40 名特殊儿童进行测试，若前 20 名儿童的测试数据分析结果已经得到了令人信服的证据，那么是否还应该被迫测试另外 20 名儿童，给他们带来不便，浪费本来可以更好利用的资源呢？而若 40 名儿童的全部测试结果显示出一定的效应且符合预期，但是没有统计学意义（如 p 值为 0.06），那么是否应该继续收集数据，以获得明确的结论？显著性检验需要遵守抽样计划，不能随意停止或增加数据收集。与教条的显著性检验不同，贝叶斯因子允许停止收集数据，报告已获得的数据证据；也可以继续增加实验数据，直到结果足够令人信服为止。

第四，贝叶斯因子不依赖抽样计划。贝叶斯因子不受抽样计划的影响，这意味着即使在收集数据的意图不明确、未知或不存在的情况下，我们也可以计算和解释贝叶斯因子。该性质特别适用于没有抽样计划的非实验数据。显著性检验的 p 值是在固定的样本量下计算的，若新增样本数据进行新的检验，则可能引发多重检验的问题，无法控制整体检验的 Ⅰ 类错误率，需要额外的多重检验校正。而贝叶斯因子可以直接使用新增数据进行假设检验，并更新之前数据下的检验结果，这个过程不依赖于抽样计划，即使新增数据是实验计划外的观测数据。

第5节 本章小结

本章讨论了贝叶斯统计与频率统计在方法论上的差异，如概率解释和先验信息的使用等，随后介绍了贝叶斯统计的基本概念，包括贝叶斯定理、先验分布、似然函数、后验分布等。后验分布是贝叶斯推断的基础，而 MCMC 抽样方法能够生成服从后验分布的参数样本，用于贝叶斯推断。假设检验是统计推断的核心内容，本章简要介绍了贝叶斯因子和后验模型概率的基本知识，以及贝叶斯检验相较于频率统计显著性检验的优势。关于贝叶斯检验的更多讨论参考本书第二章和第三章的内容。

第二章　贝叶斯假设检验

零假设显著性检验是当前社会科学数据分析的传统方法。然而近二十年来，基于p值的零假设显著性检验受到了广泛的批评(王珺等，2019；温忠麟等，2022；钟建军等，2017；Hoijtink et al.，2019c；Masson，2011；Wagenmakers，2007)。首先，显著性检验是在假定零假设为真的情况下进行的，因此无法获得支持零假设的证据(许岳培等，2022；Wagenmakers et al.，2018a)。其次，研究者将p值与预先设置的显著性水平作比较，推断是否拒绝零假设。二分的统计推断可能导致发表偏差和研究不可重复的问题，获得显著性结果的实证研究论文更容易被发表(胡传鹏等，2016；Open Science Collaboration，2015)。例如，同一研究问题的十项研究可能仅一项结果显著并被发表，其余九项得到非显著性结果的研究被忽略。此外，显著性检验结果无法简单地进行数据证据的更新，多重假设检验需要校正显著性水平(Rouder，2014)。零假设显著性检验的缺点使得研究者重新思考它的使用和替代方法。比如，沃瑟斯坦和拉扎尔(Wasserstein & Lazar，2016)强调何时、何故以及如何正确地使用p值。本杰明等(Benjamin et al.，2017)提出将常用的显著性水平从0.05改为0.005。但是，更严格的显著性水平无法解决发表偏差的问题，甚至可能使更多的非显著性结果被忽略。特拉菲莫和马克思(Trafimow & Marks，2015)则建议研究者不使用统计推断决策，仅考虑统计描述来呈现数据分析结果。但是，统计描述通常无法直接回答研究问题。

零假设显著性检验的另一种替代方法是贝叶斯因子检验(Heck et al.，2023；吴凡等，2018；朱训，顾昕，2023a)。贝叶斯因子能够为假设检验和模型选择提供更多有价值的信息。首先，贝叶斯因子量化了数据支持零假设或备择假设的证据，这为统计推断提供了更多信息。为了控制发表偏差问题，贝叶斯因子可不作二分统计推断，仅报告研究假设得到的数据证据(Hoijtink et al.，2019c)。其次，贝叶斯因子可以同时评估多个假设或模型，且不需要多重检验的调整。原因是贝叶斯因子不预先控制Ⅰ类错误，不需要调整显著性水平。再次，贝叶斯因子可以通过数据的不断收集更新支持或反对假设的证据，即进行贝叶斯更新。尽管贝叶斯因子不控制Ⅰ类和Ⅱ类错误率，但是仍可以指定贝叶斯先验使得其产生的Ⅰ类和Ⅱ类错误率达到最小(Gu et al., 2016)。此外，研究发现贝叶斯更新使得贝叶斯因子检验相比零假设显著性检验有相同或更小的Ⅰ类和Ⅱ类错误率，意味着统计推断所需的样本容量更小(Schönbrodt et al., 2017)。

本章首先概述贝叶斯因子的定义和解释，之后综述贝叶斯因子在评估零假设、区间假设、次序假设时的具体应用，及其在各类统计模型中的应用进展，最后简单讨论贝叶斯因子的计算方法，并详细介绍实现贝叶斯因子计算的软件。

第1节 贝叶斯因子概述

本节将借助一个简单的例子介绍贝叶斯因子的相关概念，对于贝叶斯因子更详细的论述见本章其他小节。该例子来自贝姆(Bem, 2011)提出的关于超感知觉(Extrasensory Perception, ESP)的实验。实验共有 $n=40$ 名被试，每人看两张卡片，一张正面有数字，另一张正面有特殊图片，然后猜哪张卡片上有特殊图片。实验得到 $x=26$ 人选择了正面为图片的卡片，数据 x 服从 $n=40$ 次实验成功概率为 θ 的二项分布 $x \sim Binomial(n=40, \theta)$。

如果研究者不相信 ESP，可以建立零假设：

$$H_0:\theta=0.5 \tag{2-1}$$

它假设选择正确的概率为 0.5，表示选择正面有特殊图片的卡片完全是随机的。如果研究者相信 ESP，可以建立备择假设：

$$H_u:\theta\neq 0.5 \tag{2-2}$$

表示正确选择的概率不等于 0.5。

频率统计通常通过估计参数 θ，并计算其 95%置信区间或 p 值来进行推断。比如在上面例子中参数估计值为 $\hat{\theta}=26/40=0.65$，置信区间为[0.48, 0.79]，p 值为 0.096。由于置信区间包括了检验值 $\theta=0.5$，p 值大于 0.05，在 $\alpha=0.05$ 的显著性水平下，零假设 H_0 不能被拒绝。贝叶斯统计推断需要指定各模型下参数 θ 的先验分布。先验分布反映了观测数据之前，各模型下参数 θ 取值的可能性。零假设 H_0 指定 θ 恰好等于 0.5，因此，相应的先验分布也指定 $\theta=0.5$ 是唯一的取值。然而，备择假设 H_u 并没有完全指定 θ，它的参数 $\theta \neq 0.5$ 需要设定先验分布来量化预期效应大小的不确定性。

先验分布的设定是贝叶斯统计的重点和难点。研究者既可以指定主观的先验分布，也可以设置默认的先验分布(Heck et al.，2023)。主观先验分布反映了研究者的主观信念，比如相信 ESP 的研究者可以指定均匀分布 $\theta \sim Uniform(0.5, 0.6)$，表示 θ 的取值在 0.5 到 0.6 之间且可能性相等。该先验反映了如果 ESP 存在，正确选择的概率略大于随机选择的概率 0.5。一般来说，主观先验分布是假设的扩展，将 H_0 与 H_u 的比较变为 $\theta=0.5$ 与 $\theta \sim Uniform(0.5, 0.6)$ 的比较。在先验信息不存在时，研究者可使用默认先验分布，得到客观的、完全基于数据的贝叶斯推断。默认先验的设置是为了校准(calibrate)贝叶斯因子，为比较 $\theta=0.5$ 和 $\theta \neq 0.5$ 提供了有理有据的标准。比如，默认先验分布可以是 $\theta \sim Uniform(0, 1)$，即概率 θ 在 0 到 1 区间内取任何值的概率相等。

在指定先验分布后，贝叶斯因子需要计算每个模型假设下数据的边际似然函数。比如，边际似然 $m(x=26 \mid H)$ 是在给定特定假设先验分布的情况下，在 $n=40$ 次试验中观察到 $x=26$ 次正确猜测的概率。边际似然值越大，假设模型结合先验对数据的预测效果越好。在计算两个模型假设的边际似然函数后，其贝叶斯因子可由下式计算：

$$BF_{0u}=\frac{m(x=26 \mid H_0)}{m(x=26 \mid H_u)} \tag{2-3}$$

因此，贝叶斯因子直观地比较了两个模型假设对数据的预测能力。

贝叶斯因子量化数据对假设的相对支持程度。具体地，若 $BF_{0u}=5$，则表示数据支持假设 H_0 的证据是 H_u 的 5 倍。显然，当 $BF_{0u}>1$ 时，数据更倾向于选择 H_0；当 $BF_{0u}<1$ 时，数据更倾向于选择 H_u；当 BF_{0u} 在 1 附近时，数据不偏向任何假设。表 2-1 显示了解释贝叶斯因子的一般准则(Kass & Raftery，1995)。若 $BF_{0u}>3$，则得到令人信服的数据证据。因此，贝叶斯检验通常使用 3 作为贝叶斯因子的基准来推断假设是否被支持。因为 $BF_{u0}=1/BF_{0u}$，所以贝叶斯因子关于 1

对称，这意味着当贝叶斯因子 $BF_{0u} < 1/3$、$BF_{0u} < 1/20$ 和 $BF_{0u} < 1/150$ 时，分别可以观察到令人信服的、强力的和非常强力的证据支持 H_u。值得注意的是，贝叶斯因子存在非决定区间(indecision region)，即当 $1/3 < BF_{0u} < 3$ 时，无法得到任何明确的推断结果。这说明当前数据没有提供充足的证据支持某一假设，可能需要研究者收集更多的样本。例如，在备择假设 H_u 取先验分布 $\theta \sim Uniform(0, 1)$ 时，得到贝叶斯因子 $BF_{0u} = 0.87$，表明假设 H_0 和 H_u 受到数据支持的程度相差不大。

表 2-1　贝叶斯因子的解释

BF_{0u}	H_0 相比于 H_u 的相对证据
$1 < BF_{0u} < 3$	可忽略的(negligible)
$3 < BF_{0u} < 20$	令人信服的(convincing)
$20 < BF_{0u} < 150$	强力的(strong)
$BF_{0u} > 150$	非常强力的(very strong)

贝叶斯因子的另一种表达式是假设的后验概率比与先验概率比的比值：

$$BF_{0u} = \frac{p(H_0 \mid x = 26)}{p(H_u \mid x = 26)} \Big/ \frac{p(H_0)}{p(H_u)} \tag{2-4}$$

因此，贝叶斯因子也可以随着数据的收集不断更新研究者对模型的信念。通常在没有先验信念时，可以设置假设先验概率相等 $p(H_0) = p(H_u) = 0.5$，这时，贝叶斯因子表达为后验概率的比值。后验概率表示在观测数据后，研究者对假设检验的信念。比如 $p(H_u \mid x = 26) = 0.6$ 表示 H_u 是最佳假设的概率为 60%。另外，后验概率也可用于表示贝叶斯错误概率(Bayesian error probabilities)。与频率统计的Ⅰ类和Ⅱ类错误率不同，贝叶斯错误概率是在真实假设未知的情况下，在收集和分析数据后选择假设的错误率。若 $p(H_u \mid x = 26) = 0.6$，则表示选择假设 H_u 可能出错的概率为 $1 - 0.6 = 0.4$。

研究者经常问的一个问题是 BF_{0u} 多大或多小时，将接受或拒绝零假设。比如，基于实验数据分析得到多大或多小的贝叶斯因子，可以证实 ESP 存在与否。这个问题的背后是对阈值根深蒂固的需求，如显著性检验中 $\alpha = 0.05$ 可以决定是否拒绝零假设。然而与显著性检验不同，贝叶斯因子是一个连续值，一般不作二分

(拒绝或不拒绝)判断,而是量化假设受到数据支持的程度。如果 BF_{0u} 在 1 附近,则数据对零假设或备择假设均没有偏好,即贝叶斯因子无法决定,很可能需要更多的数据来证明哪个假设是正确的。另一个更直接的问题是,贝叶斯因子应该多大或多小时,期刊会接受实证研究的文章发表?早在 1961 年,杰弗里斯就指出,$BF_{0u}>3.2$ 或 $BF_{0u}<1/3.2$ 表明数据有正面的证据支持假设 H_0 或 H_u (Jeffreys, 1961)。卡斯和拉夫特里(Kass & Raftery, 1995)则建议使用 $BF_{0u}>3$ 或 $BF_{0u}<1/3$ 来表示数据支持 H_0 或 H_u。但需要注意的是,这些阈值同样没有严格的理论依据,使用阈值也会导致发表偏差的问题。事实上,阈值的设定是人为的,甚至是主观的。因此,本书更推荐不设置阈值,而是根据贝叶斯因子的实际大小,研究者可做出 H_0 受到数据支持的程度是 H_u 的多少倍的推断结论。不作二分判断以及抛弃使用阈值,能够使贝叶斯因子检验在一定程度上避免社会科学研究的不可重复实现的问题。

假设的后验概率存在同样的问题:多大的后验概率足以选择某个假设?贝叶斯检验的目的并不是通过观测数据来决定哪些假设应该被拒绝或接受,而是利用观测数据来量化假设的不确定性。例如,当获得假设 H_0 和 H_u 的后验概率为 0.97 和 0.03 时,很自然地得出有很强的证据表明 H_0 为真。但是,这仍无法做到完全排除 H_u。若收集更多证据,则选择假设的不确定性将会降低。

第 2 节　贝叶斯假设检验的类型

2.1　贝叶斯零假设检验

研究者通常通过证伪零假设来获得支持研究理论的证据。零假设是对总体参数的精确表述,比如零假设 $H_0:\theta_1=\theta_2$ 表示实验组与对照组的均值完全相等。检验零假设需要将其与备择假设相比,备择假设通常与零假设对立互斥,比如备择假设 $H_u:\theta_1\neq\theta_2$ 表示实验组与对照组的均值不相等。这里的一个问题是,零假设是具体的,可使用先验分布 $\theta_1-\theta_2=0$ 来定义,但是备择假设是非常模糊的。频率统计推断常以概率的方式表达备择假设,如 $\theta_1-\theta_2$ 是服从标准正态分布的随机值。类似地,贝叶斯统计推断通过设置参数的先验分布来定义备择假设,如设置 $\theta_1-\theta_2$ 的正态先验分布。在定义零假设和备择假设下 $\theta_1-\theta_2$ 的先验分布后,可计算贝叶斯因子比较数据对零假设与备择假设的相对支持程度。

贝叶斯零假设检验相较于传统零假设显著性检验有着诸多优点。首先，贝叶斯零假设检验为零假设和备择假设提供了数据支持的相对证据，可以用于量化数据对零假设的支持，而显著性检验只能拒绝或不拒绝零假设，不能得到支持零假设的证据。其次，在收集数据的同时，贝叶斯零假设检验可以不断更新对所关注假设的支持程度(即贝叶斯更新)。当计划和执行一项研究时，如果所关注的理论假设没有得到令人信服的数据证据支持，在贝叶斯范式中，研究者可以选择继续收集更多的数据并更新对假设的评估。再次，贝叶斯零假设检验不控制Ⅰ类和Ⅱ类错误率，即在观测数据前，假设从总体中重复抽样的决策错误率(注意：Ⅰ类和Ⅱ类错误是在观测数据之前就确定的)。相反，贝叶斯检验控制的是贝叶斯错误概率，即在观测数据后，根据数据信息做出错误决策的概率(注意：贝叶斯错误概率不考虑从总体中重复抽样会发生什么，而是完全取决于数据本身)。因此，研究者在实验设计时无需设置显著性水平、统计功效阈值等与Ⅰ类和Ⅱ类错误率相关的指标。

当然，贝叶斯零假设检验对使用者提出了更高的要求。贝叶斯检验需要仔细思考备择假设的实际含义是什么(Heck et al., 2023)。与传统显著性检验只需指定零假设不同，贝叶斯检验是比较两个实实在在的假设，因此必须明确备择假设的含义。如在 $H_1:\theta_1-\theta_2=0.5$ 的备择假设下，贝叶斯因子 $BF_{01}=5$ 表示总体效应为0的模型受到数据的支持是效应为0.5的模型的5倍。然而，如果将零假设与 $H_2:\theta_1-\theta_2=0.2$ 进行比较，我们可能得到 $BF_{02}=0.5$，说明备择假设 H_2 受到的数据支持更多。这一现象表明贝叶斯零假设检验比零假设显著性检验更为复杂，研究者需要通过指定备择假设下效应的先验分布来定义备择假设是什么。当然上面两个例子中的备择假设是不合适的，与零假设相对的备择假设应该包括参数或效应的所有可能取值。此外，根据社会科学研究的实际情况，出现在零假设周围的效应取值更有可能出现，比如对于标准化均值差异，$\theta_1-\theta_2=0.2$ 显然比 $\theta_1-\theta_2=20$ 更有可能出现。因此，统计学者提出了默认先验来定义备择假设，如标准化均值差异的柯西分布(Rouder et al., 2009)、近似正态分布(Gu et al., 2018)等。在备择假设下，若预期的效应量较小，则先验分布的方差较小，可能的取值在零假设附近；若预期的效应量较大，则先验分布的方差较大，可能的取值远离零假设。

2.2 贝叶斯区间假设检验

贝叶斯检验通常比较零假设和备择假设(Wagenmakers et al., 2018a)。但是,研究者应该仔细考虑零假设能否反映自己的理论。例如,均值相等的两个总体是否真的存在?零假设所描述的"没有任何差异""没有任何效应"能否准确反映真实总体(Cohen, 1994)?人们更接受总体参数"接近于零"或者不大于指定的效应量的假设。这时,区间假设更能反映研究理论,即总体差异或效应是否在某个区间范围内(Heck et al., 2023)。

涉及区间假设常见的设计类型是优效性设计(superiority design),在这种设计中,零假设(例如,药物或干预没有效果)与备择假设(例如,药物或干预有一些积极的效果)形成对比。经典频率统计推断通常使用单侧 t 检验分析这种设计下的实验数据。根据是否存在控制条件,分为单样本 t 检验或两独立样本 t 检验。比如检验零假设 $H_0:\theta=0$ 与备择假设 $H_1:\theta>0$。与优效性设计相对的是非劣效设计(non-inferiority design),该设计的目标是证明一种新的治疗药物或干预方法不比现有的差,需要在观察数据之前设置非劣效临界值,如 θ_0。同样通过单侧 t 检验比较"零假设" $H_0:\theta<\theta_0$ 与备择假设 $H_1:\theta\geqslant\theta_0$。另一种设计类型是等价设计(equivalence design),通常在研究者需要获得支持零假设的证据时使用。这时"零假设"即区间假设可以被定义在 0 附近的一个小的区间 $[-\theta_0, \theta_0]$,即 $H_0:-\theta_0\leqslant\theta\leqslant\theta_0$,备择假设与区间假设对立,即 $H_1:\theta<-\theta_0$ 或 $\theta>\theta_0$。

以上三种设计下的区间假设都可以由贝叶斯因子评估(van Ravenzwaaij et al., 2019)。区间假设的范围大小根据总体效应大小指定,备择假设的先验分布可选取以 0 为中心的柯西分布(Rouder et al., 2009)或正态分布(Hoijtink et al., 2019c)。具体而言,对于优效性设计的备择假设,先验分布可使用截断柯西分布,使得负值的分布密度为 0,进而计算零假设与单边假设的贝叶斯因子。与显著性检验类似,贝叶斯单边检验同样比双边检验更容易拒绝零假设,即具有更大的统计功效(Gu et al., 2022)。对于非劣性设计和等价设计,两种假设都是区间假设,都可使用以 0 为中心的截断柯西先验,并计算两个互补假设的贝叶斯因子。

2.3 贝叶斯次序假设检验

第 2.1 节和第 2.2 节讨论了零假设和区间假设的贝叶斯检验方法。正如前文所阐述的那样，研究者不应该不假思索地使用零假设。很多情况下即使拒绝了零假设，也只能说“发生了一些事情，但不清楚是什么”。因此，研究者应该直接评估能够准确反映研究理论的假设。研究理论可能是“接受药物治疗的患者疼痛感轻于接受安慰剂的患者”，也可能是“自我意识是影响大学生幸福感的最重要因素，其次是学校学习和人际交往”。以上研究理论可以用 $H_1:\theta_{药}<\theta_{安}$、$H_2:\theta_{自}>\theta_{学}>\theta_{人}$ 等次序假设(order constrained hypothesis)表达，次序假设关注模型参数的大小次序。研究者可使用次序约束来构建理论或期望，评估次序假设比传统零假设能够更直接地给出明确结果。

次序假设使用不等式(“小于”或“大于”)对现有模型参数进行约束，模型参数可以是总体均值、方差、回归系数、因子负荷等。例如，若 θ 代表连续的测量平均值，则 $\theta_1-\theta_2>\theta_2-\theta_3>\theta_3-\theta_4$ 说明平均值的差异随着时间的推移而减小；若 θ 代表两因素方差分析的均值，则 $\theta_{11}-\theta_{12}>\theta_{21}-\theta_{22}$ 表示存在特定的交互效应；若 θ 代表标准化回归系数，则 $\theta_1>\theta_2>\theta_3$ 表示自变量对因变量影响的大小排序；若 θ 代表因子负荷，则 $\theta_1>0.5$, …, $\theta_5>0.5$ 表示每个因子负荷都大于 0.5。此外，次序假设也可包含非线性约束(Klugkist et al., 2010)，比如若 θ 代表列联表中的概率，则 $\theta_{11}\theta_{22}/\theta_{12}\theta_{21}>1$ 表示优势比(odds ratio)大于 1，即两个分类变量存在关联。另外，次序假设还可以表述变量的相对重要性，即变量对模型拟合的重要性大小(Gu, 2023；朱训，顾昕，2023)。总之，各类研究理论与期望都可以用次序假设表达。

次序假设既可以使用传统频率统计 p 值评估(Silvapulle & Sen, 2004)，也可以使用贝叶斯因子评估(Gu et al., 2014)。但是，p 值只能将次序假设与零假设或备择假设进行比较，无法比较两个相互竞争的次序假设。而贝叶斯因子则可以衡量两个次序假设得到的相对数据证据。当只评估一个次序假设时，通常与其补假设相比较。例如 $\theta_1>\theta_2>\theta_3$ 的补假设为包含 $\theta_2>\theta_1>\theta_3$、$\theta_2>\theta_3>\theta_1$ 等其他五个次序约束的假设，记为补假设 H_c。次序假设的先验分布可以设置截断先验，与无约束的备择假设具有相同的先验形式。比如，若设定备择假设下 θ_1, θ_2, θ_3 的先验为多元正态分布，则次序假设 $\theta_1>\theta_2>\theta_3$ 下的先验分布为限制在该约束条件下的截断多元正态分布。

2.4 贝叶斯信息假设检验

为了更全面地评估假设，霍伊廷克（Hoijtink，2012）提出信息假设（informative hypothesis）的概念。信息假设使用等式或不等式对模型参数进行线性约束，用来精确表达研究理论与期望。它与无约束的备择假设对立，零假设、区间假设、次序假设都属于信息假设。信息假设提供了灵活的参数约束方式，例如，研究者可能期望“两种药物的治疗效果相等，且都优于安慰剂”，则可以设置 $H_1: \theta_{药1} = \theta_{药2} > \theta_{安}$；或期望“A 学校和 B 学校历年高考重点大学录取率没有差异，且都在 15％到 20％之间”，则可以设置 $H_2: 0.15 < \theta_A = \theta_B < 0.20$。此外，研究者还可根据需要，设置参数线性组合的约束，例如 $H_3: \theta_A = 2\theta_B$ 表示“A 学校录取率是 B 学校的两倍”。

评估信息假设可以将其与无约束的备择假设相比，与其补假设相比，或与其他竞争的信息假设相比。通过评估，研究者可知信息假设是否受到数据的支持，或哪个研究假设最受数据的支持。信息假设的贝叶斯评估方法研究大约开始于 20 年前（Klugkist et al.，2005；2007；Mulder et al.，2010）。顾昕等（Gu et al.，2018）给出了一般统计模型贝叶斯信息假设评估的方法，该方法已在软件包 bain 中实现（Gu et al.，2023a），该方法的应用介绍可见霍伊廷克等（Hoijtink et al.，2019c）一文。

2.5 贝叶斯更新

样本容量确定是社会科学研究的关键问题。当使用贝叶斯因子时，也可像频率统计那样，规定贝叶斯错误概率必须小于指定阈值，继而计算所需样本容量大小。不过到目前为止，关于贝叶斯样本容量确定的研究不多（见 De Santis，2004），相关软件支持也较少。这是因为在贝叶斯统计推断中，还有另一种更被接受的样本容量确定方法，即贝叶斯更新（Rouder，2014；Schönbrodt et al.，2017）。贝叶斯更新类似于频率统计的顺序数据分析（sequential data analysis）。其基本思想是收集初始数据，计算 p 值来评估零假设，如果有需要（例如没有获得显著的结果），则收集更多的数据，重新计算 p 值，并重复这个过程，直到 p 值低于显著性水平。但是，顺序数据分析需要仔细规划，因为进行了多次检验，显著性水平需要多次调整。

贝叶斯方法不关注显著性水平。贝叶斯更新的重点是获得指向其中一个假设的决定性证据，以便在贝叶斯错误概率足够小的情况下排除与其竞争的假设。这意味着，在收集额外数据后，贝叶斯因子和后验概率都可以直接重新计算并用于评估假设。贝叶斯更新的步骤为：收集初始数据，计算贝叶斯因子和后验概率，可使用贝叶斯因子大于3(或小于1/3)来确定是否有足够的数据证据，也可设置贝叶斯错误概率小于某一数值以确保错误率足够小。若没有获得足够的数据证据，则继续收集数据，重新计算贝叶斯因子，重复这个过程，直到数据证据足够支持或反对某一假设，则更新停止。鲁德尔(Rouder, 2014)强调，停止规则是可选的，即只要认为有必要，可以随时收集额外的数据。

当获得充分数据证据时，研究者即可选择停止收集数据(Rouder, 2014; Schönbrodt et al., 2017)。贝叶斯因子是竞争模型边际似然函数的比值，遵循似然法则，具体抽样计划对贝叶斯因子衡量两个模型相对证据的解释没有影响。因此，研究者可以随时评估当前获得的贝叶斯因子，以决定是否继续收集数据。这意味着研究者可以对某个被试做较少的实验；可以在某项研究中征集较少的参与者；或在某个元分析中研究较少的文献。这些为实证研究者提供了高效的研究方法。但是，这并不意味着研究者不需在研究设计时预先设置初始样本容量，毕竟反复收集数据更新贝叶斯因子也是耗时费力的。目前，已有一些算法和软件用于估计贝叶斯因子检验所需的样本容量(Fu et al., 2021; Stefan et al., 2019)。

第3节 贝叶斯假设检验的应用

研究者使用t检验验证正态总体均值是否等于预设值、两个正态总体均值是否存在差异等研究问题。贝叶斯t检验已有完善的统计方法和软件工具。研究者提出设定t检验的效应量服从柯西先验分布(Rouder et al., 2009)，但是基于柯西先验的贝叶斯因子无显式表达式，计算较为困难。为此，莫瑞等(Morey, et al., 2011)在柯西先验分布下，使用MCMC抽样方法有效估计t检验的贝叶斯因子。此外，在该方法的基础上研究者提出有信息的贝叶斯t检验，展示如何根据效应量的先验信息设定柯西先验分布(Gronau et al., 2019)。需要指出的是，柯西先验分布不是贝叶斯t检验的唯一选择。事实上，对于t检验的总体均值和方差，正态—逆伽马共轭先验也应用广泛。顾昕等(Gu et al., 2016)比较了不同先验分布下，贝叶斯t检验的Ⅰ类和Ⅱ类错误率，并指出可通过调整先验参数，控制错误率。关于贝叶斯 t 检验的更多讨论见第四章。

方差分析用于三个及以上总体均值的比较，是实证研究常用的统计方法。在贝叶斯方差分析中，鲁德尔等(Rouder et al., 2012)将柯西先验分布拓展到多正态总体均值，并使用 MCMC 抽样方法估计贝叶斯因子。该方法可用于固定效应、随机效应、混合效应的方差分析，同时允许连续协变量的存在。而韦策尔斯等(Wetzels et al., 2012)基于正态—逆伽马先验，介绍了贝叶斯方差分析，并讨论了贝叶斯因子的计算、性质和应用。此外，对于比较多个正态总体均值大小的次序假设，贝叶斯方差分析的优势更为明显。克鲁基斯特等(Klugkist et al., 2005)最早提出总体均值次序假设的贝叶斯因子检验，将贝叶斯因子表示为次序假设约束下的模型拟合度与复杂度之比。关于贝叶斯方差分析的更多讨论见第五章。

回归分析是推断多变量关系必不可少的统计方法。贝叶斯回归分析需指定回归系数和残差方差的先验分布，最常用的 g 先验设置回归系数 β 在残差方差 σ^2 给定的条件下服从正态分布 $\beta \mid \sigma^2 \sim N(0, g\sigma^2(X^TX)^{-1})$，其中 X 表示自变量矩阵，g 为超参数(Liang et al., 2008)。在 g 先验分布下，贝叶斯因子有显式表达式，计算方便。鲁德尔和莫瑞(Rouder & Morey, 2012)将 g 先验下的贝叶斯因子推广到心理学研究应用中，为贝叶斯因子检验提供了软件工具。另一方面，变量选择是回归分析的关键步骤，旨在找出对因变量有实际影响的自变量，排除干扰或冗余变量。与假设检验不同，变量选择需要比较多个模型，贝叶斯评价指标为后验模型概率。后验模型概率表示为贝叶斯因子和先验模型概率的乘积，因此在进行贝叶斯变量选择时，除了要计算贝叶斯因子，先验模型概率的设置也至关重要。当研究者无任何偏好，且自变量数目较少时，可设置各模型的先验概率相等；当自变量数目较多时，则建议使用完全贝叶斯(fully Bayes)方法校正模型先验概率(Gu et al., 2022)。关于贝叶斯回归分析的更多讨论见第六章和第九章。

除了 t 检验、方差分析、回归分析等经典模型，贝叶斯因子检验也已应用到列联表模型(Klugkist et al., 2010)、重复测量模型(Mulder et al., 2009)、结构方程模型(Van Lissa et al., 2021)、多元线性模型(Mulder & Gu, 2022)、混合效应模型(Van Doorn et al., 2023)、高斯图模型(Williams & Mulder, 2020)等。研究者也开发出多个统计软件支持各类模型下的贝叶斯因子计算，包括 R 软件包 BayesFactor、bain、BFpack、BayesVarSel、BayestestR 等。其中软件包

BayesFactor 和 bain 已集成在可视化统计软件 JASP 中。关于贝叶斯检验在结构方程模型中的应用详见第七、八、九章。

不同的贝叶斯因子计算软件有不同的先验分布设置。其中，软件包 BayesFactor 设置备择假设下参数的柯西先验分布，并通过超参数调节先验方差的大小。默认的超参数将使得 95%的先验分布落在社会科学研究常用的效应量范围[−1, 1]内。软件包 bain 和 BFpack 使用部分数据样本设置参数的共轭先验，超参数为用于先验分布的数据样本的比例。默认的超参数将设置最小训练样本(minimal training sample)。此外，软件包 bain 正态近似参数的后验分布，可用于一般统计模型的贝叶斯因子计算，而 BFpack 仅限于线性正态模型的贝叶斯检验。软件包 BayesVarSel 适用于变量选择，默认使用稳健 g 先验设置回归系数的先验分布。软件包 BayestestR 需借助其他软件先获得参数的后验分布抽样，再计算贝叶斯因子。该软件包并未提供默认的先验分布，但给出了设置有信息先验的指导。软件包 bain 在 R 和 JASP 中的使用方法可见本章第 5 节。

由于先验分布设置的差异，不同软件包可能给出不同的贝叶斯因子。但是，基于默认先验的贝叶斯因子通常差异不大，在不考虑阈值的情况下，研究者不会得到相悖的结论。而当样本容量较大时，贝叶斯因子具备一致性，不同软件将给出类似的结果。本书建议研究者在研究设计时明确先验分布和分析软件，在数据分析时依据预先计划计算贝叶斯因子。当然，先验分布和分析软件的选择往往是主观的决策，可能影响研究结果，这些决策被称为“研究者自由度”。需要指出的是，频率统计同样存在研究者自由度，包括显著性水平的设定、统计量的选择等。比如，对于相同的研究假设和数据，瓦尔德检验、似然比检验、bootstrap 抽样方法得到的 p 值也会存在差异。因此，尽管研究者试图客观，但无论是频率统计还是贝叶斯统计推断，都无法得到完全客观的结果。

贝叶斯因子的模型应用研究和软件开发已较为完善，这为贝叶斯因子的实证应用打下了基础。针对不同应用领域，研究者结合具体案例阐述了贝叶斯因子数据分析的基本方法。以心理学为例，在认知心理学领域，瓦格马克斯等(Wagenmakers et al., 2010)给出贝叶斯因子的使用教程，并分析了注意力缺陷多动障碍研究的实证数据；在实验心理学领域，韦策尔斯等(Wetzels et al., 2011)利用 t 检验实例，展示贝叶斯因子的数据分析过程，并与显著性检验 p 值相比较，结果显示两者得到的数据证据存在差别；在发展心理学领域，范德肖特等（Van de Schoot et al.，2014）以人格和人际关系的交叉滞后模型为例，介绍了贝叶斯数据分析策略和结果报告范式；在神经科学领域，凯泽斯等（Keysers et al.，2020）指出大脑研究明确有效和无效的实验操作十分重要，并利用贝叶斯 t 检验和方差分析，教程式地展示了贝叶斯因子推断无效实验操作的过程。这些贝叶斯因子实证研究教程均在相关领域得到了广泛关注，促进了贝叶斯因子在实证研究中的应用。

在数据分析中，贝叶斯因子有着显著性检验不可替代的优势。与传统显著性检验相比，贝叶斯因子可以得到支持无效应零假设的证据。在具体案例中，凯泽斯等（Keysers et al.，2020）使用贝叶斯因子得到大鼠前扣带皮层失活不会导致非社交性触发冻结行为（non-socially triggered freezing）减少的结论。此外，贝叶斯因子在推断研究假设是否得到数据支持的同时，量化数据支持假设的证据和强度，这也是显著性检验所不具备的。比如，瓦格马克斯等（Wagenmakers et al.，2010）根据贝叶斯因子检验得出，注意力缺陷多动障碍的儿童与正常儿童在威斯康辛卡片分类测验上的表现类似，并且支持该结论的数据证据是反对该结论（即表现存在差异）的 5 倍。

第 4 节　贝叶斯假设检验的计算

前文提到，贝叶斯因子是两个假设或模型下的数据边际似然的比值，数据边际似然函数需对模型参数进行积分，对于较复杂的模型，参数的积分较为困难，似然函数往往没有显式表达式。当比较信息假设 H_k 与无约束备择假设 H_u 时，它们的贝叶斯因子可以简化为：

$$BF_{ku}=\frac{f_k}{c_k} \tag{2-5}$$

其中 f_k 和 c_k 分别表示假设或模型 H_k 的拟合度和复杂度。拟合度 f_k 表示假设或模型拟合数据的程度，复杂度 c_k 表示假设或模型的复杂程度。如果 H_k 为等式约束的零假设，则拟合度和复杂度分别等于无约束备择假设 H_u 下参数的后验和先验分布在零假设处的密度。贝叶斯因子在式（2－5）的表达式称为 Savage-Dickey 密度比（Wetzels et al.，2010）。如果 H_k 为不等式约束的次序假设，则拟合度和复杂度分别等于无约束备择假设 H_u 下参数的后验和先验分布在次序假设约束下的概率。该表达式为 Savage-Dickey 密度比的拓展形式(Mulder et al.，2022)。如果 H_k 同时包括等式和不等式约束，则该假设可以被分解，等式和不等式约束将分别评估(Gu et al.，2018)。

复杂度 c_k 可以看作是假设的惩罚项，贝叶斯因子 BF_{ku} 同时考虑了假设的拟合度和惩罚项，这类似于常用的信息准则(information criterion)指标，如 Akaike 信息准则(AIC)和贝叶斯信息准则(BIC)等。不同的是，AIC 和 BIC 的惩罚项使用的是模型未知参数个数，而复杂度 c_k 考虑假设中的约束个数。

贝叶斯因子将信息假设与无约束备择假设、补假设、其他信息假设相比。当与无约束备择假设相比时，研究者关注的是信息假设约束本身受到数据支持的程度；当与补假设相比时，关注的是信息假设约束与其他可能的约束集合受到数据支持的相对程度；当与其他信息假设相比时，关注的是两个竞争的信息假设受到数据支持的相对程度。H_k 的补假设可表示为 H_{kc}：$not\ H_k$。在信息假设评估中，零假设的补假设等于无约束的备择假设。次序假设的补假设是其他任何可能次序的集合。例如，假设 H_1：$\theta_1>\theta_2$ 的补假设为 H_{1c}：$\theta_1<\theta_2$；假设 H_2：$\theta_1>\theta_2>\theta_3$ 的补假设为包含 $\theta_2>\theta_1>\theta_3$、$\theta_2>\theta_3>\theta_1$ 等其他五个次序约束的集合。H_k 的补假设的拟合度和复杂度为 $1-f_k$ 和 $1-c_k$，因此，信息假设与其补假设的贝叶斯因子表示为：

$$BF_{kc}=BF_{ku}/BF_{cu}=\frac{f_k}{c_k}\Big/\frac{1-f_k}{1-c_k} \tag{2-6}$$

其中 BF_{cu} 为补假设与无约束备择假设的贝叶斯因子。此外，两个竞争信息假设 H_k 和 $H_{k'}$ 的贝叶斯因子可写为：

$$BF_{kk'}=BF_{ku}/BF_{k'u}=\frac{f_k}{c_k}\Big/\frac{f_{k'}}{c_{k'}} \tag{2-7}$$

其中 $f_{k'}$ 和 $c_{k'}$ 为 $H_{k'}$ 的拟合度与复杂度。

当比较多个信息假设时，可将它们的贝叶斯因子转化为后验模型概率(posterior model probability，PMP)，若假定各假设的先验概率相等，则后验模型概率可表示为：

$$PMP_k^a=\frac{BF_{ku}}{\sum_k BF_{ku}} \tag{2-8}$$

后验模型概率在 0 到 1 的尺度上反映了数据对每个假设支持程度的相对大小。后验概率最大的假设受到数据最多的支持。值得注意的是，被比较的信息假设有可能都是错误的，这时后验概率会选择相对更好的错误假设。例如，当比较 $H_2:\theta_1>\theta_2>\theta_3$ 和 $H_3:\theta_2>\theta_1>\theta_3$ 时，有可能样本数据支持的次序为 $\theta_3>\theta_2>\theta_1$，只考虑 H_2 和 H_3 的后验模型概率会倾向于选择 H_3，但无法判定 H_3 不是最优次序。为了避免该情况，可在后验模型概率中考虑无约束备择假设或所有被比较假设的共同补假设。例如，H_2 和 H_3 的共同补假设包含其他 4 种次序。包含无约束备择假设的后验模型概率表示为：

$$PMP_k^b=\frac{BF_{ku}}{\sum_k BF_{ku}+1} \tag{2-9}$$

包含共同补假设的后验模型概率表示为：

$$PMP_k^c=\frac{BF_{ku}}{\sum_k BF_{ku}+BF_{cu}} \tag{2-10}$$

若被比较的信息假设都没有得到数据的支持，每个假设的 PMP_k^b 和 PMP_k^c 都会很小。

信息假设的贝叶斯因子由假设的拟合度与复杂度计算。复杂度和拟合度与参数的先验分布和后验分布有关，具体计算方法见第三章。下面将介绍计算假设拟合度、复杂度、贝叶斯因子和后验模型概率的统计分析软件。

第 5 节　贝叶斯假设检验的软件

目前，已经有非常多的统计分析软件支持贝叶斯因子的计算。例如，社会科学统计分析常用软件 SPSS(Statistical Package for the Social Sciences)在 25 及之后的版本中加入了贝叶斯统计推断模板，可以进行贝叶斯假设检验。但是它能够处理的模型有限，也不支持研究者自己设定假设和参数先验。贝叶斯检验更多的是在 R 统计分析软件和 JASP 可视化软件中实现。

R 软件是一种免费、开源的数据分析工具，广泛应用于各学科的统计分析，它具有数据分析结果的可视化功能。同时，R 软件平台拥有庞大且不断更新的软件包(R package),研究者根据需要自由安装和使用这些软件包。针对贝叶斯检验,目前已有 R 软件包 BayesFactor、bain、BFpack、bayestestR、baymedr 等支持各类模型下的贝叶斯因子的计算。本书将主要介绍作者开发的 R 软件包 bain。在 R 软件中,bain 的首字母为小写。

此外,JASP(Just Another Statistics Program)是近年来新兴的统计分析软件(Wagenmakers et al., 2018b)。JASP 提供直观易用的界面,研究者无需任何编程经验也可通过鼠标点击的方式完成数据分析。它同时支持频率统计和贝叶斯统计推断方法,也提供了丰富的数据可视化选项。本书作者开发的 R 软件包 bain 也能在 JASP 软件中使用。没有编程经验的研究者可以使用 JASP 中的 Bain 模块进行贝叶斯假设检验。在 JASP 软件中,Bain 的首字母为大写。

Bain 是“贝叶斯信息假设评估”(Bayesian informative hypotheses evaluation)的缩写,它提供众多模型下零假设、次序假设、区间假设的贝叶斯因子计算,包括 t 检验、方差分析、回归分析、结构方程模型等。本书作者基于前期工作(Gu et al., 2014; Gu et al., 2018; Gu et al., 2019)于 2019 年开发完成 bain 软件包,提交至 R 软件平台 CRAN,并持续更新至今(Gu et al., 2023a),详见 https://cran.r-project.org/web/packages/bain/index.html。研究团队后续在 bain 中加入了多组数据、缺失数据的分析方法(Hoijtink et al., 2019a; Hoijtink et al., 2019b),并且提供了 bain 的相关教程文献(Hoijtink et al., 2019c; Van Lissa et al., 2021),方便研究者使用。为了计算效率,bain 的核心算法在 Fortran 软件中实现,并在 R 软件中调用。此外,为了分析复杂模型,bain 软件包可读取结构方程模型 R 软件包 lavaan 的分析结果。下面我们将介绍 R 软件包 bain 和 JASP 软件的 Bain 模块。后续章节将针对具体模型和应用案例展示如何使用 bain 进行贝叶斯假设检验。

5.1　R 软件包 bain

在 R 软件中,研究者可通过下面语句安装和加载 bain 软件包。

```
install.packages("bain")
library(bain)
```

R 软件包 bain 只有一个核心函数,与软件包同名。它可以基于已有统计模型分析函数的拟合结果,结合研究者指定的信息假设,给出相应的贝叶斯因子检验结果。

也可以自行输入待检验参数的估计值和协方差矩阵，进行贝叶斯参数检验。前者使用较为简便，可调用已有模型拟合函数的结果，但目前限定于 bain 已连接的统计模型分析函数。后者使用较为灵活，不依赖于具体模型，但研究者需要预先分析数据，并自行提取待检验参数的估计值和协方差矩阵。

函数 bain 的使用方式如下：

bain（*x*，*hypothesis*，*fraction*＝1，...）

其中 bain 函数中各参数的表示如下。

- *x*：表示包含前序数据分析结果的 R 对象（R object），具体使用步骤见之后段落。目前可处理的对象包括：
  1. t_test 函数的结果对象。t_test 为 bain 软件包内置函数，用法与 R 自带的基础函数 t. test 一致。它能够分析单样本 t 检验、两独立样本 t 检验、Welch t 检验、配对样本 t 检验、等效性检验等。
  2. lm 函数的结果对象。lm 函数是 R 语言自带的基础函数，它能够分析一般线性模型，包括方差分析、协方差分析、多重线性回归等。
  3. lavaan 软件包中函数的结果对象，包括 cfa、sem、growth 等函数。它能够分析因子分析模型、路径分析、潜变量回归、增长曲线模型等。
  4. 待检验参数的估计值。该估计值以向量的形式输入，并且需要给每一个参数命名，以对应假设中的约束。
- *hypothesis*：表示待检验的信息假设，这些假设以字符串的形式表达。之后段落将详细展示如何设定各类假设。
- *fraction*：表示先验方差的尺度，默认值为 fraction＝1。具体含义可见本书第三章第 4 节。若无需调整先验方差，使用默认值即可。
- ...：表示附加参数。见之后段落。

bain 的使用步骤

软件包 bain 的使用可分为三步：设定模型、设定假设、运行函数。以下分别介绍基于已有统计模型函数的分析步骤和基于待检验参数估计值和协方差矩阵的分析步骤。

基于已有统计模型函数的分析步骤为：

1. 设定模型。模型由 bain 中的第一个参数 x 设定，根据检验模型的不同，可令

x<－t_test()，x<－lm()，x<－sem()，x<－cfa()或 x<－growth()。如果数据变量中存在缺失值，可对缺失值进行插补（Hoijtink et al.，2019b）。

2. 设定假设。如果使用 t_test 函数，则假设 hypothesis 中的参数名称可为“x”，“y”或“difference”。如果使用 lm 函数，则 hypothesis 中的参数名称由回归系数的名字决定，可通过 coef(x)查看。如果使用 lavaan 软件包的 sem、cfa 和 growth 函数，则 hypothesis 中参数的名称需包括“～”，“～1”或“＝～”等符号，表示路径系数、截距、因子负荷等参数，可通过 coef(x)查看具体名称。

3. 运行函数。在设定了模型与假设后，研究者可运行函数

   results <－ bain(x, hypothesis, fraction ＝ 1, standardize ＝ FALSE)

   其中 fraction＝1 表示默认的先验设置，standardize＝FALSE 表示评估非标准化参数，standardize＝TRUE 表示评估标准化参数。在运行 bain 函数后，使用 print(results)输出分析结果，使用 summary(results，ci＝0.95)可输出假设中的参数估计值及其 95％可信区间。

基于待检验参数估计值和协方差矩阵的分析步骤为：

1. 设定模型。研究者根据需要运行任意统计模型，从中提取假设中的参数估计值和协方差矩阵。随后对参数估计值命名，并将协方差矩阵保存于列表格式 list 中。

2. 设定假设。假设 hypothesis 中参数的名称需要与参数估计值名称对应，例如若参数估计值的名称为 names(x)<－c(“a”，“b”，“c”)，则 hypothesis 中的字符串需包含“a”，“b”，“c”。

3. 运行函数。在设定了模型与假设后，研究者可运行函数

   results <－ bain(x, hypothesis, n, Sigma, group_parameters, joint_parameters, fraction ＝ 1)

   其中 n 代表样本容量，Sigma 代表协方差矩阵，fraction＝1 表示默认的先验设置，group_parameters 表示分组因素个数，joint_parameters 表示协变量个数。例如，三分类的单因素方差分析模型可设置 group_parameters＝1，joint_parameters＝0，这时，x 包含 3 组样本均值，Sigma 为 3×3 矩阵。若在上述方差分析模型中加入两个协变量，则 group_parameters＝1，joint_parameters＝2，这时，x 包含 5 个参数的估计值，Sigma 为 5×5 矩阵。在运

行 bain 函数后，使用 print(results)输出分析结果，使用 summary(results, ci＝0.95)可输出假设中的参数估计值及其 95％可信区间。

以上概述了 bain 的使用步骤，具体的案例数据分析和代码将在后续章节介绍具体统计模型应用时给出。

bain 的信息假设

软件包 bain 使用字符串表示信息假设。例如，研究者可以设定 hypothesis ＜－"a＞b＞c; a＝b＝c"，表示两个信息假设用于比较三个参数的次序大小。假设 hypothesis 的设定须遵循以下规则：

- 当 bain 基于已有统计模型函数时，hypothesis 中的字符串需使用模型函数输出的参数名称或参数名称的唯一缩写。例如，如果参数的名称是“cat”和“dog”，则可在 hypothesis 中直接使用这两个字符串，或是它们的缩写“c”和“d”。但若名称是“cato”和“cata”，则需使用全称。
- 当 bain 基于待检验参数估计值和协方差矩阵时，hypothesis 中的字符串需使用参数估计值的名称 names(x)。
- hypothesis 字符串中的多个参数名需要通过线性组合连接。在一个线性组合中，每个参数名只能出现一次。每个参数名可以乘以一个数字，可以加上或减去一个常数等。例如，可使用“3 * a＋5”，“a＋2 * b＋3 * c－2”，“a－b”等线性组合，但不能设定“a^2”，“a * b”等非线性组合。
- hypothesis 字符串中的参数线性组合可以使用次序符号“＝”，“＜”，“＞”连接，例如，“a＞0”，“a＞b＝c”，“2 * a＜b＋c＞5”。
- hypothesis 字符串中的多个次序组合也可使用“&”符号连接，例如，“a＞b & b＞c”等价于“a＞b＞c”。
- hypothesis 字符串中受相同约束的参数集合可以使用“( )”表示，例如，“a＞(b, c)”等价于“a＞b & a＞c”。
- hypothesis 字符串可同时包含多个待检验的信息假设，这些假设以“;”连接。例如 hypothesis ＜－ “a＝b＝c; a＞b＞c”比较两个不同参数次序的信息假设。
- hypothesis 中多个待检验的信息假设必须是兼容的，若将假设中的不等号都替换为等号，至少能找到一个方程解满足所有的等式。例如，

hypothesis <− "a=b=0; a>b"中的两个次序是兼容的,可找到解 a=b=0;而 hypothesis <− "a=0; a>2"是不兼容的,无法找到同时满足 a=0 和 a=2 的解。该要求的统计原理可见顾昕等(Gu et al., 2018)一文。

- hypothesis 中的待检验的信息假设必须是非冗余的。冗余假设代表该假设能够用更少的次序约束表示,研究者需要简化假设。例如"a=b & a>0 & b>0"是冗余的,只需指定"a=b & a>0"即可。
- hypothesis 中的待检验的信息假设必须是可能实现的。如果不存在与假设相符的估计,则该假设不可能实现,例如"b+1<a<b−1"无法被评估。

bain 的输出结果

运行 bain 函数或 results<−bain()后,输入 results 或 print(results)将给出 bain 的默认输出结果。默认结果包括(每个)信息假设的拟合度、复杂度、信息假设与无约束假设的贝叶斯因子,信息假设与互补假设的贝叶斯因子,不包括无约束假设时的后验模型概率,包括无约束假设时的后验模型概率,以及信息假设与其互补假设的后验模型概率。前文已给出这些统计量的解释。此外,输入 summary(results, ci=0.95)将返回假设中参数的估计值和可信区间。

在运行 results<−bain()后,研究者也可提取具体的分析结果,具体如下:

- results $ fit 返回默认结果。results $ fit $ Fit 给出信息假设的拟合度,若要提取复杂度、贝叶斯因子和后验模型概率,可将 results $ fit $ Fit 中最后的"Fit"替换为"Com","BF","BF. u","BF. c","PMPa","PMPb","PMPc"等。其中,"BF"和"BF. c"将给出信息假设对比其补假设的贝叶斯因子,"BF. u"给出信息假设对比无约束假设的贝叶斯因子,"PMPa"给出相比较的信息假设的后验模型概率,"PMPb"给出信息假设与无约束假设的后验模型概率,"PMPc"给出信息假设与它们共同补假设的后验模型概率。
- results $ fit $ Fit_eq 和 results $ fit $ Fit_in 分别返回等式约束和不等式约束假设的拟合度。results $ fit $ Com_eq 和 results $ fit $ Com_in 分别返回等式约束和不等式约束假设的复杂度。
- results $ BFmatrix 返回两两比较的贝叶斯因子矩阵,该矩阵给出每一对待检验信息假设的贝叶斯因子。
- results $ b 返回参数先验分布方差尺度的 fraction 值,若有多组数据模型,则返回每一组的 fraction 值。

- results $ prior 和 results $ posterior 分别返回参数先验和后验分布的协方差矩阵。

值得注意的是，若两个待检验的信息假设与无约束假设的贝叶斯因子 $ BF. u 都很小(接近于 0)，表示两个假设都不被数据支持，这时若要比较两个信息假设，$ BFmatrix 的结果会非常不稳定。

5.2 JASP 软件 Bain 模块

JASP 软件可在其官网(https://jasp-stats.org/)上免费下载。JASP 能够在多种操作系统中运行，包括 Windows、macOS 和 Linux。进入官网后，点击"Download JASP"或官网顶部菜单栏"Download"后选择对应的操作系统进行下载安装即可，这里不作展示。安装完成后，打开 JASP 可见图 2-1 界面。

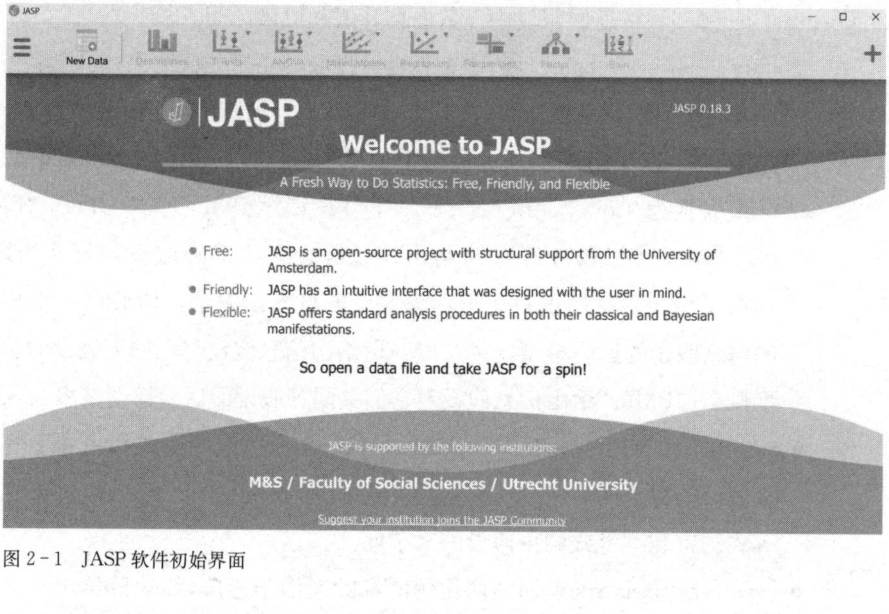

图 2-1 JASP 软件初始界面

数据录入和编辑

JASP 软件的数据录入包括内部直接输入与外部文件导入。内部直接输入可以通过点击图 2－1 左上角“New Data”打开数据界面实现，内部直接输入数据的准则一般为每一列为一个变量，每一行为一个观测个体。外部文件导入可以通过点击图 2－1 左上角的“≡”图标并选择“Open”实现，JASP 软件可以导入 Excel 文件(. csv)、SPSS 数据文件(. sav)、JASP 数据文件(. jasp)，还可以访问 OSF(Open Science Framework)平台并导入数据。此外，JASP 针对各种统计分析方法提供部分自带数据集(Data Library)供研究者参考和使用。

数据导入之后，JASP 可在数据界面对变量进行整理与编辑，以便研究者更好地处理数据，见图 2－2。下面对于常用的数据编辑操作进行简要介绍。

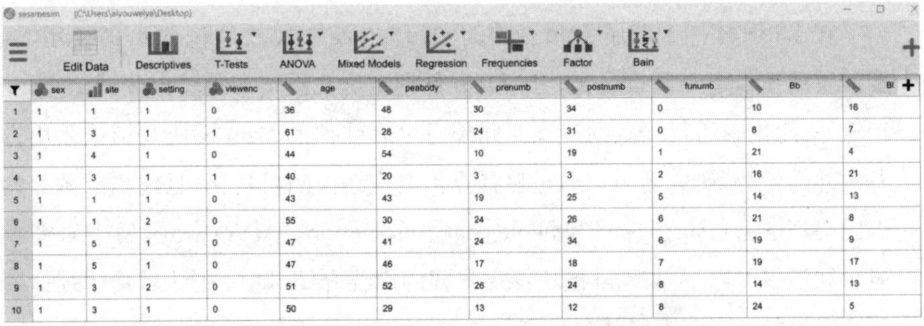

	sex	site	setting	viewenc	age	peabody	prenumb	postnumb	funumb	Bb	Bl
1	1	1	1	0	36	48	30	34	0	10	16
2	1	3	1	1	61	28	24	31	0	8	7
3	1	4	1	0	44	54	10	19	1	21	4
4	1	3	1	1	40	20	3	3	2	16	21
5	1	1	1	0	43	43	19	25	5	14	13
6	1	1	2	0	55	30	24	26	6	21	8
7	1	5	1	0	47	41	24	34	6	19	9
8	1	5	1	0	47	46	17	18	7	19	17
9	1	3	2	0	51	52	26	24	8	14	13
10	1	3	1	0	50	29	13	12	8	24	5

图 2－2　JASP 软件数据界面示例

(1) 更改变量类型：JASP 中的数据变量可能有三种类型——名义变量、有序变量、连续变量，可通过单击变量标签的变量类型图标或双击变量标签做出更改。部分统计方法可能对变量类型存在限制，只有选择正确的变量类型才能保证后续分析的顺利进行。

(2) 设置变量的有关信息：可通过双击变量标签对变量的细节信息做出更改，例如注释变量、注释变量取值、设置缺失值等。

(3) 条件筛选变量：可通过点击数据界面(图 2－2)左上角的“▼”图标实现。

(4) 添加新变量：可通过点击数据界面(图 2－2)右上角的“＋”图标实现。

Bain 模块

在 JASP 软件中，研究者可以通过点击图 2－1 或图 2－2 右上角的“＋”图标并选择 Bain 模块进行加载。注意：加载 Bain 模块的“＋”图标为蓝色且位于顶部菜单栏，请避免与图 2－2 中添加新变量的黑色“＋”图标混淆。完成 Bain 的加载后，研究者便可通过点击顶部菜单栏中的“Bain”选项进行后续分析。

JASP软件中的Bain模块包含t检验(T-Tests)、方差分析(ANOVA)、回归分析(Regression)三个部分。其中t检验部分又包括单样本t检验(One Sample T-Test)、Welch t检验(Welch's T-Test)、配对样本t检验(Paired Samples T-Test);方差分析部分分为方差分析(ANOVA)和协方差分析(ANCOVA);回归分析部分包括线性回归(Linear Regression)和结构方程模型(Structural Equation Modeling),能够进行一般线性回归、验证性因子分析、潜变量回归分析等。与R软件包bain相比,JASP软件的Bain模块提供的统计分析方法相对有限,不支持基于待检验参数估计值和协方差矩阵的分析。

在JASP软件中使用Bain模块时,操作步骤与R软件包bain的使用类似,主要涉及模型设定和假设设定。JASP软件根据这些设定实时输出分析结果,相比于R软件,简化了运行函数的步骤。此外,JASP软件的Bain模块在结果输出方面具备额外的优势,研究者可以通过鼠标点击实现结果的可视化,且输出的图表均符合美国心理学会(American Psychological Association, APA)格式,便于研究者进行展示和汇报。以下是Bain模块使用步骤的简要介绍,随后在针对具体统计模型和研究假设的各章节有具体操作和结果解读介绍。

1. 设定模型。在使用JASP软件Bain模块进行t检验、方差分析及线性回归分析时,只需在Bain模块左侧分析界面鼠标点击所需的变量,并将它们移动至相应的变量框内,即可完成模型设定;而进行结构方程模型分析时,模型设定需要输入R语言代码,在Bain的分析界面相应的对话框内输入代码描述模型,具体见第七章和第八章关于JASP结构方程模型设定的介绍。

2. 设定假设。在完成模型设定后,JASP软件Bain模块会根据当前模型输出默认的评估零假设的贝叶斯检验结果。不同统计方法的默认零假设各有不同,具体将在后续章节介绍统计分析方法时进行详细说明。当研究者对研究问题有明确的理论或预期时,也可以自行设定信息假设。例如,在进行t检验时,Bain模块左侧界面中的“Hypothesis Test”下已列出可检验的假设类型,研究者通过鼠标点击便能够选择并实现相应的检验,见图2-3;而在进行方差分析、线性回归分析或结构方程模型分析时,则需在“Model Constraints”下手动输入假设,见图2-4。输入假设的表达方式与R软件相同,这里不再详细介绍。

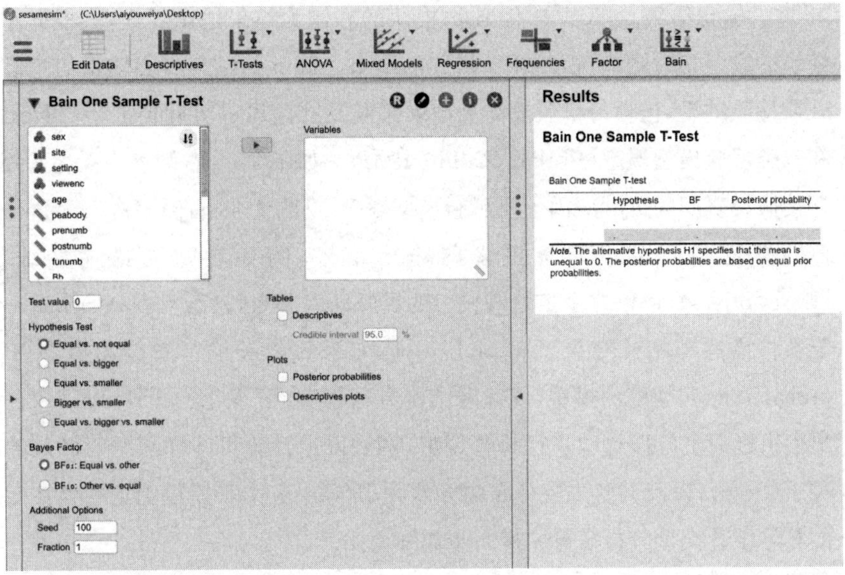

图 2-3　JASP 软件 t 检验界面示例

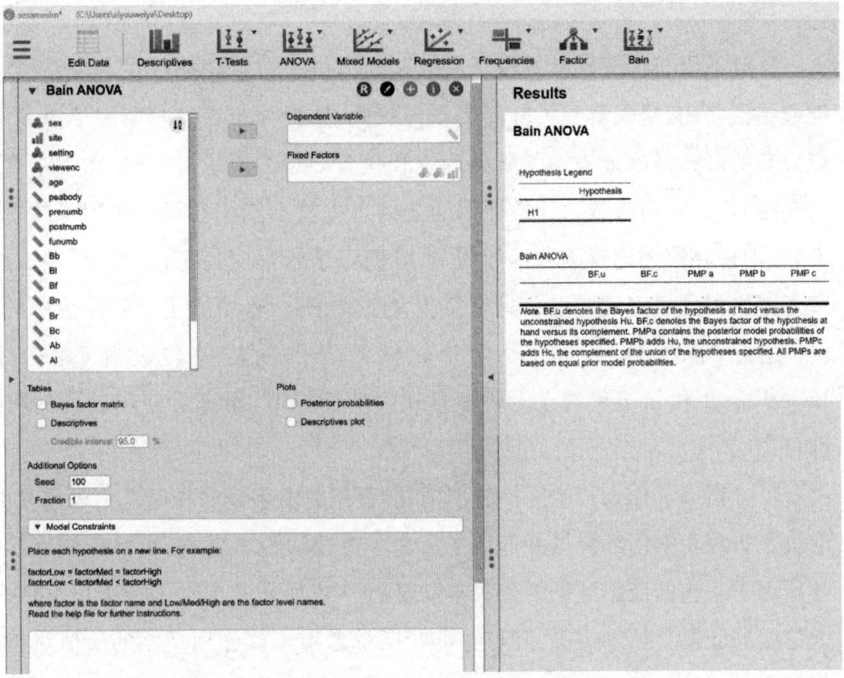

图 2-4　JASP 软件方差分析界面示例

3. 输出结果。JASP 软件 Bain 模块的右侧为结果输出界面，会根据左侧输入模块的设定实时输出符合 APA 格式的结果。Bain 的结果界面输出信息假设的贝叶斯检验结果，包括每个假设与无约束假设及补假设的贝叶斯因子（BF. u、BF. c）和三类后验模型概率（PMPa、PMPb、PMPc），如图 2－4 右侧表格；t 检验仅输出被评估假设之间的贝叶斯因子及后验模型概率，见图 2－3 右侧表格。在 Bain 模块左侧的设定界面可以勾选更多的输出结果，例如参数的描述性统计结果（Descriptives）、评估多个信息假设时的贝叶斯因子矩阵（Bayes factor matrix）等；还能够将描述性统计结果（Descriptive plot）、假设检验的后验模型概率（Posterior probabilities）、构建的模型（仅针对结构方程模型）可视化。此外，Bain 左侧的设定界面可以对贝叶斯检验进行一些调整，例如设定计算贝叶斯因子时涉及的随机数种子（Seed），以及调整先验分布的方差大小（Fraction）等。以上这些会在后续章节的具体统计模型分析实操中进一步详细说明。

第 6 节　本章小结

贝叶斯因子为评估社会科学研究理论提供了数据证据信息，但是研究者也可能会错误使用、错误解释贝叶斯因子。首先，先验分布对贝叶斯因子至关重要，它以分布的形式精确地表达了研究理论和先验知识。但是，当先验知识不存在或无法获得时，贝叶斯参数估计常使用的无信息先验不能用在贝叶斯因子的先验设置上，否则将导致无论观测数据如何，贝叶斯因子永远支持零假设的后果。因此，研究者需要根据研究问题设置具有实质含义的先验，这增加了贝叶斯因子的使用难度。为此，各个贝叶斯因子检验软件都提供默认先验设置（如 R 软件包 BayesFactor 和 bain 等），在先验信息缺失的情况下，研究者使用软件的默认设置即可。

贝叶斯因子作为贝叶斯检验准则，能否避免发表偏差和研究不可重复的问题，取决于研究者如何解释贝叶斯因子。为了方便研究者使用，贝叶斯统计学者将贝叶斯因子表达的数据证据划分为本章表 2－1 中所示的类别，如 $BF_{0u}>3$ 表示有令人信服的证据支持零假设。但是，贝叶斯学者不建议使用严格的阈值对数据证据作二分或三分判断（Tendeiro & Kiers, 2019），$BF_{0u}=2.9$ 和 $BF_{0u}=3.1$ 表达的数据证据并没有本质的区别。因此，不能简单地根据贝叶斯因子判断研究假设被接受或被拒绝，否则同样会导致零假设显著性检验产生的发表偏差和可重复性问题。

统计推断分为参数估计和假设检验。在零假设显著性检验广受批评的背景下，一些研究者认为假设检验可以被参数估计以及置信区间取代，即报告效应量的估计值和置信区间（王珺等，2019）。贝叶斯统计推断同样有贝叶斯估计和贝叶斯可信区间。但是，参数估计和假设检验回答的问题是不同的，前者解决的是什么样的参数值最可信，后者判断的是哪种理论模型能更准确地描述数据。显然，参数估计关注的是特定模型下参数的估计值及误差范围，而假设检验比较的是两个或两个以上的理论模型。两者在统计分析中缺一不可。

本章介绍了贝叶斯因子及其应用，为研究者正确使用贝叶斯因子评估零假设、区间假设、信息假设提供了方法支持。当前贝叶斯统计和贝叶斯检验的方法研究还在不断推进（Van de Schoot et al.，2017；李贵玉，顾昕，2021），从简单模型（如方差分析、回归分析等）拓展到复杂模型（如结构方程模型、线性混合模型等）。但是，相比于显著性检验，贝叶斯因子检验在社会科学数据分析中的应用还不够广泛。之后章节将在具体模型中介绍贝叶斯因子检验的方法与应用。

第三章　贝叶斯检验的统计原理与计算方法

本章讨论零假设、次序假设、区间假设等信息假设的贝叶斯检验问题。本章涉及贝叶斯假设检验的统计原理和计算方法，适合具有一定统计基础且对贝叶斯原理感兴趣的读者，其他只关注贝叶斯假设检验应用的读者可跳过本章。此外，本章使用一般统计模型进行讨论，不涉及具体模型应用或仅以个别模型作为例子，贝叶斯检验的模型应用将在后续各章依次论述。

第 1 节　信息假设的一般形式

对于一般统计模型，可用 $f(D \mid \boldsymbol{\theta}, \boldsymbol{\zeta})$ 表示数据似然函数，其中 D 表示样本数据，$\boldsymbol{\theta}$ 表示假设中涉及的参数，即研究者关心的参数，$\boldsymbol{\zeta}$ 表示未在假设中出现的参数，即研究者不关心的参数。例如，t 检验中，均值为我们关注的参数，方差为不关注的参数。此外，令 n 表示样本容量。

信息假设使用等式和不等式对现有模型参数进行约束，它包含零假设、区间假设和次序假设，我们定义信息假设 H_k 的一般形式为(Gu et al.，2018)：

$$H_k: \boldsymbol{R\theta} \geqslant \boldsymbol{r} \tag{3-1}$$

其中 $\boldsymbol{R}$ 为等式或不等式约束矩阵，$\boldsymbol{r}$ 为假设中可能的常数项。$\boldsymbol{R}$ 的行数等于假设中等式或不等式约束的个数，列数等于假设中参数的个数，即 $\boldsymbol{\theta}$ 的长度。例如，对于两样本 t 检验，$H_0: \theta_1 = \theta_2$ 可表示为 $H_0: \boldsymbol{R\theta} = \boldsymbol{r}$，其中 $\boldsymbol{R} = (1, -1)$，$\boldsymbol{\theta} = (\theta_1, \theta_2)^T$，$\boldsymbol{r} = 0$。又如，单因素方差分析中，检验各组均值的次序假设 $H_1: \theta_1 > \theta_2 > \theta_3$ 可表示为：

$$\boldsymbol{R\theta}=\begin{bmatrix}1 & -1 & 0\\ 0 & 1 & -1\end{bmatrix}\begin{bmatrix}\theta_1\\ \theta_2\\ \theta_3\end{bmatrix}>\begin{bmatrix}0\\ 0\end{bmatrix}=\boldsymbol{r} \tag{3-2}$$

此外，区间假设也可以由不等式约束所表示。比如假设 $H_2:0<\theta<1$ 可以表示为 $H_2:\boldsymbol{R}\theta>\boldsymbol{r}$，其中 $\boldsymbol{R}=(1,-1)^T$，$\boldsymbol{r}=(0,-1)^T$。

在贝叶斯检验中，可以将信息假设与无约束假设

$$H_u:\boldsymbol{\theta}\ is\ unconstrained \tag{3-3}$$

或补假设

$$H_{kc}:not\ H_k \tag{3-4}$$

或其他信息假设 $H_{k'}$ 相比较。对于零假设，其补假设等价于无约束备择假设。如 $H_0:\theta_1=\theta_2$ 的补假设为 $H_u:\theta_1\neq\theta_2$，尽管写成 $\theta_1\neq\theta_2$，但实际从概率分布的视角它没有约束 θ 的值。对于次序假设，补假设包含其他任何可能的次序，如 $H_1:\theta_1>\theta_2>\theta_3$ 的补假设包括 $\theta_2>\theta_1>\theta_3$，$\theta_2>\theta_3>\theta_1$ 等另外五种次序。

在检验信息假设之前，根据统计模型、参数含义和假设形式，可能需要对假设中的参数进行标准化处理。一方面，在比较回归分析中的回归系数或因子分析中的因子负荷这类参数的大小次序时，参数必须标准化。例如，检验回归系数 θ_1 是否大于 θ_2，需要对 θ_1 和 θ_2 进行标准化，以便在相同的尺度下进行比较。否则自变量的尺度也将会影响未标准化回归系数的大小。另一方面，如果将参数与常量进行比较，则没有必要对其进行标准化，并且如果参数 $\boldsymbol{\theta}$ 表示平均值，则我们不应该对其进行标准化。例如，检验回归系数是否大于 0，或者检验第一组的均值是否小于第二组的均值，都不需要标准化。若需要参数标准化，则可在检验假设前，预先标准化所有观测变量以及潜变量，或是直接使用参数的标准化统计量。比如标准化回归系数等于未标准化回归系数乘以自变量与因变量标准差的比。

对较为复杂的信息假设，$\boldsymbol{\theta}$ 的参数变换可以简化假设检验的表达和计算。令 $\boldsymbol{\gamma}=\boldsymbol{R\theta}-\boldsymbol{r}$，则式(3-1)中的假设 H_k 将转化为：

$$H_k:\boldsymbol{\gamma}\geqslant\boldsymbol{0} \tag{3-5}$$

比如，零假设 $H_0:\theta_1=\theta_2=\theta_3$ 和次序假设 $H_1:\theta_1>\theta_2>\theta_3$ 可以被转化为 $H_0:\gamma_1=$

0，$\gamma_2=0$ 和 $H_1:\gamma_1>0, \gamma_2>0$，其中 $\gamma_1=\theta_1-\theta_2$，$\gamma_2=\theta_2-\theta_3$。$\boldsymbol{\gamma}$ 的分布函数可通过 $\boldsymbol{\theta}$ 的分布函数线性变换得到，$\boldsymbol{\gamma}$ 与 $\boldsymbol{\theta}$ 通常具有相同的分布形态，并且若 $\boldsymbol{\theta}$ 的均值为 $\hat{\boldsymbol{\theta}}$，方差或协方差为 $\boldsymbol{\Sigma}_\theta$，则 $\boldsymbol{\gamma}$ 的均值等于 $\boldsymbol{R}\hat{\boldsymbol{\theta}}-r$，方差等于 $\boldsymbol{R}\boldsymbol{\Sigma}_\theta\boldsymbol{R}^T$。参数变换能够简化贝叶斯假设检验的计算，稍后将在本章展示。

第2节　信息假设的贝叶斯因子

模型对数据的解释程度可以由给定模型下数据的似然函数量化，似然函数表示观测到该数据的可能性，似然函数越大，说明在特定假设下，观测到当前数据的可能性越大，也即当前数据来自该假设的可能性越大。因此，我们可以通过数据在假设 H_k 下的边际似然来评估模型 H_k 对数据的解释程度，记为 $m(D \mid H_k)$。然而，边际似然受到样本容量等因素的影响，本身并不能在绝对意义上告诉我们 H_k 是否可以解释数据。更合适的做法是将 H_k 与其他假设 $H_{k'}$ 相比，考虑两个假设 H_k 和 $H_{k'}$ 下数据的边际似然比，这个比例定义为两个假设的贝叶斯因子：

$$BF_{kk'}=\frac{m(D \mid H_k)}{m(D \mid H_{k'})} \tag{3-6}$$

该表达式显示了贝叶斯因子的直观解释，即量化了假设 H_k 相对于 $H_{k'}$ 的数据证据。当贝叶斯因子大于1时，数据证据支持 H_k，当贝叶斯因子小于1时，数据证据支持 $H_{k'}$。而若贝叶斯因子在1附近，则说明数据支持任一假设的证据都不够充分。贝叶斯因子关于1对称，因此

$$BF_{kk'}=1/BF_{k'k} \tag{3-7}$$

贝叶斯因子的另一种表示是对假设相对可能性的更新，如下面的公式：

$$BF_{kk'}=\frac{p(H_k \mid D)}{p(H_{k'} \mid D)}\Big/\frac{p(H_k)}{p(H_{k'})} \tag{3-8}$$

等式右边为两个假设的后验概率比与先验概率比的比值。先验概率比 $p(H_k)/p(H_{k'})$ 表示在观测数据前，两个假设的相对合理性，后验概率比表示在观测数据后，两个假设的相对合理性。因此，贝叶斯因子表达了数据所带来的先验概率比到后验概率比的变化，即贝叶斯更新。在收集数据前，研究者不应该偏向任何

假设，先验概率比通常设置为 1，即 $p(H_k)=p(H_{k'})=0.5$（注：在贝叶斯变量选择等应用中，可能考虑不同的设置），这时，假设的后验概率可以通过贝叶斯因子计算：

$$p(H_k \mid D)=\frac{BF_{kk'}}{1+BF_{kk'}} \tag{3-9}$$

$$p(H_{k'} \mid D)=\frac{1}{1+BF_{kk'}} \tag{3-10}$$

后验概率以概率的形式在 0 到 1 范围内量化了数据对假设的支持程度，同时后验概率可以看作贝叶斯错误率。如 $p(H_k \mid D)=0.8$，则选择 H_k 可能犯错的概率为 $1-0.8=0.2$。与显著性检验不同的是，贝叶斯错误率是在观测数据后计算的，随数据的不同而变化，也随新数据的加入而更新。值得注意的是，若选择相比较的两个假设不是互补假设，则有可能两个假设都不为真，比如检验 $H_1:\theta_1>\theta_2>\theta_3$ 和 $H_2:\theta_2>\theta_1>\theta_3$。这时，贝叶斯因子和后验概率将选择其中一个不那么错误的假设。

第 3 节　贝叶斯因子的计算方法

由式(3-6)可知，贝叶斯因子表示为两个假设下，数据边际似然的比值。假设 H_k 下数据的边际似然为：

$$m(D \mid H_k)=\int \pi_k(\boldsymbol{\theta},\boldsymbol{\zeta})f(D \mid \boldsymbol{\theta},\boldsymbol{\zeta})d\boldsymbol{\theta}d\boldsymbol{\zeta} \tag{3-11}$$

其中 $\pi_k(\boldsymbol{\theta},\boldsymbol{\zeta})$ 表示假设 H_k 下参数的先验分布。边际似然需要对模型参数进行积分，计算较为复杂，对于复杂模型，通常没有显式表达式。为了能够计算复杂模型的边际似然或贝叶斯因子，研究者提出了一系列不同的计算方法（Gamerman & Lopes, 2006）。

首先，根据贝叶斯公式，后验分布等于先验分布与数据密度函数的积除以边际似然。因此，假设 H_k 下的边际似然可表示为：

$$m(D \mid H_k)=\frac{\pi_k(\boldsymbol{\theta},\boldsymbol{\zeta})f(D \mid \boldsymbol{\theta},\boldsymbol{\zeta})}{\pi_k(\boldsymbol{\theta},\boldsymbol{\zeta} \mid D)} \tag{3-12}$$

其中 $\pi_k(\boldsymbol{\theta}, \boldsymbol{\zeta} \mid D)$ 为模型参数的后验分布。当后验分布 $\pi_k(\boldsymbol{\theta}, \boldsymbol{\zeta} \mid D)$ 有显式表达式时，只需代入 $\boldsymbol{\theta}$ 和 $\boldsymbol{\zeta}$ 的值，即可得到边际似然。即使后验分布没有显式表达式，也可通过贝叶斯统计常用的 MCMC 抽样方法计算边际似然。

其次，无须计算边际似然，也可以直接得到贝叶斯因子。具体思路是在模型参数的 MCMC 抽样程序中纳入“指示”变量。在两个相互竞争的假设下，指示变量 k 可以取两个值。例如，当 MCMC 样本处于 H_k 下时，取 $k=1$；当 MCMC 样本处于 $H_{k'}$ 下时，取 $k=2$。此时，可以通过 $k=1$ 和 $k=2$ 被抽取的相对频率来计算贝叶斯因子。比如 1 000 次抽样中，观测到 800 次 $k=1$ 和 200 次 $k=2$，则 $BF_{kk'}=800/200=4$。这种 MCMC 方法被称为跨维 MCMC（trans-dimensional MCMC，见 Sisson，2005）。

以上计算方法都存在同样的问题，即随着模型变得越来越复杂，算法的效率也越来越低。当检验零假设和备择假设时，统计学者提供了一种更简便的计算方法，称为 Savage-Dickey 密度比方法（Dickey，1971）。后来，该方法又被拓展到次序假设的检验问题（Mulder，et al.，2022）。

Savage-Dickey 方法适用于嵌套假设，比如零假设或次序假设都嵌套于无约束备择假设。而非嵌套假设检验也可通过贝叶斯因子的传递性转化为嵌套假设检验。具体地，假设 H_k 与假设 $H_{k'}$ 的贝叶斯因子 $BF_{kk'}$ 可由 H_k 和 $H_{k'}$ 与无约束备择假设 H_u 的贝叶斯因子计算：

$$BF_{kk'}=\frac{m(D \mid H_k)}{m(D \mid H_{k'})}=\frac{m(D \mid H_k)}{m(D \mid H_u)}\Big/\frac{m(D \mid H_{k'})}{m(D \mid H_u)}=\frac{BF_{ku}}{BF_{k'u}} \qquad (3-13)$$

因此，任意两个假设的贝叶斯因子都可以通过它们与无约束备择假设的贝叶斯因子 BF_{ku} 得到，而任何信息假设都嵌套于无约束备择假设。因此，在检验信息假设时，Savage-Dickey 方法总能用于计算 BF_{ku}，进而求得 $BF_{kk'}$。下面将阐述信息假设与备择假设贝叶斯因子 BF_{ku} 的 Savage-Dickey 计算方法。

在贝叶斯统计推断中，信息假设和备择假设都由参数先验分布表达：

$$\begin{aligned} H_k &: \pi_k(\boldsymbol{\theta}, \boldsymbol{\zeta}) \\ H_u &: \pi_u(\boldsymbol{\theta}, \boldsymbol{\zeta}) \end{aligned} \qquad (3-14)$$

在 H_k 下，参数的先验分布 $\pi_k(\boldsymbol{\theta}, \boldsymbol{\zeta})$ 将约束 $\boldsymbol{R\theta} \geqslant \boldsymbol{r}$；在 H_u 下，先验分布 $\pi_u(\boldsymbol{\theta}, \boldsymbol{\zeta})$

不约束 $\boldsymbol{\theta}$ 的取值。在评估信息假设与备择假设时，研究者只需设定备择假设下的先验分布，对其加以限制即可得到信息假设下的先验分布。

根据 Savage-Dickey 方法，零假设 H_0：$\boldsymbol{R\theta}=\boldsymbol{r}$ 与无约束备择假设 H_u 的贝叶斯因子可表示为：

$$BF_{0u}=\frac{\pi_u(\boldsymbol{R\theta}=\boldsymbol{r}\mid D)}{\pi_u(\boldsymbol{R\theta}=\boldsymbol{r})} \tag{3-15}$$

其中分子 $\pi_u(\boldsymbol{R\theta}=\boldsymbol{r}\mid D)$ 为假设 H_u 下的后验分布在 $\boldsymbol{R\theta}=\boldsymbol{r}$ 处的密度，$\pi_u(\boldsymbol{R\theta}=\boldsymbol{r})$ 为先验分布在 $\boldsymbol{R\theta}=\boldsymbol{r}$ 处的密度，故而贝叶斯因子表示为备择假设下的后验分布与先验分布在零假设处的密度比值。若将参数 $\boldsymbol{\theta}$ 转换为 $\boldsymbol{\gamma}=\boldsymbol{R\theta}-\boldsymbol{r}$，则式(3-15)中的先验和后验分布密度等于转换后 $\boldsymbol{\gamma}$ 在零点处的先验和后验分布密度，即 $\pi_u(\boldsymbol{R\theta}=\boldsymbol{r})=\pi_u(\boldsymbol{\gamma}=\boldsymbol{0})$ 和 $\pi_u(\boldsymbol{R\theta}=\boldsymbol{r}\mid D)=\pi_u(\boldsymbol{\gamma}=0\mid D)$，可直接通过 γ 的概率密度分布函数计算。

次序假设 H_1：$\boldsymbol{R\theta}>\boldsymbol{r}$ 与备择假设 H_u 的贝叶斯因子可以表示为：

$$BF_{1u}=\frac{p_u(\boldsymbol{R\theta}>\boldsymbol{r}\mid D)}{p_u(\boldsymbol{R\theta}>\boldsymbol{r})} \tag{3-16}$$

其中分子 $p_u(\boldsymbol{R\theta}>\boldsymbol{r}\mid D)$ 为假设 H_u 下的后验分布满足 $\boldsymbol{R\theta}>\boldsymbol{r}$ 的概率，$p_u(\boldsymbol{R\theta}>\boldsymbol{r})$ 为先验分布满足 $\boldsymbol{R\theta}>\boldsymbol{r}$ 的概率。故而贝叶斯因子表示为备择假设下的后验分布与先验分布在次序假设约束下的概率比值。若进行参数变换 $\boldsymbol{\gamma}=\boldsymbol{R\theta}-\boldsymbol{r}$，则式(3-16)中的先验和后验分布概率等于转换后 $\boldsymbol{\gamma}$ 大于 $\boldsymbol{0}$ 的先验和后验分布概率，即 $p_u(\boldsymbol{R\theta}>\boldsymbol{r})=p_u(\boldsymbol{\gamma}>\boldsymbol{0})$ 和 $p_u(\boldsymbol{R\theta}>\boldsymbol{r}\mid D)=p_u(\boldsymbol{\gamma}>\boldsymbol{0}\mid D)$，可直接通过 $\boldsymbol{\gamma}$ 的累积概率分布函数计算。

参数变换 $\boldsymbol{\gamma}=\boldsymbol{R\theta}-\boldsymbol{r}$ 简化了分布密度和概率的计算。当信息假设较为复杂时，我们很难在 $\boldsymbol{\theta}$ 的分布函数中计算信息假设 $\boldsymbol{R\theta}\geqslant\boldsymbol{r}$ 约束下的分布密度或概率，但是根据 $\boldsymbol{\gamma}$ 的分布函数可以直接得到 $\boldsymbol{\gamma}\geqslant 0$ 的密度和概率。例如，若 θ_1，θ_2，θ_3 服从正态分布，则 $\gamma_1=\theta_1-\theta_2$，$\gamma_2=\theta_2-\theta_3$ 也服从正态分布。$\boldsymbol{\theta}$ 在零假设 $\theta_1=\theta_2=\theta_3$ 约束下的密度等于 $\boldsymbol{\gamma}$ 在 $\gamma_1=0$，$\gamma_2=0$ 约束下的密度，后者仅根据正态分布密度函数即可得到。

Savage-Dickey 方法极大地简化了贝叶斯因子的计算，我们不再需要对参数 $\boldsymbol{\theta}$

进行积分。研究者只需知道参数的先验分布和后验分布，即可求得贝叶斯因子，这与贝叶斯参数估计所需的信息一致。即使后验分布没有显式表达式，也可通过MCMC抽样得到后验样本估计后验分布密度或概率，具体实现将在之后章节展示。

图3-1中虚线与实线分别展示了参数θ的先验分布$\pi_u(\theta)=N(0,\ 2^2)$和后验分布$\pi_u(\theta\mid D)=N(1,\ 1)$。若要检验零假设$H_0:\theta=0$，由图可知先验分布在零点处的密度为0.2，后验分布在零点处的密度为0.24，可计算贝叶斯因子为$BF_{0u}=0.24/0.2=1.2$。若要检验次序假设$H_1:\theta>0$，由图可知先验分布大于0的概率为0.5，后验分布大于0的概率约为0.84，可计算贝叶斯因子为$BF_{1u}=0.84/0.5=1.68$。对于较复杂的假设，也可通过参数变换$\boldsymbol{\gamma}=\boldsymbol{R\theta}-\boldsymbol{r}$转化为计算$\boldsymbol{\gamma}$的分布函数在零点的密度或大于零点的概率。

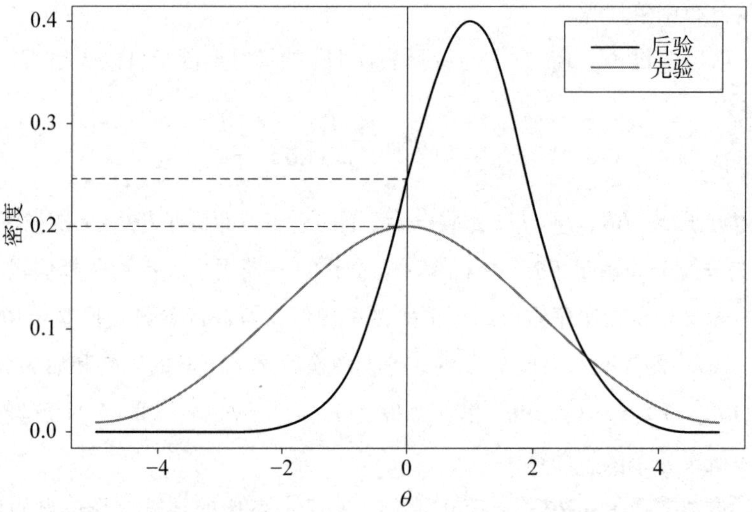

图3-1 Savage-Dickey方法示例

在使用Savage-Dickey方法计算贝叶斯因子时，有几点需要特别注意。一是Savage-Dickey方法适用于嵌套假设的贝叶斯因子，比如零假设限定参数在某一点，而备择假设中的参数可以自由变化，故零假设是嵌套在备择假设中的。二是Savage-Dickey方法中的密度或概率为假设中参数$\boldsymbol{\theta}$的边际分布密度或概率，该分布与其他参数无关。比如当检验正态总体均值是否为零时，假设中的参数为正态分布的均值，而正态分布的方差则为干扰参数，即 $\boldsymbol{\zeta}$，该参数不在假设考虑的范围内。因此，要注意 Savage-Dickey 方法的先验分布和后验分布不包含干扰参数。三是尽管 Savage-Dickey 方法中的贝叶斯因子没有涉及信息假设的先验分布 $\pi_k(\boldsymbol{\theta}, \boldsymbol{\zeta})$，但是其所包含的信息 $\boldsymbol{R\theta} \geqslant \boldsymbol{r}$ 在备择假设的分布函数中，Savage-Dickey 方法所隐含的信息假设是我们真正想要检验的。

Savage-Dickey 方法中的先验分布和后验分布均是参数 $\boldsymbol{\theta}$ 的边际分布，因此需要在 $\boldsymbol{\theta}$ 和 $\boldsymbol{\zeta}$ 的联合分布函数中对 $\boldsymbol{\zeta}$ 进行积分以得到 $\boldsymbol{\theta}$ 的边际分布，计算边际分布密度或概率。对简单模型，边际分布通常有显式表达式，比如 t 检验中总体均值参数的边际分布为 t 分布。对多参数的复杂模型，联合分布的积分较为困难，边际分布没有显式表达式。这时需要借助 MCMC 抽样方法进行计算。

利用 MCMC 抽样计算次序假设的边际分布概率相对简单，在得到 MCMC 样本后只需计算样本满足次序假设的频率。式(3－16)中的后验分布概率可由下式计算：

$$p_u(\boldsymbol{R\theta} > \boldsymbol{r} \mid D) = \frac{1}{T}\sum_{t=1}^{T} I(\boldsymbol{R\theta}^t > \boldsymbol{r}) \tag{3-17}$$

其中 $\boldsymbol{\theta}^t$ 表示参数 $\boldsymbol{\theta}$ 的第 t 个后验 MCMC 有效样本，T 为 MCMC 有效抽样次数，$I(\cdot)$ 表示指示函数，如果括号内的条件为真，则取值为 1，否则取 0。比如对于次序假设 $H_1: \theta_1 > \theta_2 > \theta_3$，在 10 000 次后验分布 MCMC 有效抽样中，8 000 次样本满足 $\theta_1 > \theta_2 > \theta_3$ 的次序，则后验分布概率为 0.8。此外，若对参数进行变换 $\boldsymbol{\gamma} = \boldsymbol{R\theta} - \boldsymbol{r}$，则我们也可得到新参数 $\boldsymbol{\gamma}$ 的 MCMC 样本 $\boldsymbol{\gamma}^t = \boldsymbol{R\theta}^t - \boldsymbol{r}$，进而计算概率 $p_u(\boldsymbol{\gamma} > \boldsymbol{0} \mid D)$。

零假设的边际分布密度无法直接由 MCMC 样本得到。盖尔芬德和史密斯(Gelfand & Smith, 1990)基于 MCMC 抽样提出了边际分布密度的近似算法，其核心思想是利用 MCMC 样本近似 $\boldsymbol{\zeta}$ 的分布，进而计算 $\boldsymbol{\theta}$ 在给定 $\boldsymbol{\zeta}$ 时的条件分布密度。若条件分布 $\pi_u(\boldsymbol{\theta} \mid \boldsymbol{\zeta})$ 已知，则每次 MCMC 抽样都可通过给定的 $\boldsymbol{\zeta}$ 样本，计算 $\boldsymbol{\theta}$ 的条件密度，条件密度的均值则可近似估计 $\boldsymbol{\theta}$ 的边际密度。以计算式(3－15)中的后验分布密度为例，公式如下：

$$\pi_u(\boldsymbol{R\theta} = \boldsymbol{r} \mid D) = \int \pi_u(\boldsymbol{R\theta} = \boldsymbol{r}, \boldsymbol{\zeta} \mid D) d\boldsymbol{\zeta} \approx \frac{1}{T}\sum_{t=1}^{T} \pi_u(\boldsymbol{R\theta} = \boldsymbol{r} \mid D, \boldsymbol{\zeta}^t) \tag{3-18}$$

其中 ζ^t 表示参数 ζ 的第 t 个后验 MCMC 有效样本，T 为 MCMC 有效抽样次数。因为该方法使用条件分布信息计算边际分布密度，所以得到的近似估计又被称为条件边际密度估计（conditional marginal density estimator）。计算条件边际密度估计需要已知 $\boldsymbol{\theta}$ 在给定 ζ 时的条件分布 $\pi_u(\boldsymbol{\theta} \mid D, \zeta)$，为了满足这个要求，在设定参数先验分布时建议使用共轭先验，比如正态总体均值在方差给定的条件下服从正态分布，则条件正态先验是合适的共轭先验分布函数。这里同样可以利用 MCMC 抽样计算参数变换后的密度 $\pi_u(\boldsymbol{\gamma}=\mathbf{0} \mid D)$。

若条件分布未知或没有显式表达式，也可使用 MCMC 样本近似边际分布密度。MCMC 样本提供了参数 $\boldsymbol{\theta}$ 的边际抽样分布，在分布未知的情况下，使用这些 MCMC 样本可得到参数的核密度估计（Kernel density estimation）或对数样条密度估计（logspline density estimation）。但是，这两个估计量在 $\boldsymbol{\theta}$ 为多维参数时效果不佳。另外，根据中心极限定理，正态近似参数 $\boldsymbol{\theta}$ 的边际分布也是可选方法之一。但是，正态近似依赖于参数的分布形态，对非单峰对称的参数分布可能近似效果不佳。因此，盖尔芬德和史密斯（Gelfand & Smith, 1990）提出的条件边际密度估计是最为推荐的方法。

第 4 节　先验分布的设定方法

Savage-Dickey 方法将贝叶斯因子表示为备择假设下的后验分布与先验分布密度或概率的比值，这意味着先验分布的设置会极大地影响贝叶斯因子。贝叶斯假设检验与贝叶斯参数估计对先验分布的依赖程度不同。贝叶斯估计根据参数后验分布进行推断，当样本数据较多时，先验分布对后验分布及参数估计的影响会变得很小；在贝叶斯检验中，无论数据如何，先验分布都起到至关重要的作用。

先验分布反映了研究者在收集分析数据之前对模型、参数的认知，可根据历史数据和专家经验设定。但是，在贝叶斯检验中，研究者可能没有关于参数的先验信息或是不愿引入主观信息以得到客观的推断结果，这时需要为模型参数设定客观的先验分布。无信息先验分布是贝叶斯参数估计中常用的客观先验，它为参数设定无穷大的先验方差，表示参数以相等的概率取到参数空间允许的任何值。然而，对于贝叶斯假设检验，使用无信息先验将会导致一致性悖论（又称巴特利特悖论，

Bartlett, 1957; Liang et al., 2008),即无论样本数据有多支持备择假设,贝叶斯因子都会偏向零假设,给予支持零假设的证据。当设定无信息先验时,参数 $\boldsymbol{\theta}$ 取任何值的概率都相等且为 0,这时 Savage-Dickey 方法的分母 $\pi_u(\boldsymbol{R\theta}=\boldsymbol{r})$ 为 0,无论数据样本如何,贝叶斯因子 BF_{0u} 都将趋近正无穷,表示零假设得到了决定性的支持。值得注意的是,研究者不关心的参数 $\boldsymbol{\zeta}$ 并没有出现在贝叶斯因子的表达式中,其先验分布不会对贝叶斯因子起到作用。这表明,参数 $\boldsymbol{\zeta}$ 的先验分布可以使用无信息先验。不同假设下,参数 $\boldsymbol{\zeta}$ 的先验分布相同,并在计算贝叶斯因子时相互抵消。

贝叶斯统计学者针对贝叶斯检验提出了许多设置先验分布的默认方法,包括 Zellner' g 先验(Zellner, 1986)、Jeffreys-Zellner-Siow(JZS)先验(Rouder et al., 2009),intrinsic 先验(Berger & Pericchi, 1996),以及 fractional 先验(O'Hagan, 1995)等。这类先验称为默认先验(default prior),它们不需要主观先验信息,基于默认先验的贝叶斯因子将为研究者提供客观的推断结果。

Zellner's g 先验是正态线性模型下常用的先验分布,它设置总体均值在方差给定的条件下服从正态先验分布,使用超参数 g 调节先验分布的方差大小,超参数 g 通常设置为与样本容量或参数个数有关的常数。Zellner's g 先验共轭于正态线性模型的数据似然函数,因此,该先验下的后验分布具有相同的分布形式,贝叶斯因子通常也存在显式表达式。但是,Zellner's g 先验下的贝叶斯因子不具备信息一致性(information consistency, Liang et al., 2008)。信息一致性是指当观测效应量(如均值、回归系数、决定系数 R 方等)趋向于无穷大时,零假设的贝叶斯因子应当趋向于 0,拒绝零假设的证据应当随着效应量的增加而逐渐增加。而 Zellner's g 的贝叶斯因子收敛于常数,因此不满足信息一致性。

JZS 先验可以看作是 Zellner's g 先验的特例,它不给定超参数 g 的固定值,而是设定其服从逆伽马分布。对于简单模型,该先验分布具有较为简洁的表达。如 t 检验模型的标准化效应量(总体均值除以标准差)服从自由度为 1 的 t 分布,即柯西分布。在该超参数设定下,JZS 先验满足信息一致性。但是,当 JZS 先验应用于较为复杂的模型时,其贝叶斯因子的计算较为困难,没有显式表达式。

Intrinsic 先验和 fractional 先验的基本思想是使用部分数据设置先验,剩余数据用于计算后验分布和贝叶斯因子,该方法不依赖于具体模型。用于设定先验的部分数据被称为训练样本(training sample),使用训练样本得到的先验又称为后验先验(posterior prior)。Intrinsic 先验方法多次随机从数据中抽取训练样本,每次抽取的训练样本都可得到后验先验,并结合该次抽取剩余样本计算贝叶斯因子,最后多个训练样本下的贝叶斯因子的平均值即为 intrinsic 先验方法的贝叶斯因子。为了消除抽样误差,该方法需要多次重复抽样(通常为 1 000 次以上)并计算所有可能的训练样本的平均贝叶斯因子,计算较为耗时。

fractional 先验方法使用数据似然函数的分数得到默认先验,无需重复抽样且仅计算一次贝叶斯因子,计算效率大大提高。穆德(Mulder, 2014)对 fractional 先验均值进行了调整,使其落在零假设或次序假设的焦点或边界处。调整后的 fractional 贝叶斯因子具备信息一致性和渐进一致性。目前,fractional 先验方法已广泛应用于各统计模型,包括 t 检验(Gu et al., 2016)、方差分析(Hoijtink et al., 2019c)、一般线性模型(Gu et al., 2018)、多元正态线性模型(Mulder & Gu, 2022)、结构方程模型(Van Lissa et al., 2021; Gu et al., 2023b)等。鉴于 fractional 方法良好的统计性质和扩展性,下面将具体阐述 fractional 先验的设置方法及其调整与近似。

4.1 fractional 先验

在 fractional 先验方法中,数据 D 被分为两部分 D^b 和 D^{1-b},其中 D^b 表示用于设置先验的部分数据,D^{1-b} 表示剩余样本,b 为分数(fraction),理论取值在(0, 1)之间。相应地,数据似然函数也被分为两个部分 $f(D \mid \boldsymbol{\theta}, \boldsymbol{\zeta})^b$ 和 $f(D \mid \boldsymbol{\theta}, \boldsymbol{\zeta})^{1-b}$。使用部分数据似然 $f(D \mid \boldsymbol{\theta}, \boldsymbol{\zeta})^b$ 更新无信息先验即可得到参数 $\boldsymbol{\theta}$ 和 $\boldsymbol{\zeta}$ 的 fractional 先验:

$$\pi_u(\boldsymbol{\theta}, \boldsymbol{\zeta} \mid D^b) \propto \pi_n(\boldsymbol{\theta}, \boldsymbol{\zeta}) f(D \mid \boldsymbol{\theta}, \boldsymbol{\zeta})^b \tag{3-19}$$

其中 $\pi_n(\boldsymbol{\theta}, \boldsymbol{\zeta})$ 表示参数 $\boldsymbol{\theta}$ 和 $\boldsymbol{\zeta}$ 的无信息先验。结合 fractional 先验和剩余数据似然 $f(D \mid \boldsymbol{\theta}, \boldsymbol{\zeta})^{1-b}$ 可得相应的后验分布:

$$\pi_u(\boldsymbol{\theta}, \boldsymbol{\zeta} \mid D) \propto \pi_u(\boldsymbol{\theta}, \boldsymbol{\zeta} \mid D^b) f(D \mid \boldsymbol{\theta}, \boldsymbol{\zeta})^{1-b} \tag{3-20}$$

这里将式(3-19)代入到式(3-20)可得:

$$\pi_u(\boldsymbol{\theta}, \boldsymbol{\zeta} \mid D) \propto \pi_n(\boldsymbol{\theta}, \boldsymbol{\zeta}) f(D \mid \boldsymbol{\theta}, \boldsymbol{\zeta}) \tag{3-21}$$

上式表明 fractional 方法中的后验分布与无信息先验和完整数据下的后验分布相同。因此，在计算后验分布时，可直接使用无信息先验，而默认先验只用于计算式(3－15)和式(3－16)中的分母。在给出 $\boldsymbol{\theta}$ 和 $\boldsymbol{\zeta}$ 的联合先验分布和后验分布之后，对 $\boldsymbol{\zeta}$ 进行积分得到 $\boldsymbol{\theta}$ 的边际先验分布和边际后验分布，记为 $\pi_u(\boldsymbol{\theta} \mid D^b)$ 和 $\pi_u(\boldsymbol{\theta} \mid D)$。若积分没有显式表达式，则可使用上一节提到的方法基于 MCMC 样本估计边际分布的密度或概率，进而计算贝叶斯因子。

4.2　调整的 fractional 先验

默认先验是利用部分数据信息得到的，其先验均值和方差都依赖于样本数据。但是，默认先验的初衷是为了调整先验方差，以避免一致性悖论。若先验均值由数据设置，则引入了过多的信息，可能存在重复使用数据的问题。因此，研究者提出调整 fractional 先验均值，使其落在零假设的约束点或次序假设的边界上(Mulder, 2014; Gu et al., 2018)。

将先验分布设定在零假设周围，表示较小的效应量比较大的效应量更有可能，这更符合实践中的情形。数据信息只用于控制先验方差的大小，而不涉及先验均值，以调整后的先验均值为中心，先验方差的尺度(即分数 b) 反映了备择假设下参数距离零假设的距离。将先验分布均值设定在次序假设的边界，表示先验分布不倾向于任何次序，使得假设检验更为客观。比如，当检验次序假设 $H_1: \theta_1 > \theta_2 > \theta_3$ 时，设置先验均值落在 $\theta_1 = \theta_2 = \theta_3$，则 $\theta_1 > \theta_2 > \theta_3$ 与其他次序如 $\theta_3 > \theta_2 > \theta_1$ 具有相同的可能性。对于区间假设，则建议将先验均值设置在区间范围的中点处。这是因为区间假设可以看作是约等式假设。比如 $-0.2 < \theta < 0.2$ 对应 $\theta \approx 0$，设置先验均值为 0 是合理的。

针对一般的信息假设，我们对先验分布 $\pi_u(\boldsymbol{\theta}, \boldsymbol{\zeta} \mid D^b)$ 的均值进行调整，使得调整后参数 $\boldsymbol{\theta}$ 的先验均值 $\boldsymbol{\theta}^*$ 满足 $\boldsymbol{R\theta}^* = \boldsymbol{r}$。例如，若零假设为 $H_0: \theta_1 = \theta_2$，任何满足 $\theta_1 = \theta_2$ 的值都可以作为 θ_1 和 θ_2 的先验均值。调整后的 fractional 先验记为 $\pi_u^*(\boldsymbol{\theta}, \boldsymbol{\zeta} \mid D^b)$。此外，参数变换 $\boldsymbol{\gamma} = \boldsymbol{R\theta} - \boldsymbol{r}$ 有助于先验均值的调整，对任何信息假设，在参数变换后都可简单地设置 $\boldsymbol{\gamma}$ 的先验均值为 $\boldsymbol{0}$。

当比较两个或多个信息假设时，调整的 fractional 先验分布要求这些假设的边界区域是非空的，使得我们能够设定一个共同的先验均值。例如，我们可以比较信

息假设 $H_0:\theta_1=\theta_2$，$H_1:\theta_1>\theta_2$ 和 $H_2:\theta_1<\theta_2$，只需设置先验均值满足 $\theta_1=\theta_2$。但是，我们无法比较信息假设 $H_0:\theta_1=\theta_2$，$H_1:\theta_1>\theta_2+1$ 和 $H_2:\theta_1<\theta_2-1$，原因是无法设置合理的先验均值。当然，一般而言大部分的待检验信息假设都是互斥的、可比的。

4.3 超参数 b 的设置

在 fractional 先验中，超参数 b 表示用于设置先验的数据信息的百分比。b 越大，使用的数据信息越多，先验方差就越小。对于零假设检验，先验方差影响先验分布密度 $\pi_u(\boldsymbol{R\theta}=\boldsymbol{r})$ 的大小，进而影响贝叶斯因子。对于次序假设检验，调整后的 fractional 先验方差不影响先验分布概率 $p_u(\boldsymbol{R\theta}>\boldsymbol{r})$ 的大小，因此对贝叶斯因子没有影响。对于区间假设检验，先验方差则会影响先验分布概率和贝叶斯因子。例如，图 3-2 中的曲线画出了参数 θ 的调整后先验分布 $\pi_u^*(\theta\mid D^b)=N(0,\sigma_\theta^2/b)$，其中 $\sigma_\theta^2=0.02$，b 取 0.05（左图）和 0.2（右图）两个值。考虑零假设 $H_0:\theta=0$、次序假设 $H_1:\theta>0$、区间假设 $H_2:-0.5<\theta<0.5$。对于零假设，对比左图和右图可知，当 $b=0.05$ 时，先验分布在零点处的密度 $\pi_u(\theta=0)$ 较小，大约为 0.63。当 b 增大到 $b=0.2$ 时，先验分布密度提高到 1.26，是 $b=0.05$ 时的两倍。结合式(3-15)可知，随着超参数 b 的增大，零假设的贝叶斯因子将会减小。对于次序假设，当 $b=0.05$ 和 $b=0.2$ 时，$\theta>0$ 的概率都等于 0.5，即占总分布面积的一半，因此超参数 b 不影响次序假设的贝叶斯因子。对于区间假设，$-0.5<\theta<0.5$ 的概率由图中阴影部分面积所示，可见当 b 增大时，满足区间假设的概率也会增大，贝叶斯因子随之减小。

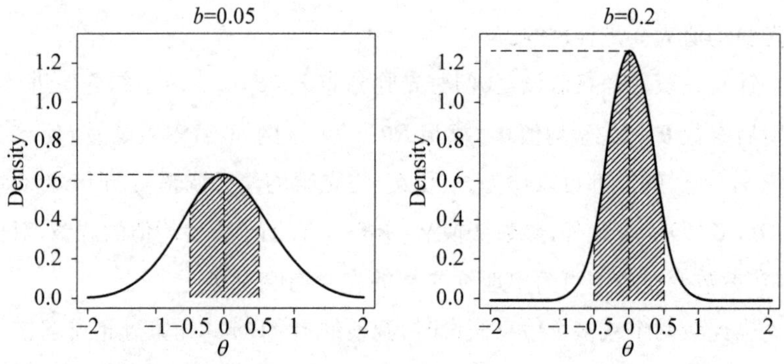

图 3-2 超参数 b 的影响示例

由上述讨论可知，当检验零假设或区间假设时，超参数 b 的设定较为关键。以往研究建议将超参数设置为 $b=m/n$，其中 m 表示最小训练样本的大小，n 表示完全数据的样本容量（Berger & Pericchi, 1996）。其思想是使用最小训练样本设定先验超参数，以便留下尽可能多的数据进行假设检验。比如，在线性回归模型中，m 等于回归系数的个数加一，以确保模型参数都能够被估计。顾昕等（Gu et al., 2018）提出 $b=m_\theta/n$，其中 m_θ 为假设中所包括的参数约束个数。其想法是仅考虑假设中研究者所关心的参数约束，先验分布密度和贝叶斯因子不应该被不关心的参数 $\boldsymbol{\zeta}$ 所影响。例如，对于方差分析的零假设 $H_0:\theta_1=\theta_2=\theta_3$，存在两个等式约束，因此设置 $b=2/n$。本书推荐使用 $b=m_\theta/n$ 作为默认超参数，当然若研究者想要自行控制先验方差，也可设定 b 的其他取值。此外，研究者也可以考虑 b 的多个取值，如 $b=2m_\theta/n$ 或 $b=3m_\theta/n$，并进行敏感性分析，评估在不同先验超参数取值下，贝叶斯因子是否做出一致的判断。

第 5 节　*fractional* 先验下的贝叶斯因子

后验分布结合了先验分布和数据似然函数。由式（3-21）可见，fractional 先验下的后验分布基于无信息先验与完全数据样本。因此，参数后验分布的形态依赖模型和数据变量。例如，我们熟悉的正态总体均值和线性回归系数等参数服从 t 分布，总体方差和残差方差等参数服从逆伽马分布。

我们以一般线性模型为例，给出核心参数回归系数的边际后验分布以及 fractional 贝叶斯因子。一般线性正态模型可表示为：

$$\boldsymbol{Y}=\boldsymbol{X\beta}+\boldsymbol{\epsilon} \tag{3-22}$$

其中 $\boldsymbol{Y}$ 为因变量，$\boldsymbol{X}$ 为自变量，$\boldsymbol{\beta}$ 为回归系数，$\boldsymbol{\epsilon}$ 为残差，服从正态分布。回归系数 $\boldsymbol{\beta}$ 的边际后验服从 t 分布：

$$\pi_u(\boldsymbol{\beta}\mid D)=t(\hat{\boldsymbol{\beta}},\ SS_R(\boldsymbol{X}^T\boldsymbol{X})^{-1}/(n-J),\ n-J) \tag{3-23}$$

其中 $D=(\boldsymbol{Y},\ \boldsymbol{X})$，$\hat{\boldsymbol{\beta}}=(\boldsymbol{X}^T\boldsymbol{X})^{-1}\boldsymbol{X}^T\boldsymbol{Y}$ 为 $\boldsymbol{\beta}$ 的估计值，$SS_R=(\boldsymbol{Y}-\boldsymbol{X}\hat{\boldsymbol{\beta}})^T(\boldsymbol{Y}-\boldsymbol{X}\hat{\boldsymbol{\beta}})$，$SS_R(\boldsymbol{X}^T\boldsymbol{X})^{-1}/(n-J)$ 为后验方差，J 等于 $\boldsymbol{\beta}$ 的长度（自变量个数），$n-J$ 为自由度。调整的 fractional 先验分布和后验分布有相同的分布形态，表示为：

$$\pi_u(\boldsymbol{\beta} \mid D^b)=t(\mathbf{0},\ SS_R(\boldsymbol{X}^T\boldsymbol{X})^{-1}/(nb-J),\ nb-J) \tag{3-24}$$

但是调整的 fractional 先验的均值为$\mathbf{0}$,方差 $SS_R(\boldsymbol{X}^T\boldsymbol{X})^{-1}/(nb-J)$ 大于后验方差,自由度 $nb-J$ 小于后验的自由度。

若考虑零假设 $H_0:\boldsymbol{\beta}=\mathbf{0}$,即检验各回归系数是否为0,则计算上述先验分布和后验分布在零点处的密度可得到零假设的贝叶斯因子:

$$BF_{0u}=\frac{\pi_u(\boldsymbol{\beta}=\mathbf{0} \mid D)}{\pi_u(\boldsymbol{\beta}=\mathbf{0} \mid D^b)}=A(1-R^2)^{n/2} \tag{3-25}$$

其中 $A=\dfrac{\Gamma(n/2)\Gamma((nb-p)/2)}{\Gamma(nb/2)\Gamma((n-p)/2)}$, R^2 为模型决定系数。在调整的 fractional 先验下,贝叶斯因子有较为简单的表达式。显然该贝叶斯因子具有信息一致性,当效应量 R^2 趋向于1时, BF_{0u} 趋向于0。

上式贝叶斯因子检验的是零模型 $H_0:\boldsymbol{\beta}=\mathbf{0}$ 与完全模型 $H_u:\boldsymbol{\beta}\neq\mathbf{0}$。若要检验个别系数或进行变量选择,则可约束部分 $\boldsymbol{\beta}$ 为零。例如在模型中令 $\boldsymbol{\beta}=(\boldsymbol{\beta}_o,\ \boldsymbol{\beta}_p)$,其中 $\boldsymbol{\beta}_o=\mathbf{0}$, $\boldsymbol{\beta}_p\neq\mathbf{0}$,检验 $H_0:\boldsymbol{\beta}_o=\mathbf{0}$ 与完全模型的贝叶斯因子,这时式(3-25)中的 R^2 为仅包含 $\boldsymbol{\beta}_p\neq\mathbf{0}$ 模型的 R^2。

若考虑次序假设 $H_1:\boldsymbol{\beta}>\mathbf{0}$,则可以计算其与无约束完全模型 $H_u:\boldsymbol{\beta}\neq\mathbf{0}$ 的贝叶斯因子,表示为 $\boldsymbol{\beta}>\mathbf{0}$ 的后验分布概率与先验分布概率的比值:

$$BF_{1u}=\frac{p_u(\boldsymbol{\beta}>\mathbf{0} \mid D)}{p_u(\boldsymbol{\beta}>\mathbf{0} \mid D^b)}=\frac{\int_0^\infty t(\hat{\boldsymbol{\beta}},\ SS_R(\boldsymbol{X}^T\boldsymbol{X})^{-1}/(n-J),\ n-J)d\boldsymbol{\beta}}{\int_0^\infty t(\mathbf{0},\ SS_R(\boldsymbol{X}^T\boldsymbol{X})^{-1}/(nb-J),\ nb-J)d\boldsymbol{\beta}} \tag{3-26}$$

其中分子分母为相应 t 分布大于$\mathbf{0}$的累积分布概率,可通过 t 分布函数直接求得。若考虑更为复杂的次序假设 $H_1:\boldsymbol{R\beta}>\boldsymbol{r}$,则根据参数变换, $\boldsymbol{\gamma}=\boldsymbol{R\beta}-\boldsymbol{r}$ 也服从 t 分布,因此可以通过 t 分布的累积分布函数计算 $\boldsymbol{\gamma}>0$ 的后验分布概率和先验分布概率,其比值为次序假设 $H_1:\boldsymbol{R\beta}>\boldsymbol{r}$ 的贝叶斯因子。

对于较为复杂的模型,如 logistic 回归模型、因子分析模型等,其核心参数的边际分布函数可能是未知的或难以显式表达的。即使利用 MCMC 抽样得到未知参数的后验样本,也无法直接计算后验分布密度。这时可以考虑使用正态近似的方法估计参数在零假设下的分布密度。正态近似是统计推断中的常用方法，根据中心极限定理，在样本容量足够大时，均值参数都将服从正态分布。一般来说，均值参数包含变量均值、相关系数、回归系数、路径系数、因子负荷等表示差异、效应的参数，也是假设检验重点关注的模型参数，这些参数的分布都是单峰对称的。

顾昕等(Gu et al.，2018)针对一般统计模型给出了信息假设的正态近似贝叶斯因子。将参数 $\boldsymbol{\theta}$ 的后验分布近似为：

$$\pi_u(\boldsymbol{\theta} \mid D) = N(\hat{\boldsymbol{\theta}}, \boldsymbol{\Sigma}_\theta) \tag{3-27}$$

其中 $\hat{\boldsymbol{\theta}}$ 和 $\boldsymbol{\Sigma}_\theta$ 表示 $\boldsymbol{\theta}$ 的极大似然估计和协方差矩阵。相应地，调整的 fractional 先验可表示为：

$$\pi_u^*(\boldsymbol{\theta} \mid D^b) = N(\boldsymbol{\theta}^*, \boldsymbol{\Sigma}_\theta / b) \tag{3-28}$$

其中 $\boldsymbol{\theta}^*$ 满足 $\boldsymbol{R\theta}^* = \boldsymbol{r}$。若进行参数变换 $\boldsymbol{\gamma} = \boldsymbol{R\beta} - \boldsymbol{r}$，则新参数 $\boldsymbol{\gamma}$ 的后验和先验分布分别为：

$$\pi_u(\boldsymbol{\gamma} \mid D) = N(\boldsymbol{R}\hat{\boldsymbol{\theta}} - \boldsymbol{r}, \boldsymbol{R\Sigma}_\theta \boldsymbol{R}^T)$$

$$\pi_u^*(\boldsymbol{\gamma} \mid D^b) = N(\boldsymbol{0}, \boldsymbol{R\Sigma}_\theta \boldsymbol{R}^T / b) \tag{3-29}$$

计算 $\boldsymbol{\gamma}$ 的后验和先验正态分布在零点处的密度可求得调整的 fractional 先验下零假设的近似贝叶斯因子：

$$BF_{0u} = \frac{\pi_u(\boldsymbol{\gamma} = \boldsymbol{0} \mid D)}{\pi_u^*(\boldsymbol{\gamma} = \boldsymbol{0} \mid D^b)} = \frac{N(\boldsymbol{0}; \boldsymbol{R}\hat{\boldsymbol{\theta}} - \boldsymbol{r}, \boldsymbol{R\Sigma}_\theta \boldsymbol{R}^T)}{N(\boldsymbol{0}; \boldsymbol{0}, \boldsymbol{R\Sigma}_\theta \boldsymbol{R}^T / b)} \tag{3-30}$$

上式中分子分母为相应正态分布在零点处的密度。计算 $\boldsymbol{\gamma}$ 的后验和先验正态分布大于 $\boldsymbol{0}$ 的累积概率可得次序假设的近似贝叶斯因子：

$$BF_{1u} = \frac{p_u(\boldsymbol{\gamma} > \boldsymbol{0} \mid D)}{p_u(\boldsymbol{\gamma} > \boldsymbol{0} \mid D^b)} = \frac{\int_0^\infty N(\boldsymbol{R}\hat{\boldsymbol{\theta}} - \boldsymbol{r}, \boldsymbol{R\Sigma}_\theta \boldsymbol{R}^T) d\boldsymbol{\gamma}}{\int_0^\infty N(\boldsymbol{0}, \boldsymbol{R\Sigma}_\theta \boldsymbol{R}^T / b) d\boldsymbol{\gamma}} \tag{3-31}$$

上式中分子分母为相应正态分布大于 $\boldsymbol{0}$ 的累积分布概率，可直接计算。基于调整的 fractional 先验和正态近似的后验所得贝叶斯因子称为近似调整的 fractional 贝叶斯因子(approximated adjusted fractional Bayes factor；Gu et al.，2018)。

在 fractional 方法下，后验分布完全由数据信息决定。因此，在样本容量足够时，均值参数服从近似正态分布。这里的“样本容量足够”很容易满足，例如对于 t 检验，通常样本容量大于 30 时，总体均值分布就能很好地由正态分布近似。对于较为复杂的模型，一般只要样本容量满足功效分析的要求，均值参数分布的正态近似都有较好的表现。值得注意的是，在频率统计推断中，logistic 回归系数、因子负荷等参数常用的瓦尔德检验（Wald test）也使用了抽样分布的正态近似。另一方面，fractional 先验仅由较少的样本数据更新无信息先验所得，因此其分布的正态近似效果可能不佳。但是，该先验并不是真的由正态近似得到，而是贝叶斯检验设置的默认先验。对于均值参数，我们设置正态先验分布，它可以看作是近似正态后验的共轭先验。

对于近似调整的 fractional 贝叶斯因子，参数的极大似然估计 $\hat{\boldsymbol{\theta}}$ 和协方差矩阵 $\boldsymbol{\Sigma}_\theta$ 可在大多数统计软件中计算得到。例如结构方程模型软件 Mplus（Muthen & Muthen, 2010）和 lavaan 软件包（Rosseel, 2012）等都提供了参数估计和协方差矩阵的输出结果。R 软件包 bain 可利用参数的极大似然估计和协方差矩阵，计算信息假设的近似调整 fractional 贝叶斯因子（Gu et al., 2018）。

第 6 节　本章小结

本章讨论了信息假设的定义、先验分布的设置、贝叶斯因子的计算等问题，是后续章节各类统计模型贝叶斯因子计算的基础。信息假设是一类表达研究者关于模型参数的理论或预期的假设，与无约束的备择假设相对应。先验分布设置是贝叶斯检验的重点，本章主要讨论了 fractional 先验方法，适用于所有统计模型，并且具备优良的统计性质。贝叶斯因子的计算是贝叶斯检验的难点，本章给出了一般线性正态模型下贝叶斯因子的具体计算和复杂统计模型下贝叶斯因子的近似计算。后续章节的 t 检验、方差分析、线性回归分析等模型的贝叶斯检验都是基于本章提出的 fractional 先验和贝叶斯因子计算方法。

第四章　贝叶斯 t 检验

在实证研究中，t 检验是最基础也是最常用的统计分析工具，最早是由英国统计学家威廉·戈塞(William Gosset)于 1908 年提出的。贝叶斯 t 检验是基于贝叶斯统计推断的检验方法，相较于传统的显著性 t 检验方法，它具有独特的优势。贝叶斯方法能提供更多关于数据证据的信息，结果也更容易解释，研究者在得到推断结果的同时也将获得推断的概率不确定性。此外，在样本容量较小的情况下，贝叶斯方法相较于频率统计方法能给出更为精确的推断。近年来，贝叶斯 t 检验的理论发展和实践应用日益增多，各种方法和工具层出不穷。本章首先介绍 t 检验的模型和应用，再给出贝叶斯 t 检验的基本方法，最后提供 R 软件和 JASP 软件中的贝叶斯 t 检验程序。

第 1 节　t 检验的模型与应用

t 检验是一种简单而实用的统计分析工具，广泛应用于各个科学领域，可以帮助我们在科学研究和实证分析中推断正态总体均值，判定正态总体均值是否等于某个已知的常数、两个正态总体均值是否存在差异等研究问题。

1.1　t 检验方法概述

根据研究问题和研究对象的不同，t 检验可分为单样本 t 检验、两样本 t 检验、配对样本 t 检验。

单样本 t 检验的模型为：

$$x_i \sim N(\mu,\ \sigma^2) \tag{4-1}$$

其中，x_i 表示样本数据，$i=1, \cdots, n$ 为个体，N 为样本容量，μ 为正态总体均值，σ^2 为正态总体方差。设置零假设与备择假设分别为：

$$H_0: \mu = \mu_0$$

$$H_u: \mu \neq \mu_0 \tag{4-2}$$

其中，μ_0 为假设的总体均值。

单样本 t 检验用来回答样本来自的总体的均值是否等于某个特定值。例如，我们的研究问题是，某城市的平均月度电费支出是否与全国平均水平相符？我们收集该城市 100 个家庭的月度电费支出数据，并且知道全国平均月度电费支出为 $\mu_0 = 130$ 元，则可以建立零假设 $H_0: \mu = \mu_0$，表示该城市的平均月度电费支出与全国平均水平相同；和备择假设 $H_u: \mu \neq \mu_0$，表示该城市的平均月度电费支出与全国平均水平不同。t 检验需要计算 t 统计量，即 t 值。对于单样本 t 检验，t 值等于

$$t = \frac{\bar{x} - \mu_0}{s / \sqrt{n}} \tag{4-3}$$

其中，$\bar{x}$ 为样本均值，s 为样本标准差。另外，单样本 t 分布的自由度等于 $df = n-1$。

两样本 t 检验的模型为：

$$x_{1i} \sim N(\mu_1, \sigma_1^2); x_{2j} \sim N(\mu_2, \sigma_2^2) \tag{4-4}$$

其中，x_{1i} 和 x_{2j} 表示两组样本数据，$i=1, \cdots, n_1$，$j=1, \cdots, n_2$，n_1 和 n_2 为两组样本容量，μ_1 和 μ_2 为两组正态总体均值，σ_1^2 和 σ_2^2 为两组正态总体方差。两样本 t 检验又可分为方差相等 $\sigma_1^2 = \sigma_2^2$ 与方差不等 $\sigma_1^2 \neq \sigma_2^2$ 的情形。设置零假设和备择假设分别为：

$$H_0: \mu_1 = \mu_2$$

$$H_u: \mu_1 \neq \mu_2 \tag{4-5}$$

两样本 t 检验用于比较两个独立样本的总体均值是否存在显著差异，或判断两个样本是否来自于同一个总体。该检验可以研究许多不同的问题，比如药

物治疗效果的比较、产品质量的差异、教学方法的有效性等。例如，我们想要比较两种不同的教学方法对学生成绩的影响。随机选取了两组学生，一组接受了传统的教学方法，另一组接受了新的教学方法。想要确定接受这两种方法的学生在学业表现上是否存在差异，我们可以建立零假设 $H_0:\mu_1=\mu_2$，表示传统教学方法和新教学方法下的学生平均成绩相同；和备择假设 $H_u:\mu_1\neq\mu_2$，表示传统教学方法和新教学方法下的学生平均成绩不同。两样本 t 检验的 t 值可写为：

$$t=\frac{\bar{x}_1-\bar{x}_2}{SE} \tag{4-6}$$

其中，$\bar{x}_1$ 和 $\bar{x}_2$ 为两组样本均值，SE 是均值差的标准误。总体方差相等和方差不等时，标准误 SE 的计算方法不同，自由度 df 也有不同，但都基于两组样本标准差和样本容量，这里省略。

配对样本 t 检验的模型为：

$$x_{1i}\sim N(\mu_1,\sigma^2);\ x_{2i}\sim N(\mu_2,\sigma^2) \tag{4-7}$$

其中，x_{1i} 和 x_{2i} 表示具有相同样本容量 n 的两组配对样本数据，$i=1,\cdots,n$，μ_1 和 μ_2 为两组正态总体均值，σ^2 为正态总体方差。配对样本 t 检验的样本数据 x_{1i} 和 x_{2i} 一一对应。设置零假设和备择假设分别为：

$$\begin{aligned}H_0&:\mu_d=0\\ H_u&:\mu_d\neq 0\end{aligned} \tag{4-8}$$

其中，$\mu_d=\mu_2-\mu_1$ 表示两组总体均值的差异。

配对样本 t 检验用于比较两组相关联样本的总体均值是否存在差异。该检验通常评估同一组被试在不同条件下的表现，或者评估两种相关联的观测样本之间的差异。例如，我们研究一种阅读教学方法对学生阅读能力的作用，收集了一组学生在接受该阅读教学方法之前和之后的阅读测试成绩。想要确定阅读方法是否有效，我们可以建立零假设 $H_0:\mu_d=0$，表示接受该阅读教学方法前后学生的平均成绩相同；和备择假设 $H_u:\mu_d\neq 0$，表示接受该阅读教学方法前后学生的平均成绩不同。

配对样本 t 检验的 t 值可写为：

$$t=\frac{\bar{d}}{s_d/\sqrt{n}} \tag{4-9}$$

其中，$\bar{d}$ 为样本差值 $d_i=x_{2i}-x_{1i}$ 的均值，s_d 为差值 d_i 的标准差，t 分布的自由度为 $df=n-1$。

在频率统计推断中，进行 t 检验前需要确定显著性水平，通常可设定为 $\alpha=0.05$。研究者利用样本数据计算得到 t 值，之后根据显著性水平和自由度计算 t 值所对应的 p 值，判断是否拒绝零假设。尽管频率统计 t 检验是当前实证研究数据分析的主要方法，它存在一些明显的缺点和不足。首先，频率统计 t 检验的结果通常以 p 值来表示。然而，p 值在解释上可能存在困难，它只提供了数据在零假设下出现的概率，该解释并不是研究者直接关心的。其次，频率统计 t 检验对样本容量大小的敏感性较高。在样本容量较小的情况下，可能导致结果不稳定或错误率较高。再次，频率统计 t 检验通常以显著性水平 0.05 来判断结果是否显著，这导致了二元化的结果，即要么显著，要么不显著，不能量化数据支持有差异的备择假设的程度。最后，频率统计 t 检验从零假设为真的假定出发，即使 p 值没有小于显著性水平，也不能得到接受无差异的零假设的判断。

1.2 t 检验的应用

本节引入应用案例，案例采用儿童教育电视节目《芝麻街》(*Sesame Street*)数据(Pituch & Stevens, 2016)，芝麻街是一个教授 3—5 岁儿童学前技能的动画片。该数据包含 240 名年龄在 34 到 69 个月的儿童，变量包括儿童观看节目后的数字测验得分(Postnumb)、观看节目前的数字测验得分(Prenumb)、Peabody 心理年龄(Peabody)、性别(Sex)等，其中性别(男孩或女孩)为二分类变量。以上变量用于演示本章的贝叶斯 t 检验方法，表 4-1 给出了变量的统计描述。Sesame Street 数据集可以在 R 软件包 bain 中找到，该数据集包含的其他变量将在后续章节其他模型分析时再行介绍。

表 4-1 变量统计描述

	均值	标准差
Postnumb	29.45	12.59
Prenumb	20.76	10.62
Peabody	46.80	16.08
	频数	**百分比(%)**
Sex(boy)	115	47.9

研究假设包括:(1)观看《芝麻街》儿童的 Peabody 心理年龄均值等于 45;(2)男孩和女孩的数字测验后测平均得分不存在差异;(3)儿童在观看《芝麻街》后的数字测验平均得分高于前测平均得分。以上三个研究假设可分别由单样本 t 检验、两样本 t 检验、配对样本 t 检验评估。具体地,设定零假设和备择假设:

- 零假设 1:Peabody 心理年龄均值等于 45, $H_{01}:\mu_{pea}=45$;
- 备择假设 1:Peabody 心理年龄均值不等于 45, $H_{u1}:\mu_{pea}\neq 45$。
- 零假设 2:男孩和女孩的数字测验后测平均得分不存在差异, $H_{02}:\mu_{boy}=\mu_{girl}$;
- 备择假设 2:男孩和女孩的数字测验后测平均得分存在差异, $H_{u2}:\mu_{boy}\neq\mu_{girl}$。
- 零假设 3:数字测验后测平均得分等于前测平均得分, $H_{03}:\mu_{post}=\mu_{pre}$;
- 备择假设 3:数字测验后测平均得分不等于前测平均得分, $H_{u3}:\mu_{post}\neq\mu_{pre}$。

首先考虑频率统计 t 检验,设定显著性水平为 $\alpha=0.05$。在本案例中,根据样本均值、标准差等数据信息,结合式(4-3)、式(4-6)、式(4-9),计算得到单样本 t 值 $t=1.73$, p 值 $p=0.085$,不拒绝零假设 1;两样本 t 值 $t=0.759$, p 值 $p=0.449$,不拒绝零假设 2;配对样本 t 值 $t=14.15$, p 值 $p=0$,拒绝零假设 3。

在贝叶斯统计推断中,t 检验无需设置显著性水平,但需要设定总体均值和方差参数的先验分布。之后根据样本数据计算贝叶斯因子,评估零假设与备择假设。下面将讨论贝叶斯 t 检验方法的简要原理和应用。

第 2 节 贝叶斯 t 检验的方法与应用

贝叶斯 t 检验使用贝叶斯因子和后验概率评估零假设和备择假设受到数据支持的相对程度。研究者不仅能够判断哪个假设受到更多的支持,还可以具体解释数据证据的相对大小。更重要的是,贝叶斯 t 检验不假定无差异的零假设为真,不以零假设下的参数抽样分布为出发点,而是同等地看待零假设和备择假设。因此,贝叶斯因子可以接受表示无差异的零假设。

样本数据的信息由似然函数表达,即给定参数下观测数据出现的概率。在 t 检验中,通常假定数据服从正态分布,并基于样本数据计算似然函数。随后根据贝叶斯定理,将先验分布和似然函数相乘,得到参数的后验分布。

2.1 先验分布与后验分布

在贝叶斯框架中,我们必须指定零假设和备择假设下参数的先验分布,先验分布反映了在观测数据之前参数有可能出现的值及范围。这里我们以单样本 t 检验 $H_0:\mu=0$ 为例,对于两样本 t 检验或配对样本 t 检验等,可令 $H_0:\mu=\mu_1-\mu_2=0$ 进行类似讨论。在零假设 H_0 下,设置 $\mu=0$ 为分布集中在零点的先验分布,即 $\mu=0$ 的概率为 1。在备择假设 H_u 下,先验分布记为 $\pi_u(\mu)$。因此,贝叶斯 t 检验的零假设与备择假设可表示为:

$$H_0:\mu=0$$

$$H_u:\pi_u(\mu) \tag{4-10}$$

与频率统计推断不同,贝叶斯检验并非简单地使用 $\mu\neq 0$ 作为备择假设,而是设置先验分布 $\pi_u(\mu)$,考虑如果 $\mu=0$ 不成立,那么 μ 最有可能的分布是怎样的。

第三章讨论了贝叶斯检验中模型参数先验分布设定的几种默认方法,并重点介绍了一般模型下调整的 fractional 先验方法。对于 t 检验,调整的 fractional 先验设置总体均值 μ 的边际 t 分布:

$$\pi_u(\mu)=t(0,\ s^2/(nb-1),nb-1) \tag{4-11}$$

其中 s 为样本标准差，b 为超参数，用于控制先验分布的方差。该先验均值为 0，先验方差为 $s^2/(nb-1)$，自由度为 $nb-1$。后验分布与先验分布具有相同的分布形式，但基于完全数据信息：

$$\pi_u(\mu \mid D) = t(\bar{x},\ s^2/(n-1), n-1) \tag{4-12}$$

其中，样本数据 $D=x_i$，后验均值等于样本均值 $\bar{x}$，后验方差为 $s^2/(n-1)$，自由度为 $n-1$。可以看出，fractional 先验是共轭的，均值参数的先验分布和后验分布都为 t 分布，这与 t 检验的名称一致。

以上先验分布和后验分布的讨论没有包括总体方差 σ^2，事实上，在 fractional 先验下，参数 σ^2 服从逆伽马分布，但该参数的分布对贝叶斯检验的影响不大。在给定模型参数的先验分布和后验分布后，可计算零假设和备择假设的贝叶斯因子。

2.2 贝叶斯因子

在设定零假设和备择假设下参数的先验分布和后验分布后，我们可使用贝叶斯因子衡量零假设与备择假设受到数据支持的比例。在第二章中，贝叶斯因子表示为零假设拟合度与复杂度的比值，第三章更进一步显示贝叶斯因子等于备择假设下参数后验分布与先验分布在零假设处的密度比（Savage-Dickey 方法）。同样以单样本 t 检验 $H_0:\mu=0$ 为例，其贝叶斯因子等于：

$$BF_{0u} = \frac{f_0}{c_0} = \frac{\pi_u(\mu=0 \mid D)}{\pi_u(\mu=0)} \tag{4-13}$$

其中，f_0 和 c_0 为零假设 $H_0:\mu=0$ 的拟合度和复杂度，先验分布 $\pi_u(\mu)$ 和后验分布 $\pi_u(\mu \mid D)$ 都为参数 μ 的边际分布，不包括 σ^2，已在式(4-11)和式(4-12)中给出。

fractional 先验下的贝叶斯因子具有显式表达式，将式(4-11)和式(4-12)带入式(4-13)可得：

$$BF_{0u} = A(1+(\bar{x}/s)^2)^{-\frac{n}{2}} \tag{4-14}$$

其中 $A = \frac{\Gamma(n/2)}{\Gamma((n-1)/2)} \Big/ \frac{\Gamma(nb/2)}{\Gamma((nb-1)/2)}$ 为不依赖于样本数据的常数。贝叶斯 t 检验的超参数 b 默认取值为 $b=2/n$。

零假设与备择假设的贝叶斯因子 BF_{0u} 是效应量 $|\bar{x}/s|$ 的单调函数，随着 $|\bar{x}/s|$ 的增加而减小。当 $\bar{x}/s$ 趋向于正负无穷时，贝叶斯因子趋向于 0，这表明贝叶斯因子 BF_{0u} 具备信息一致性，即拒绝零假设的证据会随着效应量的增加而逐渐增加。此外，若零假设为真，即预期效应量 $\bar{x}/s=0$，随着样本容量 n 的增大，BF_{0u} 趋向于正无穷，表示支持零假设；若备择假设为真，即预期效应量 $\bar{x}/s\neq 0$，随着样本容量 n 的增大，BF_{0u} 趋向于 0，表示拒绝零假设。这表明贝叶斯因子 BF_{0u} 具备渐进一致性。

值得注意的是，单样本 t 检验的 t 值为 $t=\dfrac{\bar{x}}{s/\sqrt{n}}$，因此 BF_{0u} 也可写成 t 值的函数：

$$BF_{0u}=A(1+t^2/n)^{-\frac{n}{2}} \tag{4-15}$$

该表达式使得研究者在计算 t 值后可直接得到贝叶斯因子。两样本 t 检验和配对样本 t 检验有相似的表达式，仅需将式(4－3)、式(4－6)、式(4－9)中的样本均值 $\bar{x}$、标准差 s、自由度换为相应 t 分布的估计值即可，这里不再展示。

贝叶斯因子 BF_{0u} 衡量了零假设 H_0 与备择假设 H_u 的相对数据支持证据。若 $BF_{0u}>1$，则表示零假设得到更多的数据支持，若 $BF_{0u}<1$，则表示备择假设得到更多的支持。若 $BF_{0u}=5$，则零假设得到的支持是备择假设的 5 倍。若 $BF_{0u}=1/3$，则备择假设得到的支持是零假设的 3 倍。更多关于贝叶斯因子的解释参考第二章第 1 节。

贝叶斯 t 检验的贝叶斯因子可以转化为后验模型概率，用于表达贝叶斯推断的不确定性。在默认先验模型概率相等的情况下，零假设和备择假设的后验模型概率可写为：

$$PMP_0=\frac{BF_{0u}}{1+BF_{0u}}$$

$$PMP_u=\frac{1}{1+BF_{0u}} \tag{4-16}$$

后验模型概率解释为给定样本数据，零假设 H_0 或备择假设 H_u 为真的概率。相应地，$1-PMP_0$ 和 $1-PMP_u$ 解释为给定数据，接受零假设或备择假设出错的概率。

因此，后验模型概率反映了贝叶斯错误率，表达了推断的不确定性。

基于 fractional 先验的贝叶斯因子计算软件包括 R 软件包 BFpack 和 bain。其中，软件包 BFpack 给出 t 检验贝叶斯因子的精确值，而软件包 bain 根据中心极限定理，将总体均值参数的 t 先验分布和后验分布近似为正态分布 $\pi_u(\mu) = N(0, s^2/nb)$ 和 $\pi_u(\mu \mid D) = N(\bar{x}, s^2/n)$，进而计算近似贝叶斯因子。虽然没有必要在贝叶斯 t 检验中使用正态近似以及 bain 软件包，但 bain 包能够处理的统计模型更多，为了全书软件使用的一致性，之后的案例分析和软件介绍将围绕 bain 展开。

2.3 贝叶斯 t 检验的应用

本节将使用本章第 1.2 节中的案例介绍贝叶斯 t 检验的应用。考虑第 1.2 节中的单样本 t 检验零假设 $H_{01}:\mu_{pea}=45$ 和备择假设 $H_{u1}:\mu_{pea} \neq 45$，两样本 t 检验零假设 $H_{02}:\mu_{boy}=\mu_{girl}$ 和备择假设 $H_{u2}:\mu_{boy} \neq \mu_{girl}$，配对样本 t 检验零假设 $H_{03}:\mu_{post}=\mu_{pre}$ 和备择假设 $H_{u3}:\mu_{post} \neq \mu_{pre}$。使用 bain 软件包检验上述假设，具体代码和操作见本章第 3 节，分析结果见表 4 - 2。

表 4 - 2 贝叶斯 t 检验结果

假设	均值或差值	贝叶斯因子	PMP
H_{01} 与 H_{u1}	46.80	3.465	0.776
H_{02} 与 H_{u2}	1.24	11.583	0.921
H_{03} 与 H_{u3}	8.69	0	0

（PMP 表示零假设与备择假设相比的后验模型概率）

表 4 - 2 分析结果显示，Peabody 变量的样本均值等于 46.80，男女数字测验后测平均得分的差值为 1.24，儿童后测平均得分与前测平均得分的差值为 8.69。贝叶斯 t 检验得到零假设 H_{01} 的贝叶斯因子为 3.465，后验概率为 0.776，表明可以接受 Peabody 心理年龄均值等于 45 的零假设，给定数据后，零假设 H_{01} 为真的概率为 0.776，接受零假设 H_{01} 犯错误的概率为 $1-0.776=0.224$。零假设 H_{02} 的贝叶斯因子为 11.583，后验概率为 0.921，表明男孩和女孩的数字测验后测平均得分不

存在差异，且无差异的假设得到的数据支持是有差异的 11.583 倍，给定数据后，零假设 H_{02} 为真的概率为 0.921，接受零假设 H_{02} 犯错误的概率为 $1-0.921=0.079$。零假设 H_{03} 的贝叶斯因子为 0，后验概率为 0，表明有非常强力的证据显示数字测验后测平均得分不等于前测平均得分，结合样本均值差值的正负，可知数字测验后测平均得分高于前测平均得分。

第 3 节　贝叶斯 t 检验的软件实现

贝叶斯 t 检验可在 R 软件与 JASP 软件中实现，以下分别介绍如何在 R 软件和 JASP 软件中使用 bain 包或模块进行贝叶斯 t 检验。关于 R 软件包 bain 和 JASP 软件 Bain 模块的基本介绍请参考第二章第 5 节。

3.1　R 软件包 bain 中的贝叶斯 t 检验

在 R 软件中，bain 包可根据频率统计 t 检验的输出结果，计算 t 检验的贝叶斯因子和后验模型概率。下面使用本章第 1.2 节的 Sesame Street 数据案例，分别给出单样本 t 检验、两样本 t 检验、配对样本 t 检验的 R 语言程序。

3.1.1　贝叶斯单样本 t 检验

本小节展示如何使用 bain 软件包进行贝叶斯单样本 t 检验，并报告贝叶斯检验的结果。以下是 bain 软件包的 R 语言程序，检验 Sesame Street 数据中变量 Peabody 的均值是否等于预设值 45，零假设为 $\mu_{pea}=45$。

```
#加载 bain 软件包，对 peabody 变量进行单样本 t 检验
library(bain)
x<-sesamesim$peabody
ttest<-t_test(x, mu = 45)
bain(ttest,"x = 45")
```

上面程序代码中，sesamesim $ peabody 为数据 sesamesim 中的待检验变量

peabody，令其等于 x。t_test 函数检验 x 的均值是否等于 45，返回对象记为 ttest。在 bain 函数中，输入上一步的返回对象 ttest，并指定零假设"x = 45"，完成贝叶斯检验。t_test 和 bain 都为软件包 bain 中的函数，具体使用方法可参考其帮助文件 help(t_test)和 help(bain)。

以上程序将输出假设的拟合度(Fit)、复杂度(Com)、贝叶斯因子(BF. u 和 BF. c)和后验模型概率(PMPa、PMPb、PMPc)，如图 4-1 所示。这里 H1 表示检验的零假设 $\mu_{pea}=45$，BF. u 表示零假设与无约束备择假设 Hu 的贝叶斯因子，BF. c 表示零假设与补假设 Hc 的贝叶斯因子，PMPa 表示零假设的后验模型概率，PMPb 表示零假设与无约束备择假设的后验模型概率，PMPc 表示零假设与补假设的后验模型概率。由于零假设的备择假设与其补假设相等，故 BF. u=BF. c。此外，本例中只有一个零假设，只考虑后验模型概率 PMPb 或 PMPc。关于贝叶斯检验指标的详细介绍，可见第二章第 4 节。

```
> bain(ttest,"x = 45")
Bayesian informative hypothesis testing for an object of class t_test:

   Fit   Com   BF.u  BF.c  PMPa  PMPb  PMPc
H1 0.086 0.025 3.465 3.465 1.000 0.776 0.776
Hu                               0.224
Hc                                     0.224

Hypotheses:
  H1: x=45
```

图 4-1　贝叶斯单样本 t 检验输出结果

通常贝叶斯 t 检验只需报告图 4-1 表中的贝叶斯因子和后验模型概率。零假设 H1($\mu_{pea}=45$) 与无约束假设 Hu 或补假设 Hc 的贝叶斯因子为 3.465，表示数据支持 H1。PMPb 或 PMPc 显示 H1 的后验模型概率为 0.776，表示给定当前数据，H1 为真的概率为 0.776，若接受 H1，犯错误的概率为 0.224。

3.1.2　贝叶斯两样本 t 检验

本小节展示如何使用 bain 软件包进行贝叶斯两样本 t 检验，并报告贝叶斯检验的结果。两样本 t 检验分为两组方差相同和方差不同的情形。以下是 bain 软件包的 R 语言程序，检验 Sesame Street 数据中变量 Postnumb 的均值在不同性别

Sex 中是否存在差异，即男孩和女孩的 Postnumb 均值是否相等，零假设为 $\mu_{boy}=\mu_{girl}$。

```
#加载 bain 软件包，检验男孩和女孩的 postnumb 均值是否相等。
library(bain)
x<-sesamesim$postnumb[which(sesamesim$sex==1)]
y<-sesamesim$postnumb[which(sesamesim$sex==2)]
ttest<-t_test(x, y, var.equal = TRUE)
# ttest<-t_test(x, y, var.equal = FALSE)
bain(ttest, "x = y")
```

上面程序代码中，sesamesim $ postnumb 为数据 sesamesim 中的待检验变量 postnumb，令男孩(sex=1)的 postnumb 为 x，女孩(sex=2)的 postnumb 为 y。t_test 函数检验 x 的均值是否等于 y 的均值，这里假定两组样本数据来自方差相同的总体，设置 var. equal = TRUE，方差不同的情形可设置 var. equal = FALSE，返回对象记为 ttest。在 bain 函数中，输入上一步的返回对象 ttest，并设定零假设“x = y”，完成贝叶斯 t 检验。同单样本 t 检验，以上程序输出假设的拟合度、复杂度、贝叶斯因子和后验模型概率，如图 4 - 2 所示。H1 表示检验的零假设 $\mu_{boy}=\mu_{girl}$，其他与单样本 t 检验相同。

```
> bain(ttest, "x = y")
Bayesian informative hypothesis testing for an object of class t_test:

   Fit   Com   BF.u   BF.c   PMPa  PMPb  PMPc
H1 0.183 0.016 11.583 11.583 1.000 0.921 0.921
Hu                                 0.079
Hc                                       0.079

Hypotheses:
  H1: x=y
```

图 4 - 2　贝叶斯两样本 t 检验输出结果

由图 4 - 2 的输出结果可得，零假设 H1($\mu_{boy}=\mu_{girl}$)与无约束备择假设 Hu 或补假设 Hc 的贝叶斯因子为 11.583，表示数据支持 H1。PMPb 或 PMPc 显示 H1 的后验概率为 0.921，表示给定当前数据，H1 为真的概率为 0.921，若接受 H1，犯错误的概率为 0.079。设置方差不同时，贝叶斯因子的输出和报告类似，这里不再展示。

3.1.3　贝叶斯配对样本 t 检验

本小节展示如何使用 bain 软件包进行贝叶斯配对样本 t 检验。以下是 bain 的 R 语言程序，检验 Sesame Street 数据中数字测验前测得分 prenumb 与后测得分 postnumb 是否存在差异，即前测 prenumb 均值是否等于后测 postnumb 均值，零假设为 $\mu_{post}=\mu_{pre}$。

```
#加载 bain 软件包，检验prenumb 均值是否等于 postnumb 均值。
library(bain)
x<-sesamesim$prenumb
y<-sesamesim$postnumb
ttest<-t_test(x, y, paired = TRUE)
bain(ttest, "difference = 0")
```

上面程序代码中，令前测得分 sesamesim$prenumb 为 x，后测得分 sesamesim$postnumb 为 y。t_test 函数检验 x 的均值是否等于 y 的均值，并令 paired=TRUE，返回对象记为 ttest。在 bain 函数中，输入上一步的返回对象 ttest，并设定差值"difference = 0"，完成配对样本 t 检验。图 4-3 展示了输出的假设拟合度、复杂度、贝叶斯因子和后验模型概率。H1 表示检验的零假设 $\mu_{post}=\mu_{pre}$，其他与单样本 t 检验相同。

```
> bain(ttest, "difference = 0")
Bayesian informative hypothesis testing for an object of class t_test:

   Fit   Com   BF.u  BF.c  PMPa  PMPb  PMPc
H1 0.000 0.042 0.000 0.000 1.000 0.000 0.000
Hu                                 1.000
Hc                                       1.000

Hypotheses:
  H1: difference=0
```

图 4-3　贝叶斯配对样本 t 检验输出结果

结果显示，零假设 H1（$\mu_{post}=\mu_{pre}$）与无约束备择假设 Hu 或补假设 Hc 的贝叶斯因子为 0，表示有非常强力的证据反对 H1。PMPb 或 PMPc 显示 H1 的后验概率为 0，表示给定当前数据，H1 为真的概率近似为 0，若接受 H1，犯错误的概率接近为 1。

3.2 JASP 软件 Bain 模块中的贝叶斯 t 检验

在 JASP 软件 Bain 模块中，研究者可通过鼠标点击的方式，选择 t 检验的类型、输入要分析的数据、选择待检验的变量、输入待检验的假设等。完成分析后，JASP 将给出贝叶斯 t 检验的分析结果表和后验概率图。下面使用本章第 1.2 节中的 Sesame Street 数据案例，给出单样本 t 检验、两样本 t 检验、配对样本 t 检验的 JASP 软件操作和结果解读。

3.2.1 贝叶斯单样本 t 检验

本小节展示如何利用 JASP 软件的 Bain 模块进行贝叶斯单样本 t 检验。本例将检验 Sesame Street 数据中变量 Peabody 的均值是否等于预设值 45，即 $\mu_{pea}=45$，具体步骤如下。

(1) 将 Sesame Street 数据导入 JASP 软件（参考第二章第 5.2 节），点击 Bain 模块，选择 T-Tests 模块下的 One Sample T-Test，见图 4-4。JASP 单样本 t 检验 Bain 模块界面见图 4-5。

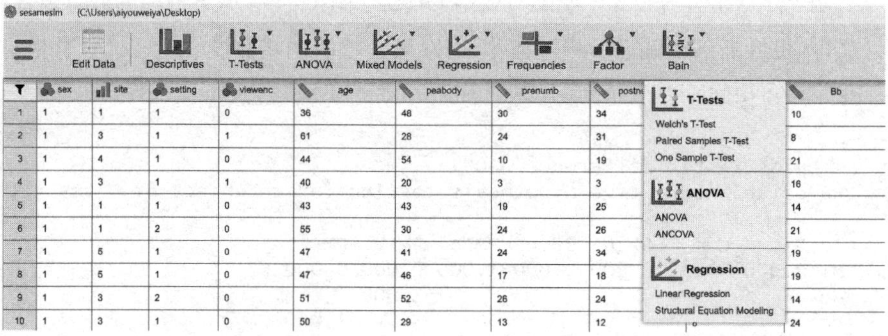

图 4-4 JASP 贝叶斯 t 检验模块选择

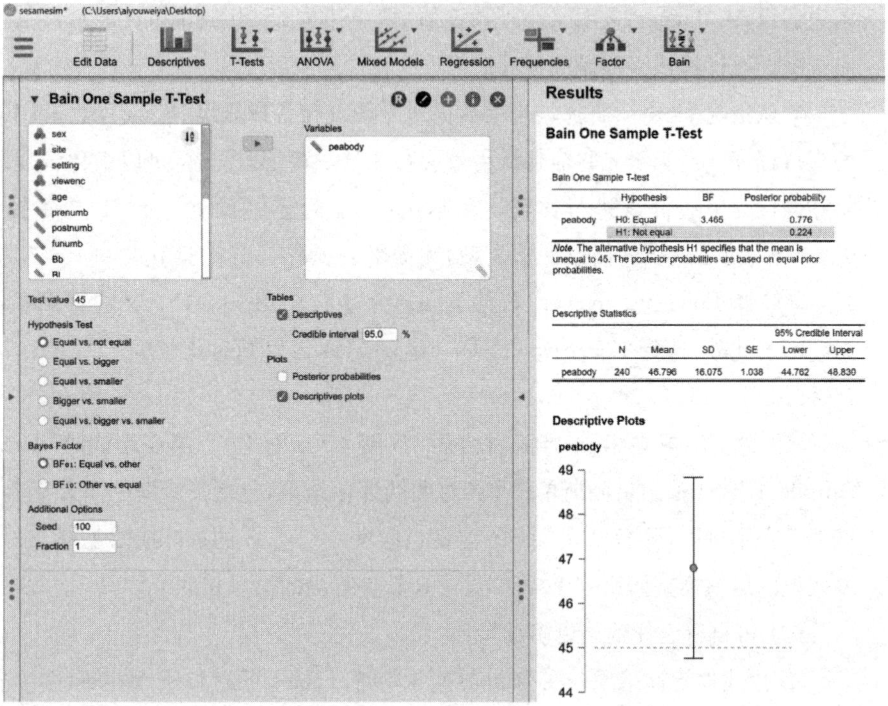

图 4－5　JASP 单样本 t 检验 Bain 界面

(2) 在 Bain 界面 Bain One Sample T-Test 左侧变量框内(图 4－5 左上),选中待检验变量的名称,然后点击中央的箭头使其移至右侧的变量 Variables 框中(或者双击变量名称也可以将其直接移至右侧的变量框中)。在本例中,待检验变量为 peabody。

(3) 在 Bain 界面检验值 Test Value 框内(图 4－5 左中),输入待检验变量的总体均值预设值。Bain 进行贝叶斯单样本 t 检验时,总体均值预设值默认为 0,使用者须根据零假设自行设置预设值。在本例中,检验 $\mu_{pea}=45$,预设值为 45。

(4) 在 Bain 界面 Hypothesis Test 下(图 4－5 左中),选择需要使用贝叶斯因子评估的假设类型。使用 Bain 进行贝叶斯 t 检验时,无需手动输入待检验假设,只需通过鼠标点击 Hypothesis Test 下的选项即可进行设定。Hypothesis Test 提供五种假设评估方式,涉及四种类型的假设:待检验变量的均值等于预设值(即零假设,由“equal”表示)、不等于预设值(即备择假设,由“not equal”表示)、大于预设值(即单边假设，由“bigger”表示）、小于预设值（即单边假设，由“smaller”表示）。点击相应选项即可计算该组假设的贝叶斯因子。

默认情况下，Bain 将评估当前数据对零假设与备择假设（Equal vs. not Equal）的支持程度。当基于先验信息认为效应存在某一特定方向时，可以细化备择假设，将零假设与单边假设进行比较。在本例中，检验零假设 $\mu_{pea}=45$ 与备择假设 $\mu_{pea}\neq 45$ 使用默认的假设评估类型，无需额外操作。若检验 $\mu_{pea}=45$ 与 $\mu_{pea}>45$，应选择 Equal vs. bigger；若检验 $\mu_{pea}=45$ 与 $\mu_{pea}<45$，应选择 Equal vs. smaller。此外，选择 Equal vs. bigger vs. smaller 可以同时比较 $\mu_{pea}=45$、$\mu_{pea}>45$ 和 $\mu_{pea}<45$。

(5) 分析结果在 Bain 界面右边展示（图 4－5 右上）。第一个表格 Bain One Sample T-Test 输出贝叶斯单样本 t 检验的评估结果，包括贝叶斯因子和后验模型概率。在本例中，零假设 $\mu_{pea}=45$ 与备择假设 $\mu_{pea}\neq 45$ 的贝叶斯因子等于 3.465，零假设的后验模型概率等于 0.776，与 R 软件得出的结果相同。

(6) 可自行选择输出更多结果：

① 描述性统计结果。在 Bain 界面中勾选 Tables 下的 Descriptives（图 4－5 左中），可获得变量的描述性统计结果及其均值的贝叶斯可信区间，其中可信水平可手动设置，默认值为 95%。变量的描述性统计图可通过勾选 Plots 下 Descriptives plots 实现（图 4－5 左中）。本案例的分析结果包括了变量 Peabody 的描述性统计表（图 4－5 右中）和描述性统计图（图 4－5 右下）。描述性统计图中的圆点表示 Peabody 的均值，短线表示可信区间上下限，检验值由虚线表示。

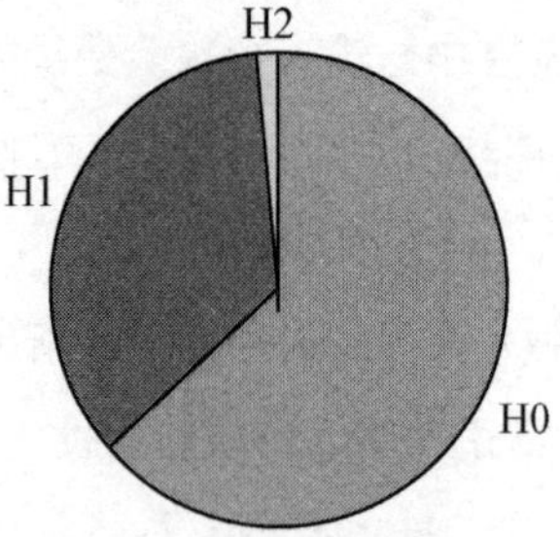

图 4－6　JASP 单样本 t 检验后验模型概率可视化

② 后验模型概率的可视化。在 Bain 界面中勾选 Plots 下的 Posterior probabilities（图 4－5 左中），可将后验模型概率可视化，便于直观比较竞争假设。在本例中，若在 Hypothesis Test 下勾选 Equal vs. bigger vs. smaller，则可计算三个假设的后验模型概率，其可视化结果见图 4－6。可以看出零假设 $\mu_{pea}=45$（H0）的后验概率在饼状图中占比最大，其次为单边假设 $\mu_{pea}>45$（H1），单边假设 $\mu_{pea}<45$（H2）的后验概率占比很小。

③ 贝叶斯因子的输出调整。JASP 软件的 Bain 模块支持对贝叶斯因子输出进行一些调整。Bayes Factor 选项(图 4－5 左下)可以选择报告零假设与备择假设的贝叶斯因子(BF01)或是备择假设与零假设的贝叶斯因子(BF10),这里 $BF10=1/BF01$。 Additional Options 选项(图 4－5 左下)可以手动设定计算贝叶斯因子时的随机数种子 Seed,以及 fractional 先验中的超参数 Fraction (b) 。

3.2.2　贝叶斯两样本 t 检验

本小节展示如何使用 JASP 软件的 Bain 模块进行贝叶斯两样本 t 检验。本例将检验 Sesame Street 数据中变量 Postnumb 的均值在不同性别 Sex 下是否存在差异,即 $\mu_{boy}=\mu_{girl}$,具体步骤如下。

(1) 将 Sesame Street 数据导入 JASP 软件(参考第二章第 5.2 节),点击 Bain 模块,选择 T-Tests 模块下的 Welch's T-Test,见图 4－4。JASP 两样本 t 检验 Bain 模块界面见图 4－7。

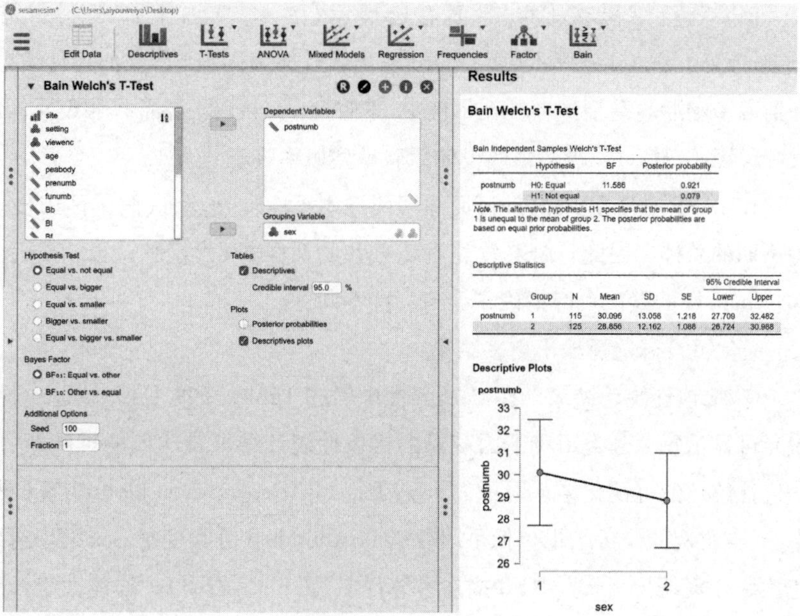

图 4－7　JASP 两样本 t 检验 Bain 界面

(2) 在 Bain 界面 Bain Welch's T-Test 左侧变量框内(图 4－7 左上),选中待检验变量的名称,点击箭头使其移至右侧的因变量 Dependent Variables 框中(或者双击变量名称也可以将其直接移至右侧的因变量框中)。随后,选中二分类变量名称,点击对应的箭头使其移至右侧的组别变量 Grouping Variable 框中。在本例中,待检验因变量为 Postnumb,分类组别变量为 Sex。

在选择变量时需要注意:一是待检验因变量应为连续变量,且该变量应包含来自两个组别的观测值;二是分类组别变量应为名义变量且只包含两种取值,有序变量与非二分类的名义变量无法被选中。

(3) 在 Bain 界面 Hypothesis Test 下(图 4－7 左中),选择需要使用贝叶斯因子评估的假设类型。Hypothesis Test 提供五种假设评估方式,点击相应选项即可计算对应假设的贝叶斯因子。默认情况下,Bain 将计算零假设与备择假设(Equal vs. not Equal)的贝叶斯因子。在本例中,检验零假设 $\mu_{boy}=\mu_{girl}$ 与备择假设 $\mu_{boy}\neq\mu_{girl}$ 使用默认的假设评估类型。若检验 $\mu_{boy}=\mu_{girl}$ 与 $\mu_{boy}>\mu_{girl}$,则应选择 Equal vs. bigger。

(4) 分析结果在 Bain 界面右边展示(图 4－7 右上)。第一个表格 Bain Independent Samples Welch's T-Test 输出贝叶斯两样本 t 检验的评估结果,包括贝叶斯因子和后验模型概率。在本例中,零假设 $\mu_{boy}=\mu_{girl}$ 与备择假设 $\mu_{boy}\neq\mu_{girl}$ 的贝叶斯因子等于 11.586,零假设的后验模型概率等于 0.921。

在 JASP 中使用 Bain 进行贝叶斯两样本 t 检验时,默认假定两组样本来自方差不同的总体。因此,JASP 软件 Bain 模块的两样本 t 检验默认贝叶斯因子与 R 软件包 bain 中的默认贝叶斯因子会有一些不同。

(5) 可自行选择输出更多结果:

① 描述性统计结果。在 Bain 界面中勾选 Tables 下的 Descriptives(图 4－7 左中),可显示每个分类组别下因变量的描述性统计结果及均值的贝叶斯可信区间,描述性统计的可视化结果可通过勾选 Plots 下 Descriptives plots 实现(图 4－7 左中)。本案例的分析结果包括了因变量 Postnumb 在分类变量 Sex 两个组别下的描述性统计表(图 4－7 右中)和描述性统计图(图 4－7 右下)。描述性统计图中的圆点表示 Sex＝1 和 Sex＝2 时 Postnumb 的均值,对应的可信区间上下限由短线表示。

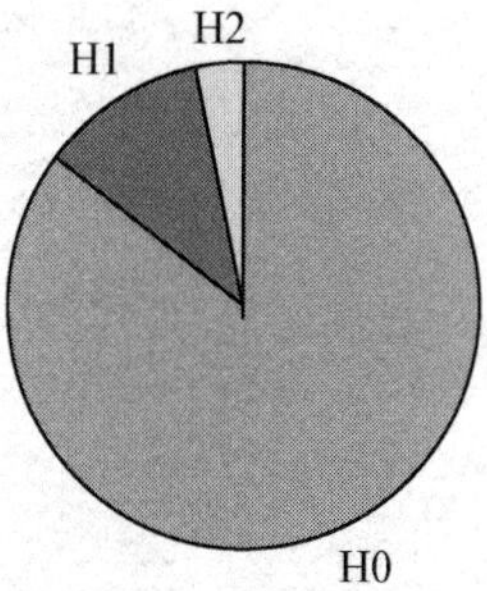

图 4－8　JASP 两样本 t 检验后验模型概率可视化

② 后验模型概率的可视化。在 Bain 界面中勾选 Plots 下的 Posterior probabilities（图 4－7 左中），可将后验模型概率可视化。在本例中，若在 Hypothesis Test 下勾选 Equal vs. bigger vs. smaller，则可得到三个假设后验模型概率的可视化图，见图 4－8。可以看出零假设 $\mu_{boy}=\mu_{girl}$ （H0）的后验概率占比最大，单边假设 $\mu_{boy}>\mu_{girl}$ （H1）和 $\mu_{boy}<\mu_{girl}$ （H2）的后验概率占比都较小。

③ JASP 软件 Bain 模块两样本 t 检验的其他可选分析和设置与单样本 t 检验中的一致，这里不再重复介绍。

3.2.3　贝叶斯配对样本 t 检验

本小节展示如何使用 JASP 软件的 Bain 模块进行贝叶斯配对样本 t 检验。本例中将检验 Sesame Street 数据中数字测验前测得分 Prenumb 与后测得分 Postnumb 是否存在差异，即 $\mu_{post}=\mu_{pre}$，具体步骤如下。

(1) 将 Sesame Street 数据导入 JASP 软件（参考第二章第 5.2 节），点击 Bain 模块，选择 T-Tests 模块下的 Paired Samples T-Test，见图 4－4。JASP 配对样本 t 检验 Bain 模块界面见图 4－9。

(2) 在 Bain 界面 Bain Paired Samples T-Test 左侧变量框内（图 4－9 左上），选中待检验配对变量的名称，然后点击中央的箭头使其移至右侧的 Pairs 变量框中（或者双击变量名称也可以将其直接移至右侧的变量框中）。在本例中，待检验配对变量为 Prenumb 和 Postnumb。

(3) 在 Bain 界面 Hypothesis Test 下（图 4－9 左中），选择需要使用贝叶斯因子评估的假设类型。Hypothesis Test 提供五种假设评估方式，点击相应选项即可计算对应假设的贝叶斯因子。默认情况下，Bain 将计算零假设与备择假设（Equal vs. not Equal）的贝叶斯因子。在本例中，检验零假设 $\mu_{post}=\mu_{pre}$ 与备择假设 $\mu_{post}\neq\mu_{pre}$，使用默认的假设评估类型。若检验 $\mu_{post}=\mu_{pre}$ 与 $\mu_{pre}>\mu_{post}$，应选择 Equal vs. bigger；若选择 Equal vs. bigger vs. smaller，则将零假设与两个单边假设一同比较。

如果待检验的假设涉及单边假设，在第(2)步选择两个配对变量的先后顺序应

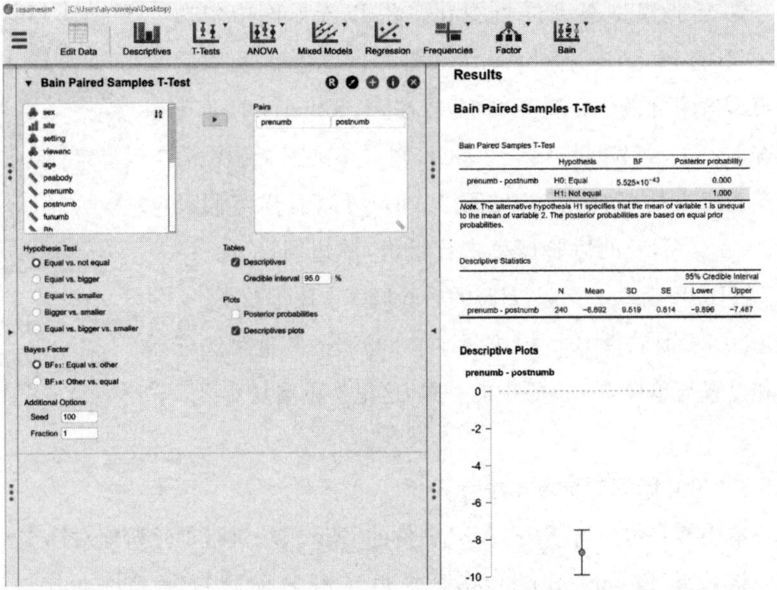

图 4-9　JASP 配对样本 t 检验 Bain 界面

与单边假设描述的顺序一致。例如，如果首先选择了变量 Prenumb，然后选择了变量 Postnumb，那么在 Equal vs. bigger 中，待检验的单边假设是变量 Prenumb 的均值大于变量 Postnumb 的均值。若要检验 $\mu_{post}=\mu_{pre}$ 与 $\mu_{post}>\mu_{pre}$，则要么在第(2)步中先选择 Postnumb，再选择 Prenumb，并在第(3)步选择 Equal vs. bigger，要么在第(2)步中先选择 Prenumb，再选择 Postnumb，并在第(3)步选择 Equal vs. smaller。

(4) 分析结果在 Bain 界面右边展示(图 4-9 右上)。第一个表格 Bain Paired Samples T-Test 输出贝叶斯配对样本 t 检验的评估结果，包括贝叶斯因子和后验模型概率。在本例中，零假设 $\mu_{post}=\mu_{pre}$ 与备择假设 $\mu_{post}\neq\mu_{pre}$ 的贝叶斯因子等于 5.525×10^{-43}，零假设的后验模型概率近似为 0，备择假设的后验模型概率接近于 1，与 R 软件得到了相同的结果。

(5) 可自行选择输出更多结果：

① 描述性统计结果。在 Bain 界面中勾选 Tables 下的 Descriptives(图 4-9 左中)，会输出配对变量均值差的描述性统计结果及均值差的贝叶斯可信区间，描述性统计的可视化结果可通过勾选 Plots 下 Descriptives plots 实现(图 4-9 左中)。

在本案例中，描述性统计表（图 4 - 9 右中）和描述性统计图（图 4 - 9 右下）展示了配对变量 Prenumb 和 Postnumb 均值差异的描述统计，即 Prenumb-Postnumb 均值的描述。描述性统计图中的圆点表示 Prenumb-Postnumb 的均值，其可信区间上下限由短线表示。

② 后验模型概率的可视化。在 Bain 界面中勾选 Plots 下的 Posterior probabilities（图 4 - 9 左中），可将后验模型概率可视化。在本例中，若在 Hypothesis Test 下勾选 Equal vs. bigger vs. smaller，则可生成三个假设的后验模型概率图，见图 4 - 10。可以看出单边假设 $\mu_{pre} < \mu_{post}$（H2）的后验概率占比最大，零假设 $\mu_{pre} = \mu_{post}$（H0）和单边假设 $\mu_{pre} > \mu_{post}$（H1）几乎没有占比。

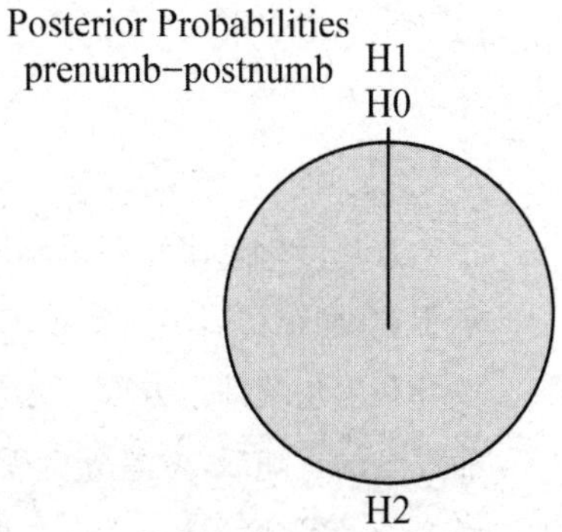

图 4 - 10　JASP 配对样本 t 检验后验模型概率可视化

③ JASP 软件 Bain 模块配对样本 t 检验的其他可选分析和设置与单样本 t 检验中的一致，这里不再重复介绍。

第五章　贝叶斯方差分析

方差分析是比较多组总体均值的统计推断方法，最早是由英国统计学家费希尔于20世纪初提出。费希尔是现代统计学的先驱，他的工作主要集中在农业试验设计和生物统计学方面。方差分析最初是为了解决农学实验中的设计和分析问题而开发的。随后，方差分析逐渐在其他学科领域中得到广泛应用，如医学、心理学、教育学、经济学、社会学等。贝叶斯方差分析更加灵活，将各组总体均值视为随机变量，并描述其在零假设和备择假设下的分布情况。贝叶斯方差分析基于各组总体均值参数的先验分布和后验分布，根据贝叶斯因子评估各组均值是否相等。

第1节　方差分析的模型与应用

方差分析通过比较方差来检验多组总体均值的差异。方差分析是一种差异检验方法，检验连续变量在分类变量（因素）各水平上的均值是否存在差异，与t检验只能比较两组均值不同，方差分析旨在判定多组正态总体均值是否相等，也可以看作是对连续变量和多分类变量相互关系的检验。

1.1　方差分析方法概述

根据连续变量、分类变量个数的不同，方差分析可分为单因素方差分析（一个连续变量与一个分类变量）、多因素方差分析（一个连续变量与多个分类变量）、协方差分析（多个连续变量与一个或多个分类变量）、重复测量方差分析（连续变量的多次测量值）。在方差分析中，因素表示被研究的分类变量，是影响连续因变量的因素，每个因素的不同取值或类别称为该因素的水平，每个因素可以有多个水平，划分不同的组。因变量表示受因素影响并进行观测或测量的变量，通常关注的是因变量的均值。

1.1.1　单因素方差分析

单因素方差分析的模型为：

$$y_{ij} \sim \mu + \tau_j + \epsilon_{ij} \quad (5-1)$$

其中，y_{ij} 表示第j组中的第i个观测值，$i=1, \cdots, n_j$，$j=1, \cdots, J$，n_j 为第j组样本容量，J 为水平或分组个数，μ 为总体的整体均值(grand mean)，τ_j 为第j组均值与整体均值的差异，表示因素水平对因变量均值的影响(效应)，ϵ_{ij} 为第j组中第i个观测值的随机误差项，服从均值为0,方差为σ^2的正态分布。上式为单因素方差分析的一般数学模型，令$\mu_j=\mu+\tau_j$表示第j组均值。

设置零假设为：

$$H_0: \mu_1 = \mu_2 = \cdots = \mu_J \quad (5-2)$$

表示各组均值相等，设置备择假设为：

$$H_u: \text{至少有一组均值不相等} \quad (5-3)$$

单因素方差分析用于比较三个或三个以上组别之间的均值是否存在差异。例如，研究者想要确定不同肥料对玉米生长的效果是否有差异，从某地农场中随机选择若干地块作为实验样本，确保其他条件相似。将地块分为三组，一组施用有机肥料，一组施用化学肥料，一组为不施肥的控制组。在一段时间后，测量玉米的生长指标数据。根据研究问题，他们可建立零假设 $H_0: \mu_{有机} = \mu_{化学} = \mu_{控制}$，表示三种施肥下的玉米平均生长指标相等，不同肥料对玉米生长没有影响；和其对应的备择假设 H_u，表示三种施肥下的玉米平均生长指标不全相等，不同肥料对玉米生长有影响。

方差分析往往不能直接给出研究者想要的结果，拒绝零假设后还需进行事后检验以判断具体哪两个组间均值存在差异，并根据参数估计值评估组间均值的次序大小。在很多情况下，研究者往往对组间均值有明确的理论或期望，比如有机肥料对玉米生长的效果优于化学肥料，最后是不施肥的控制组。这时，他们可以设置更精确的次序假设 $H_1: \mu_{有机} > \mu_{化学} > \mu_{控制}$ 来表达理论期望，检验次序假设可以直接判断理论期望是否得到数据的支持。同时,研究者也可以比较多个可能的理论次序,比如将 H_1 与 $H_2:\mu_{有机}=\mu_{化学}>\mu_{控制}$ 比较,可以一步完成方差分析和事后检验。

1.1.2 两因素方差分析

两因素方差分析的模型为:

$$y_{ijk} \sim \mu + \tau_j + \beta_k + (\tau\beta)_{jk} + \epsilon_{ijk} \tag{5-4}$$

其中, y_{ijk} 表示同时处在因素 1 第 j 个水平和因素 2 第 k 个水平的第 i 个观测值, $i=1, \cdots, n_{jk}$, $j=1, \cdots, J$, $k=1, \cdots, K$, n_{jk} 为 jk 水平组的样本容量, J 为因素 1 水平个数, K 为因素 2 水平个数, μ 为总体的整体均值。τ_j 为第 j 组均值与整体均值的差异,表示因素 1 水平对因变量均值的影响,即因素 1 的主效应(main effect), β_k 为第 k 组均值与整体均值的差异,表示因素 2 水平对因变量均值的影响,即因素 2 的主效应, $(\tau\beta)_{jk}$ 表示因素 1 第 j 个水平和因素 2 第 k 个水平的交互作用,即因素 1 和因素 2 的交互效应(interaction effect)。ϵ_{ijk} 为第 jk 组中第 i 个观测值的随机误差项,服从均值为 0,方差为 σ^2 的正态分布。

两因素方差分析通常检验两个因素的主效应和交互效应。主效应的零假设有两个:

$$H_{01}:\tau_j=0$$

$$H_{02}:\beta_k=0 \tag{5-5}$$

分别表示因素 1 和因素 2 的主效应为零。相对应的备择假设 H_{u1} 和 H_{u2} 分别为因素 1 和因素 2 的主效应不为零。交互效应的零假设为:

$$H_{03}:(\tau\beta)_{jk}=0 \tag{5-6}$$

表示因素 1 和因素 2 的交互效应为零,不存在交互作用。相应的备择假设 H_{u3} 为交互效应不为零,存在交互作用。

两因素方差分析用于评估两个因素对某个因变量的联合影响,以及它们之间是否存在交互作用。该方法可以处理许多不同的研究问题,例如,研究三种教师教学方法和三种学生学习风格对学生数学成绩的影响。在本例中,因素 1 为教学方法,包括三个水平:讲授法、讨论法、问题解决法;因素 2 为学习风格,包括三个水平:视觉型、听觉型、动觉型。因变量为数学成绩。想要确定这两个因素是否对数学成绩有影响,我们可以建立主效应零假设 $H_{01}:\tau_{讲授}=\tau_{讨论}=\tau_{问题}=0$,表示不同教学方法的主效应为零,对数学成绩没有影响;主效应零假设 $H_{02}:\beta_{视觉}=\beta_{听觉}=\beta_{动觉}=0$,表示不同学习风格的主效应为零,对数学成绩没有影响;交互效应零假设 $H_{03}:\tau\beta_{讲授\cdot视觉}=\cdots=0$,表示教学方法和学习风格对数学成绩的交互效应不存在。以上零假设的备择假设表示为相应的效应不为零。

两因素方差分析同样可以根据研究理论和期望设置关于主效应和交互效应的次序假设。例如对于教学方法,教育学家期望问题解决法优于讨论法,讨论法优于讲授法,则可设置次序假设 $H_{11}:\tau_{讲授}<\tau_{讨论}<\tau_{问题}$。同时对于交互效应,若期望讲授法更适合视觉型学习风格的学生,讨论法更适合听觉型学习风格的学生,问题解决法更适合动觉型学习风格的学生,则可设置次序假设 $H_{13}:\tau\beta_{讲授\cdot视觉}>0$;$\tau\beta_{讨论\cdot听觉}>0$;$\tau\beta_{问题\cdot动觉}>0$。

1.1.3 协方差分析

协方差分析的模型为:

$$y_{ij}\sim\mu+\tau_j+B(x_{ij}-\bar{x})+\epsilon_{ij} \tag{5-7}$$

其中,y_{ij} 表示因变量在第 j 组中的第 i 个观测值,x_{ij} 为协变量在第 j 组中的第 i 个观测值,μ 为总体的整体均值,τ_j 表示因素第 j 个水平的效应,$\bar{x}$ 为协变量的整体均值,ϵ_{ij} 为第 j 组中第 i 个观测值的随机误差项,服从均值为 0,方差为 σ^2 的正态分布。上式为包括一个因素和一个协变量的协方差分析模型,协变量为需要被控制的连续变量。同单因素方差分析,令 $\mu_j=\mu+\tau_j$ 表示第 j 组均值,该均值称为修正均值(adjusted means)。

协方差分析通常只关注因素不同水平的效应,设置零假设为:

$$H_0:\tau_j=0 \tag{5-8}$$

表示因素所有水平的效应都为零,即因变量均值在因素所有水平下都相等。备择假设 H_u 表示因素至少有一个水平的效应不为零,即至少在一个水平下因变量均值不等于整体均值。此外,零假设也可以表示为各组修正均值都相等 $H_0:\mu_1=\cdots=\mu_J$。

协方差分析用于在控制协变量的情况下，检验因素不同水平下因变量的均值是否相等。例如，研究在控制学生已有数学基础的情况下，比较不同教学方法对学生数学成绩的影响。在本例中，因素为教学方法，包括三个水平：讲授法、讨论法、问题解决法。协变量为学生在教学实验之前的数学考试成绩，因变量为教学实验后的数学成绩。为了分析教学方法对学生成绩的影响，我们建立零假设 $H_0:\tau_{讲授}=\tau_{讨论}=\tau_{问题}=0$，表示三种教学方法下的数学平均成绩没有差异，教学方法对数学成绩没有影响。备择假设 H_u 为三种教学方法存在差异，教学方法对数学成绩有影响。

协方差分析也可设置次序假设精确表达研究理论，检验次序假设能够直接回答研究问题。例如 $H_1:\tau_{讲授}<\tau_{讨论}<\tau_{问题}$ 比较了在控制学生已有基础的情况下三种教学方法的优劣。

1.1.4 重复测量方差分析

重复测量方差分析的模型为：

$$y_{ij}\sim\mu+a_i+\tau_j+\epsilon_{ij} \tag{5-9}$$

其中，y_{ij} 表示因变量在第 j 组(第 j 次测量)中的第 i 个观测值，μ 为总体的整体均值，a_i 表示第 i 个个体的随机变异(随机效应)，τ_j 表示第 j 次测量的固定变异(固定效应)，ϵ_{ij} 为第 j 次测量中第 i 个观测值的随机误差项，服从均值为 0，方差为 σ^2 的正态分布。与单因素方差分析类似，可令 $\mu_j=\mu+\tau_j$ 表示第 j 次测量的均值。这里我们只考虑了包括一个被试内因素(within-subject factor)的最简单的重复测量模型，也可在模型中加入被试间因素(between-subject factor)，具体模型不再展示。

重复测量方差分析通常关注固定效应的检验，设置零假设为：

$$H_0:\tau_j=0 \tag{5-10}$$

表示重复测量因素所有水平的效应都为零，即因变量均值在每次测量时都相等。备择假设 H_u 表示至少有一个水平的效应不为零，即因变量均值在各次测量中不全相等。此外，零假设也可以表示为 $H_0:\mu_1=\cdots=\mu_J$。

重复测量方差分析用于分析在相同个体或实验单位上进行多次测量的数据。例如，研究一种新药对高血压患者的治疗效果，每位被试(患者)共记录四次血压测量值，分别在治疗前、治疗开始 1 个月后、3 个月后和 6 个月后。为了分析新药的治疗效果，我们建立零假设 $H_0:\mu_{前}=\mu_{后1}=\mu_{后3}=\mu_{后6}$，表示四次测量的血压没有变化。备择假设 H_u 为四次测量血压不全相等。

在重复测量方差分析中，研究者往往也有特定的理论期望。例如，可用次序假设 $H_1:\mu_{前}>\mu_{后1}>\mu_{后3}>\mu_{后6}$ 表达随着治疗的进行被试(患者)的血压逐渐降低；可用次序假设 $H_2:\mu_{前}>\mu_{后1}=\mu_{后3}=\mu_{后6}$ 表达治疗 1 个月后被试(患者)的血压降低，并在随后趋于平稳；可用次序假设 $H_3:\mu_{前}>\mu_{后1}<\mu_{后3}<\mu_{后6}$ 表达治疗 1 个月后被试(患者)的血压降低，但随后逐渐反弹。检验上述次序假设能够精确评估研究理论。

1.2　方差分析的应用

本节继续引入第四章第 1.2 节的《芝麻街》应用案例，数据集可以在 R 软件包 bain 中找到。方差分析涉及的变量包括儿童观看节目前的数字测验得分(Prenumb)、观看节目后的数字测验得分(Postnumb)、观看一年后的数字测验得分(Funumb)、出生地(Site)等。其中出生地为五分类变量，包括(1)不发达的城市(disadvantaged city)，(2)发达的郊区(advantaged suburban)，(3)发达的农村(advantaged rural)，(4)不发达的农村(disadvantaged rural)，(5)不发达的西班牙语地区(disadvantaged Spanish speaking)。以上变量用于演示本章的贝叶斯方差分析方法，表 5 - 1 给出了以上变量的统计描述。

表 5 - 1　变量统计描述

	均值	标准差
Prenumb	20.76	10.62
Postnumb	29.45	12.59
Funumb	34.32	20.32
	频数	**百分比(%)**
Site(1)	60	25.0
Site(2)	55	22.9
Site(3)	64	26.7
Site(4)	43	17.9
Site(5)	18	7.5

研究问题包括:(1)来自不同地区的儿童观看《芝麻街》后的数字测验平均得分是否存在差异;(2)控制观看《芝麻街》前数字测验得分的情况下,来自不同地区的儿童观看后的数字测验得分是否存在差异;(3)儿童观看前、观看后、一年后的数字测验得分是否存在差异。以上三个研究假设可分别由单因素方差分析、协方差分析、重复测量方差分析方法评估。具体地,设定零假设和次序假设:

- 零假设 1:$H_{01}:\mu_1=\mu_2=\mu_3=\mu_4=\mu_5$,表示来自不同地区的儿童观看后的数字测验平均得分都相等。
- 次序假设 1:$H_{11}:\mu_2>\mu_5>\mu_1>\mu_3>\mu_4$,描述来自不同地区的儿童观看后的数字测验得分的次序。
- 零假设 2:$H_{02}:\mu_1=\mu_2=\mu_3=\mu_4=\mu_5$,表示控制前测得分的情况下,来自不同地区的儿童观看后的数字测验平均得分都相等。
- 次序假设 2:$H_{12}:\mu_2>\mu_5>\mu_1>\mu_3>\mu_4$,描述控制前测得分的情况下,来自不同地区的儿童观看后的数字测验得分的次序。
- 零假设 3:$H_{03}:\mu_{前}=\mu_{后}=\mu_{一}$,表示儿童观看前、观看后、一年后的数字测验平均得分相等。
- 次序假设 3:$H_{13}:\mu_{前}<\mu_{后}<\mu_{一}$:表示儿童观看前、观看后、一年后的数字测验平均得分逐渐增加。

首先考虑频率统计方差分析,设定显著性水平为 $\alpha=0.05$。根据样本数据组间平方和、组内平方和、总平方和、自由度等统计量,计算得到 F 值,之后根据显著性水平和自由度计算 F 值所对应的 p 值,判断是否拒绝零假设。在本案例中,计算得到零假设 1 的 F 值(自由度)为 $F(4, 235)=16.58$,p 值 $p=0$,拒绝零假设 1;零假设 2 的 F 值(自由度)为 $F(4, 234)=26.61$,p 值 $p=0$,拒绝零假设 2;零假设 3 的 F 值(自由度)为 $F(2, 717)=49.69$,p 值 $p=0$,拒绝零假设 3。F 值和 p 值无法评估次序假设。

贝叶斯方差分析的思想与传统方差分析有所不同,贝叶斯方法不使用方差或平方和等统计量,而是通过设定各组均值等参数的先验分布和后验分布,计算贝叶斯因子以评估假设。下面讨论贝叶斯方差分析的简要原理和应用。

第2节　贝叶斯方差分析的方法与应用

贝叶斯方差分析评估零假设和次序假设的指标是贝叶斯因子和后验模型概率。其关键是总体均值和方差参数的先验分布与后验分布的设定，以及贝叶斯因子的计算。

2.1　先验分布与后验分布

方差分析要求因变量服从正态分布。首先考虑单因素方差分析模型 $y_{ij} \sim \mu + \tau_j + \epsilon_{ij}$，模型参数为各组均值 $\mu_j = \mu + \tau_j$ 和因变量方差 σ^2。注意，方差分析需满足方差齐次的要求，因此假定各组方差相等。

方差分析假设检验关注的核心参数是各组均值，根据中心极限定理，均值的分布可由正态分布近似。因此，可使用第三章给出的调整的 fractional 先验方法设置无约束备择假设 H_u 下各组均值的正态共轭先验：

$$\pi_u(\mu_j) = N\left(\mu_{0j}, \frac{1}{b_j}\hat{\sigma}^2/n_j\right) \tag{5-11}$$

其中，μ_{0j} 为调整后的先验均值，满足零假设的约束或位于次序假设的边界，$\hat{\sigma}^2$ 为总样本方差。如检验 $H_0: \mu_1 = \mu_2 = \mu_3$ 和 $H_1: \mu_1 > \mu_2 > \mu_3$，可设置 μ_{0j} 都等于 0。n_j 为每组样本容量，b_j 为 fractional 先验的超参数，用于调节先验方差。需要注意的是，因为每组样本容量可能不同，而超参数 b_j 依赖于样本容量，所以每组均值先验中的超参数 b_j 也不同。此外，零假设和次序假设下的先验分布可通过约束式(5-11)的先验分布得到，例如 $H_1: \mu_1 > \mu_2 > \mu_3$ 下的各组均值先验为带约束条件的正态分布。

在正态共轭先验式(5-11)下，μ_j 的后验分布为：

$$\pi_u(\mu_j \mid D) = N(\bar{y}_j, \hat{\sigma}^2/n_j) \tag{5-12}$$

其中，后验均值等于各组样本均值 $\bar{y}_j$，后验方差为 $\hat{\sigma}^2/n_j$。以上给出了单个 μ_j 的先验分布和后验分布，在方差分析中各组均值 μ_j 相互独立，因此各组均值的联合分布等于单个分布的乘积。

对于两因素方差分析，同样可设置主效应和交互效应参数的正态先验分布和后验分布，这里不再展示。

对于协方差分析模型 $y_{ij} \sim \mu + \tau_j + B(x_{ij} - \bar{x}) + \epsilon_{ij}$，除了各组均值，协变量系数也是模型核心参数。可设置各组均值 $\mu_j = \mu + \tau_j$ 和协变量系数 B 的联合正态先验分布和后验分布，分别为：

$$\pi_u(\mu_j, B) = N((\mu_{0j}, B_0)^T, \frac{1}{b_j}\hat{\sigma}^2 \times (\boldsymbol{x}_j^t \boldsymbol{x}_j)^{-1}) \tag{5-13}$$

$$\pi_u(\mu_j, B \mid D) = N((\hat{\mu}_j, \hat{B})^T, \hat{\sigma}^2 \times (\boldsymbol{x}_j^t \boldsymbol{x}_j)^{-1}) \tag{5-14}$$

其中，(μ_{0j}, B_0) 为调整后的先验均值，$(\hat{\mu}_j, \hat{B})$ 为均值和系数参数的估计值，$\hat{\sigma}^2$ 为总样本方差，$\boldsymbol{x}_j = (x_{1j}, \cdots, x_{ij}, \cdots, x_{n_j j})$ 为协变量的向量形式。

对于重复测量方差分析模型 $y_{ij} \sim \mu + a_i + \tau_j + \epsilon_{ij}$，重复测量均值不再独立，因此不能分别设置每次测量均值 $\mu_j = \mu + \tau_j$ 的先验分布和后验分布。这时可直接考虑 $\boldsymbol{\mu} = (\mu_1, \cdots, \mu_J)$ 的联合分布，参数 $\boldsymbol{\mu}$ 的调整后的 fractional 正态先验分布和后验分布为：

$$\pi_u(\boldsymbol{\mu}) = N(\boldsymbol{\mu}_0, \boldsymbol{\Sigma}_y/(nb)) \tag{5-15}$$

$$\pi_u(\boldsymbol{\mu} \mid D) = N(\bar{\mathbf{y}}, \boldsymbol{\Sigma}_y/n) \tag{5-16}$$

其中，$\boldsymbol{\mu}_0$ 为调整后的先验均值向量，$\bar{\mathbf{y}} = (\bar{y}_1, \cdots, \bar{y}_J)$ 为每次测量的均值向量，$\boldsymbol{\Sigma}_y$ 为所有测量值的协方差矩阵。重复测量要求每次测量的样本容量相同，因此 n 和 b 在各测量组相等。

以上讨论了四种方差分析模型参数的先验分布和后验分布。值得注意的是，一些模型如单因素方差分析可设定均值参数的 t 分布，无须正态近似，但其他模型如重复测量方差分析可能无法直接得到均值参数的边际分布，需要使用正态近似简化计算。为了简便和统一，本节展示的四种方差分析模型的均值参数均使用近似正态分布。

2.2 贝叶斯因子

方差分析的假设主要关注各组均值的次序，下面以零假设 $H_0: \mu_1 = \mu_2 = \mu_3$ 和

次序假设 $H_1:\mu_1>\mu_2>\mu_3$ 为例，说明二者与无约束假设 H_u 的贝叶斯因子计算问题。这里的无约束假设与传统方差分析的备择假设略有不同，传统方差分析备择假设定义为各组均值不全相等，或至少有两组均值不等，而无约束假设则包括 μ_1，μ_2，μ_3 的各种可能取值。不过从贝叶斯视角出发，两者的先验分布是一致的。

零假设 H_0 和无约束假设 H_u 的贝叶斯因子表示为参数后验分布与先验分布在零假设处的密度比（Savage-Dickey 方法）：

$$BF_{0u}=\frac{f_0}{c_0}=\frac{\pi_u(\mu_1=\mu_2=\mu_3\mid D)}{\pi_u(\mu_1=\mu_2=\mu_3)} \tag{5-17}$$

其中 f_0 和 c_0 为零假设 $H_0:\mu_1=\mu_2=\mu_3$ 的拟合度和复杂度。次序假设 H_1 和无约束假设 H_u 的贝叶斯因子表示为参数后验分布与先验分布在次序假设约束下的概率比：

$$BF_{1u}=\frac{f_1}{c_1}=\frac{p_u(\mu_1>\mu_2>\mu_3\mid D)}{p_u(\mu_1>\mu_2>\mu_3)} \tag{5-18}$$

其中 f_1 和 c_1 为次序假设 $H_1:\mu_1>\mu_2>\mu_3$ 的拟合度和复杂度，$p_u(\mu_1>\mu_2>\mu_3)$ 和 $p_u(\mu_1>\mu_2>\mu_3\mid D)$ 分别为先验分布和后验分布满足 $\mu_1>\mu_2>\mu_3$ 的概率。

上一节给出了均值参数的正态先验分布和后验分布，可通过正态分布的概率密度函数或累积分布函数计算先验分布和后验分布的密度或概率。此外，利用参数变换 $\theta_1=\mu_1-\mu_2$；$\theta_2=\mu_2-\mu_3$ 将 H_0 和 H_1 转化为 $H_0:\theta_1=0$；$\theta_2=0$ 和 $H_1:\theta_1>0$；$\theta_2>0$，可以简化先验分布和后验分布密度或概率的计算。

先验分布中的超参数 b_j 或 b 调节了先验方差的大小，先验方差影响先验分布密度，较小的先验方差将产生较大的零假设处的先验分布密度。根据第三章的讨论，超参数依赖于样本容量，其默认值为 $b=m_\theta/n$，其中 m_θ 为假设中的约束条件个数。例如，对于 H_0 和 H_1，$m_\theta=2$。对于单因素方差分析、两因素方差分析、协方差分析模型，各组样本容量可能不同，各组均值先验分布中的 b_j 也会不同，这时超参数 b_j 的默认值为 $b_j=1/J\times m_\theta/n_j$。

贝叶斯因子 BF_{0u} 或 BF_{1u} 衡量了零假设 H_0 或次序假设 H_1 与无约束假设 H_u 的相对数据支持证据。若 $BF_{0u}>1$ 或 $BF_{1u}>1$，则表示零假设或次序假设相对于无约束假设得到更多的数据支持，反之亦然。若 $BF_{0u}=5$ 或 $BF_{1u}=5$，则零假设或次序假设得到的支持是无约束假设的 5 倍。更多关于贝叶斯因子的解释参考第二章第 1 节。

对于次序假设，除了与无约束假设的贝叶斯因子 BF_{1u}，我们还可以计算次序假设与其补假设 H_{1c} 的贝叶斯因子 BF_{1c}。根据第二章第 4 节的介绍，次序假设的补假设定义为除了该次序外参数的所有可能的次序。例如，次序假设 $H_1:\mu_1>\mu_2>\mu_3$ 的补假设 H_{1c} 包括 $\mu_1>\mu_3>\mu_2$，$\mu_2>\mu_1>\mu_3$ 等其他五种次序。根据第二章第 4 节的讨论，H_1 与 H_{1c} 的贝叶斯因子可表示为 $BF_{1c}=\frac{f_1}{c_1}\Big/\frac{1-f_1}{1-c_1}$。贝叶斯因子 BF_{1c} 的解释与 BF_{1u} 类似，表示次序假设相比于其补假设受到数据支持的程度。

若研究者关注零假设 H_0 与次序假设 H_1 的贝叶斯因子，则可通过 BF_{0u} 和 BF_{1u} 的比值计算，即 $BF_{01}=BF_{0u}/BF_{1u}$。若研究者想要比较各组均值的多个排序，如比较 $H_0:\mu_1=\mu_2=\mu_3$，$H_1:\mu_1>\mu_2>\mu_3$，$H_2:\mu_1=\mu_2>\mu_3$，$H_3:\mu_1>\mu_2=\mu_3$ 等，则可计算每个假设和无约束备择假设的贝叶斯因子 BF_{ku}，$k=0, 1, 2, 3$，并将它们转化为后验模型概率 $PMP_k=BF_{ku}\Big/\sum_k BF_{ku}$，这里设置各假设的先验模型概率都相等。后验模型概率 PMP 反映了给定当前数据，某假设与其他假设相比为真的概率，PMP 最大的假设受到数据最多的支持。需要注意的是，PMP 选择出的假设在所有被比较的假设中是最优的，但它也可能不是真实的假设。比如当总体中真实的各组均值次序为 $\mu_1=\mu_2<\mu_3$，该次序并不在被比较的假设中，那么 PMP 将无法选择出真实的假设。为此，PMP 的结果还需结合 BF_{ku} 是否支持 H_k 来看，若 $BF_{ku}<1$，即使 H_k 的 PMP 最大，也不应选择 H_k，而是考虑更多的可能次序。另一种处理方法是总在 PMP 中加入无约束假设 H_u，这时若真实次序不在被比较的假设中，则 H_u 会得到最大的后验概率。类似地，也可在 PMP 中加入所有被比较次序假设的共同补假设 H_c，即不包括被比较假设的其他可能次序的集合，若 H_c 得到最大的后验概率，则表明所有被比较的假设都不为真。

贝叶斯方差分析可在软件包 bain 中实现，bain 包的贝叶斯因子计算基于本章给出的各组均值参数的先验分布和后验分布。下面展示贝叶斯方差分析在实际案例分析中的应用，以及 bain 包在 R 软件和 JASP 软件中的代码和操作。

2.3 贝叶斯方差分析的应用

本节将使用本章第 1.2 节中的案例介绍贝叶斯方差分析的应用。考虑第 1.2 节在单因素方差分析模型中提出的零假设 $H_{01}:\mu_1=\mu_2=\mu_3=\mu_4=\mu_5$ 与次序假设 $H_{11}:\mu_2>\mu_5>\mu_1>\mu_3>\mu_4$，协方差模型中的零假设 $H_{02}:\mu_1=\mu_2=\mu_3=\mu_4=\mu_5$ 与次序假设 $H_{12}:\mu_2>\mu_5>\mu_1>\mu_3>\mu_4$，重复测量方差分析模型中的零假设 $H_{03}:\mu_{前}=\mu_{后}=\mu_{一}$ 与次序假设 $H_{13}:\mu_{前}<\mu_{后}<\mu_{一}$。使用软件包 bain 检验上述假设，具体代码和操作见本章第 3 节，分析结果见表 5-2。

表 5-2　贝叶斯方差分析检验结果

假设	BF_{ku}	BF_{kc}	PMP
H_{01}	0	0	0
H_{11}	15.021	17.115	1
H_{02}	0.002	0.002	0
H_{12}	19.876	24.230	1
H_{03}	0	0	0
H_{13}	4.119	2.382×10^5	1

（BF_{ku} 表示被检验假设与无约束假设的贝叶斯因子，BF_{kc} 表示被检验假设与补假设的贝叶斯因子，PMP 表示零假设与次序假设相比的后验模型概率）

贝叶斯单因素方差分析结果显示，零假设 H_{01} 与无约束假设和补假设的贝叶斯因子都为 0，没有得到数据的支持；次序假设 H_{11} 与无约束假设的贝叶斯因子为 $BF_{1u}=15.021$，与补假设的贝叶斯因子为 $BF_{1c}=17.115$，表明该假设受到了数据的支持，来自发达的郊区（μ_2）的儿童数字测验平均得分最高，之后依次是西班牙语地区（μ_5）、不发达的城市（μ_1）、发达的农村（μ_3）、不发达的农村（μ_4）。此外，与 H_{01} 相比，H_{11} 的后验模型概率为 1，表示给定当前数据，H_{11} 为真的概率等于 1。

贝叶斯协方差分析结果与单因素方差分析结果类似，零假设 H_{02} 的贝叶斯因子接近于 0，未得到数据的支持；次序假设 H_{12} 与无约束假设的贝叶斯因子为 $BF_{2u}=19.876$，与补假设的贝叶斯因子为 $BF_{2c}=24.230$，表明该假设受到了数据的支持。与 H_{02} 相比，H_{12} 的后验模型概率为 1，表示给定当前数据，H_{12} 为真的概率等于 1。

贝叶斯重复测量方差分析结果显示,零假设 H_{03} 的贝叶斯因子为 0,未得到数据的支持;次序假设 H_{13} 与无约束假设的贝叶斯因子为 $BF_{3u}=4.119$,与补假设的贝叶斯因子为 $BF_{3c}=2.382\times10^{5}$,表明该假设受到了数据的支持,儿童观看前、观看后、一年后的数字测验平均得分逐渐增加。与 H_{03} 相比,H_{13} 的后验模型概率为 1,表示给定当前数据,H_{13} 为真的概率等于 1。

与传统方差分析相比,上面三个方差分析模型的贝叶斯检验不仅拒绝了零假设,还给出了各组均值的理论预期次序受到数据支持的程度。需要强调的是,在实际数据分析中次序假设要根据研究者对各组总体均值的理论期望来设定,而不可基于分析的初步描述性结果(如各组均值的样本估计值)。上述例子中,理论期望的次序与样本数据表达的次序一致,因此都受到了数据的支持。

第 3 节 贝叶斯方差分析的软件实现

贝叶斯方差分析可在 R 软件包 bain 和 JASP 软件的 Bain 模块实现。相比而言,R 软件包 bain 能够处理的方差分析模型更多、更灵活,而 JASP 的操作更简单,结果更直观。以下分别介绍如何在 R 软件包 bain 和 JASP 软件的 Bain 模块进行贝叶斯方差分析。关于 R 软件包 bain 和 JASP 软件 Bain 模块的基本介绍请参考第二章第 5 节。

3.1 R 软件包 bain 中的贝叶斯方差分析

R 软件包 bain 能够处理单因素方差分析、两因素方差分析、协方差分析、重复测量方差分析等模型。方差分析和协方差分析是线性模型的特例,因此 bain 包可基于线性模型 R 函数 lm 的输出结果,计算零假设和次序假设的贝叶斯因子和后验模型概率。重复测量方差分析无法在线性模型 lm 函数中分析,但可借助 lm 函数计算参数的估计值和协方差矩阵,继而可在 bain 中基于待检验参数估计值和协方差矩阵计算贝叶斯因子。下面使用 Sesame Street 数据案例,分别给出单因素方差分析、协方差分析、重复测量方差分析的 R 语言程序。

3.1.1　贝叶斯单因素方差分析

本小节展示如何使用 lm 函数和 bain 软件包进行贝叶斯单因素方差分析，并报告贝叶斯检验的结果。以下是 R 语言程序，检验 Sesame Street 数据中因变量 Postnumb 在五分类变量 Site 下各组均值的次序。

```
#加载 bain 软件包
library(bain)
#将分类变量设置为因子型
sesamesim$site <- as.factor(sesamesim$site)
#使用 lm()函数拟合方差分析模型
anov <- lm(postnumb ~ site - 1, sesamesim)
#查看各组均值估计值
coef(anov)
#设置随机数种子
set.seed(100)
#运行 bain 计算两个假设的贝叶斯因子
results <- bain(anov, "site1=site2=site3=site4=site5;
                site2>site5>site1>site3>site4")
#输出结果
print(results)
summary(results, ci = 0.95)
```

上面程序代码中，postnumb 为数据 sesamesim 中的因变量，site 为分类因素，R 软件需要将分类变量转化为因子型。在 lm 函数中，“postnumb～site－1”为线性函数中方差分析模型的表示，模型拟合返回对象记为 anov。coef(anov)输出各组均值的估计值，该估计值不用于下一步的分析，仅供使用者查看各组均值的名称，以便后续定义假设。set. seed(100)设置随机数种子，可使用任何种子数。bain 利用 MCMC 抽样计算贝叶斯因子，因此随机数的生成会略微影响贝叶斯因子的结果。设置随机数种子能够重复实现分析结果，但该步不是必须的。

在 bain 函数中，输入 lm 函数方差分析的返回对象 anov，并根据研究问题指定零假设和次序假设"site1＝site2＝site3＝site4＝site5；site2＞site5＞site1＞site3＞site4"，假设以字符串的形式输入，即在英文引号" "中定义，两个假设间以英文分号;间隔。假设中约束的变量名称必须与 coef(anov)中的变量名称对应，以表明对应的组在假设次序中的位置，因此建议使用者在查看 coef(anov)后定义假设。

在运行 bain 函数后，返回对象记为 results，并使用 print(results)查看结果，见图 5-1。返回结果首先显示贝叶斯检验的模型为方差分析(ANOVA)，接着以表格的形式展示了假设的拟合度(Fit)、复杂度(Com)、贝叶斯因子(BF.u 和 BF.c)和三类后验模型概率(PMPa、PMPb、PMPc)。表中 H1 表示检验的第一个假设，即 site1＝site2＝site3＝site4＝site5，H2 表示检验的第二个假设，即 site2＞site5＞site1＞site3＞site4，具体假设在结果表后说明，Hu 表示无约束假设，Hc 表示被检验假设的补假设。BF.u 表示对应假设与 Hu 的贝叶斯因子，BF.c 表示对应假设与 Hc 的贝叶斯因子，PMPa 表示所有输入假设的后验模型概率，PMPb 表示输入假设加上无约束假设的后验模型概率，PMPc 表示输入假设与补假设的后验模型概率。关于贝叶斯检验指标的详细介绍，可见第二章第 4 节。

```
> print(results)
Bayesian informative hypothesis testing for an object of class lm (ANOVA):

   Fit   Com   BF.u   BF.c   PMPa  PMPb  PMPc
H1 0.000 0.000 0.000  0.000  0.000 0.000 0.000
H2 0.130 0.009 15.021 17.115 1.000 0.938 0.945
Hu                                 0.062
Hc 0.870 0.991 0.878                     0.055

Hypotheses:
  H1: site1=site2=site3=site4=site5
  H2: site2>site5>site1>site3>site4
```

图 5-1 贝叶斯单因素方差分析输出结果

图 5-1 中的贝叶斯方差分析结果显示，次序假设 site2＞site5＞site1＞site3＞site4 与无约束假设的贝叶斯因子为 15.021，与补假设的贝叶斯因子为 17.115，表明有数据证据支持该次序假设。同时，该次序假设的三类后验模型概率都较大，说明给定当前数据，该次序为真的概率较大。此外，若要计算零假设和次序假设两者的贝叶斯因子，可使用 results$BFmatrix 语句输出假设的贝叶斯因子矩阵，或使用两个假设的 BF.u 的比值。

代码最后一行的 summary(results, ci = 0.95)输出各组的样本容量、均值的估计值和贝叶斯 95%可信区间,较为直观地展示了方差分析的描述性结果,输出结果展示图省略。

3.1.2　贝叶斯协方差分析

本小节展示如何使用 lm 函数和 bain 软件包进行贝叶斯协方差分析,并报告贝叶斯检验的结果。在 Sesame Street 数据中,考虑因变量 Postnumb 与因素 Site 关系的同时,加入协变量 Prenumb,注意协变量需要中心化。R 语言程序如下。

```
#加载 bain 软件包
library(bain)
#将分类变量设置为因子型
sesamesim$site <- as.factor(sesamesim$site)
#对协变量进行中心化处理
sesamesim$prenumb <- sesamesim$prenumb - mean(sesamesim$prenumb)
#使用 lm()函数拟合协方差分析模型
ancov <- lm(postnumb ~ site + prenumb - 1, sesamesim)
#查看各组的修正均值和协变量系数
coef(ancov)
#设置随机数种子
set.seed(100)
#运行 bain 计算两个假设的贝叶斯因子
results <- bain(ancov, "site1=site2=site3=site4=site5;
              site2>site5>site1>site3>site4")
#输出结果
print(results)
summary(results, ci = 0.95)
```

在程序代码中,postnumb 为数据 sesamesim 中的因变量,site 为分类因素,

prenumb 为协变量。因素 site 被转化为因子型,协变量 prenumb 被中心化处理。在 lm 函数中,"postnumb ～ site ＋ prenumb － 1"定义了协方差分析模型,模型拟合返回对象记为 ancov。coef(ancov)输出各组修正均值和协变量系数的估计值,估计值不作进一步分析,仅供使用者查看各参数名称。set. seed(100)设置随机数种子,以便重复分析结果。在 bain 函数中,输入 lm 函数协方差分析的返回对象 ancov,随后指定关心的假设,假设的输入格式已在第 3.1.1 节单因素方差分析中介绍。建议使用者在查看 coef(ancov)后定义假设,假设中的变量名称必须与 coef (ancov)中的变量名称一致。

函数 bain 的返回对象记为 results,使用 print(results)查看结果,见图 5 - 2。返回结果显示贝叶斯检验的模型为协方差分析(ANCOVA),接着以表格的形式展示了贝叶斯检验的结果。贝叶斯协方差分析输出的结果格式与单因素方差分析一致,关于结果表格的说明可参考第 3.1.1 节中的介绍。

```
> print(results)
Bayesian informative hypothesis testing for an object of class lm (ANCOVA):

   Fit   Com   BF.u   BF.c   PMPa  PMPb  PMPc
H1 0.000 0.000 0.002  0.002  0.000 0.000 0.000
H2 0.187 0.009 19.876 24.230 1.000 0.952 0.960
Hu                                 0.048
Hc 0.813 0.991 0.820                     0.040

Hypotheses:
  H1: site1=site2=site3=site4=site5
  H2: site2>site5>site1>site3>site4
```

图 5 - 2 贝叶斯协方差分析输出结果

图 5 - 2 中的贝叶斯协方差分析结果显示,次序假设 site2＞site5＞site1＞site3＞site4 与无约束假设的贝叶斯因子为 19.876,与补假设的贝叶斯因子为 24.230,表明次序假设受到数据的支持。同时,该次序假设的后验模型概率接近 1,说明给定当前数据,该次序为真的概率较大。若要计算零假设和次序假设的贝叶斯因子,可使用 results＄BFmatrix 语句输出贝叶斯因子矩阵,或使用两个假设的 BF. u 的比值。

程序代码 summary(results, ci ＝ 0.95)输出协方差分析的描述性结果,包括样本容量、各组修正均值和协变量系数估计值及其 95％可信区间,输出结果展示图省略。

3.1.3 贝叶斯重复测量方差分析

本小节展示重复测量方差分析在 bain 软件包中的实现。在 Sesame Street 数据中,检验三次测量的数字测验得分 prenumb、postnumb、funumb 是否存在差异以及具体排序。R 语言程序如下。

```
#加载 bain 软件包
library(bain)
#使用 lm()函数拟合模型
within <- lm(cbind(prenumb, postnumb, funumb)~1, data=sesamesim)
#提取三次测量均值估计值
estimate <- coef(within)[1:3]
#给估计值命名
names(estimate) <- c("pre", "post", "fu")
#计算三次测量均值的协方差矩阵
covmatr <- list(vcov(within))
#计算样本容量
ngroup <- nrow(sesamesim)
#设置随机数种子
set.seed(100)
#运行 bain 计算两个假设的贝叶斯因子
results <- bain(estimate,"pre = post = fu; pre < post < fu", n = ngroup,
Sigma = covmatr, group_parameters = 3, joint_parameters = 0)
#输出结果
print(results)
summary(results, ci = 0.95)
```

重复测量方差分析的贝叶斯因子计算使用基于待检验参数估计值和协方差矩阵的步骤,具体见第二章第 5.1 节的介绍。上面程序代码中,lm 并非直接拟合重复测量模型,而是计算三次测量均值的估计值和协方差矩阵。测量均值的估计值记为 estimate，并将其命名为“pre”、“post”、“fu”，测量均值的协方差矩阵记为 covmatr，在多组样本的情形下协方差矩阵需要以列表 list 的形式存储。数据样本容量记为 ngroup，随机数种子设置为 set. seed(100)。

这里的 bain 函数使用基于参数估计值和协方差矩阵的设置方法。estimate 输入参数估计值，“pre = post = fu; pre < post < fu”输入两个假设，n = ngroup 输入样本容量，Sigma = covmatr 输入协方差矩阵，group_parameters = 3 表示分为 3 个组，即测量 3 次，joint_parameters = 0 表示不包括影响各组均值的协变量。具体可参考第二章第 5.1 节。

函数 bain 的返回对象记为 results，使用 print(results)查看结果，见图 5-3。结果表格展示了贝叶斯重复测量方差分析的结果。重复测量方差分析的输出内容和格式与单因素方差分析一致，可参考第 3.1.1 节中的说明。

```
> print(results)
Bayesian informative hypothesis testing for an object of class numeric:

   Fit   Com   BF.u  BF.c       PMPa  PMPb  PMPc
H1 0.000 0.002 0.000 0.000      0.000 0.000 0.000
H2 1.000 0.243 4.119 238238.886 1.000 0.805 1.000
Hu                                    0.195
Hc 0.000 0.757 0.000                        0.000

Hypotheses:
  H1: pre=post=fu
  H2: pre<post<fu
```

图 5-3 贝叶斯重复测量方差分析输出结果

图 5-3 中的贝叶斯重复测量方差分析结果显示，次序假设 pre＜post＜fu 与无约束假设的贝叶斯因子为 4.119，与补假设的贝叶斯因子很大，表明次序假设受到数据的支持。同时，该次序假设的后验模型概率较大，说明给定当前数据，该次序为真的概率较大。计算零假设和次序假设的贝叶斯因子可使用 results $BFmatrix 语句输出贝叶斯因子矩阵。程序代码 summary(results, ci=0.95)输出重复测量方差分析的描述性结果，包括样本容量、各次测量均值估计值及其 95%可信区间。

以上重复测量模型只包括一个被试内因素，软件包 bain 也可计算同时包括被试内因素和被试间因素的重复测量模型的贝叶斯因子，这里不再展示。

3.2　JASP 软件 Bain 模块中的贝叶斯方差分析

JASP 软件 Bain 模块可以进行单因素方差分析、两因素方差分析、协方差分析，目前还无法处理重复测量模型。其中两因素方差分析需要将两个因素的各水平间所组成的处理储存在一个分类变量中，比如 2×2 的方差分析需要设定四分类变量对所有处理进行分组。本节主要介绍 JASP 软件中的单因素方差分析和协方差分析的贝叶斯检验问题。在 JASP 中，可通过鼠标点击的方式完成方差分析的模型和假设设定。JASP 将返回贝叶斯方差分析的分析结果表和后验模型概率图。下面使用 Sesame Street 数据案例，给出贝叶斯单因素方差分析和协方差分析的 JASP 软件操作和结果解读。

3.2.1　贝叶斯单因素方差分析

本小节展示如何通过 JASP 软件的 Bain 模块进行贝叶斯单因素方差分析。本例将检验 Sesame Street 数据中因变量 Postnumb 在五分类因素 Site 下各组均值的次序，具体步骤如下。

(1) 将 Sesame Street 数据导入 JASP 软件(参考第二章第 5.2 节)，点击 Bain 模块，选择 ANOVA 模块下的 ANOVA，见图 5-4。JASP 单因素方差分析 Bain 模块界面见图 5-5。

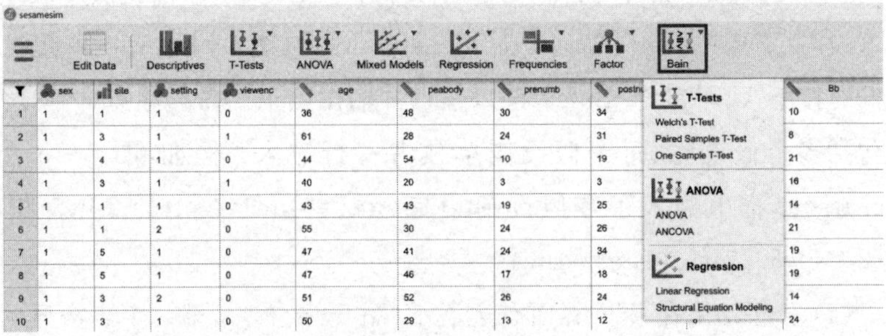

图 5-4　JASP 贝叶斯方差分析模块选择

(2) 在 Bain 界面 Bain ANOVA 左侧变量框内(图 5-5 左上)，选中待检验变量的名称，点击箭头使其移至右侧的因变量 Dependent Variable 框中(或者双击变量名称也可以将其直接移至右侧的因变量框中)。随后，选中分类变量名称，点击对

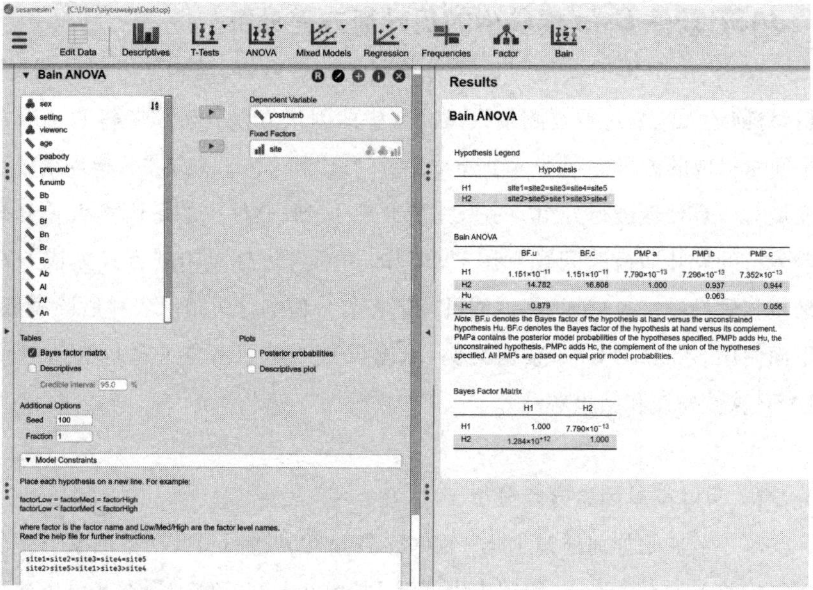

图 5-5 JASP 单因素方差分析 Bain 界面

应的箭头使其移至右侧的固定因素 Fixed Factors 框中。在本例中，待检验因变量为 Postnumb，固定因素变量为 Site。

(3) 使用 Bain 进行贝叶斯单因素方差分析时，默认评估的假设为各组均值相等的单一零假设。当待检验假设不局限于单一的零假设，而是次序假设或包括多个假设时，需要在 Bain 界面 Model Constraints 中（图 5-5 左下）手动输入假设，然后同时按下“Ctrl”键与“Enter”键以运行并输出结果。需要注意的是，当待检验假设包括多个假设时，每个假设应单独占一行输入。例如，图 5-5 左下 Model Constraints 框中输入了零假设 site1 = site2 = site3 = site4 = site5 和次序假设 site2>site5>site1>site3>site4。

(4) 分析结果在 Bain 界面右边展示（图 5-5 右）。第一个表格显示被检验的假设，第二个表格 Bain ANOVA 输出贝叶斯单因素方差分析结果，包括被检验假设与无约束假设的贝叶斯因子 BF. u、与补假设的贝叶斯因子 BF. c，以及三个后验模型概率 PMPa、PMPb、PMPc。关于输出指标的详细介绍见本章第 3.1.1 节或第二章第 4 节。

在本例中，零假设 H1：site1 = site2 = site3 = site4 = site5 与无约束假设或补假

设的贝叶斯因子近似为 0。次序假设 H2：site2＞site5＞site1＞site3＞site4 与无约束假设的贝叶斯因子等于 14.782，与补假设的贝叶斯因子等于 16.808。零假设 H1 的后验模型概率近似为 0，次序假设 H2 的后验模型概率接近于 1，与 R 软件得到了相同的结果。

（5）可自行选择输出更多结果：

① 贝叶斯因子矩阵。在 Bain 界面勾选 Tables 下的贝叶斯因子矩阵 Bayes factor matrix（图 5－5 左中），可以输出多个被检验假设之间的贝叶斯因子，输出结果见界面右下的 Bayes factor matrix 表（图 5－5 右下）。在贝叶斯因子矩阵中，行代表贝叶斯因子分子的假设，列代表贝叶斯因子分母的假设。例如，在案例中 H1 与 H2 的贝叶斯因子等于 7.790×10^{-13}，H2 与 H1 的贝叶斯因子等于 1.284×10^{12}。

② 描述性统计结果。在 Bain 界面中勾选 Tables 下的 Descriptives（图 5－5 左中），可显示因变量在因素各分类水平下的均值及其 95%可信区间，其中可信水平可手动设置，默认值为 95%。描述性统计的可视化结果可通过勾选 Plots 下 Descriptives plots 实现（图 5－5 左中）。本案例的描述性统计结果见图 5－6，包括因变量 Postnumb 在因素 Site 五个分类下的描述性统计表（图 5－6 左上）和描述性统计图（图 5－6 右）。描述性统计图中的圆点表示 Site 各分类下 Postnumb 的均值，对应的可信区间上下限由短线表示，折线表示变化趋势。

Descriptive Statistics

	N	Mean	SD	SE	95% Credible Interval Lower	95% Credible Interval Upper
site1	60	29.667	11.427	1.447	26.830	32.503
site2	55	38.982	12.991	1.512	36.019	41.945
site3	64	23.188	11.361	1.401	20.441	25.934
site4	43	25.326	8.941	1.710	21.975	28.677
site5	18	31.722	8.512	2.642	26.543	36.901

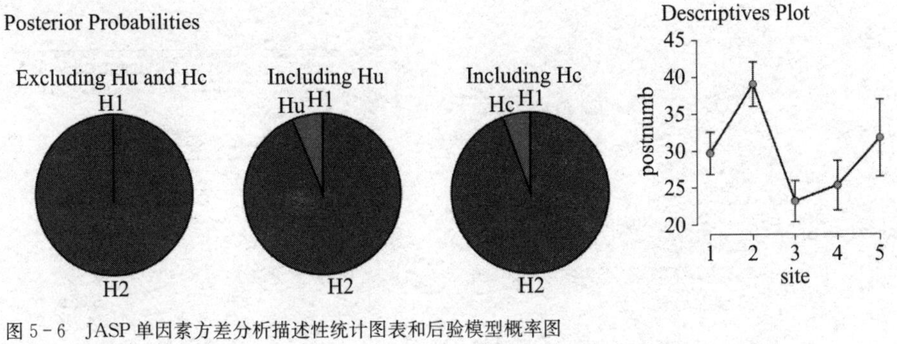

图 5－6 JASP 单因素方差分析描述性统计图表和后验模型概率图

③ 后验模型概率的可视化。在 Bain 界面中勾选 Plots 下的 Posterior probabilities(图 5－5 左中),可将后验模型概率可视化。Bain 模块提供三种后验模型概率图(仅包含输入的假设、输入假设附加无约束假设、输入假设附加补假设),如图 5－6 左下所示。在本例中,无论哪种后验模型概率图,次序假设 H2:site2＞site5＞site1＞site3＞site4 的后验概率占比最大。

④ Bain 界面 Additional Options 选项(图 5－5 左中)可以设定计算贝叶斯因子时的随机数种子 Seed,以及 fractional 先验中的超参数 Fraction (*b*) 。

3.2.2 贝叶斯协方差分析

本小节展示如何使用 JASP 软件中的 Bain 模块进行贝叶斯协方差分析。本例将在 Sesame Street 数据中,检验加入协变量 Prenumb 的条件下,因变量 Postnumb 在五分类因素 Site 下各组修正均值的次序,具体步骤如下。

(1) 将 Sesame Street 数据导入 JASP 软件(参考第二章第 5.2 节),点击 Bain 模块,选择 ANOVA 模块下的 ANCOVA,见图 5－4。JASP 协方差分析 Bain 模块界面见图 5－7。

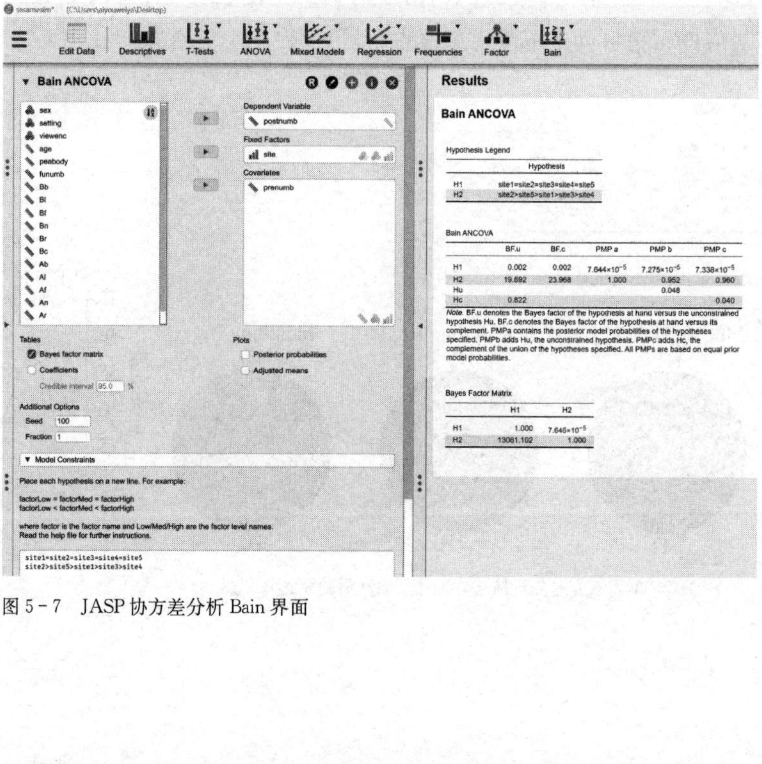

图 5－7 JASP 协方差分析 Bain 界面

（2）在 Bain 界面 Bain ANCOVA 左侧变量框内（图 5－7 左上），选中待检验变量的名称，点击箭头使其移至右侧的因变量 Dependent Variable 框中；选中分类变量名称，点击对应的箭头使其移至右侧的固定因素 Fixed Factors 框中；选中连续变量名称，点击对应的箭头使其移至右侧的协变量 Covariates 框中。在本例中，因变量为 Postnumb，固定因素变量为 Site，协变量为 Prenumb。

（3）使用 Bain 进行贝叶斯协方差分析时，默认评估的假设为各组修正均值相等的单一零假设。当待检验假设不局限于单一的零假设，而是次序假设或包括多个假设时，需要在 Bain 界面 Model Constraints 中（图 5－7 左下）手动输入假设，之后同时按下"Ctrl"键与"Enter"键以输出结果。本例协方差分析的假设设置与上节单因素方差分析设置相同。

（4）分析结果在 Bain 界面右边展示（图 5－7 右）。第一个表格显示被检验的假设，第二个表格 Bain ANCOVA 输出贝叶斯协方差分析结果，包括被检验假设与无约束假设和补假设的贝叶斯因子 BF. u 和 BF. c，以及三个后验模型概率 PMPa、PMPb、PMPc。关于输出指标的详细介绍见本章第 3.1.1 节或第二章第 4 节。

在本例中，零假设 H1：site1＝site2＝site3＝site4＝site5 与无约束假设或补假设的贝叶斯因子等于 0.002。次序假设 H2：site2＞site5＞site1＞site3＞site4 与无约束假设的贝叶斯因子等于 19.692，与补假设的贝叶斯因子等于 23.968。零假设 H1 的后验模型概率近似为 0，次序假设 H2 的后验模型概率接近于 1，与 R 软件得到了相同的结果。

（5）可自行选择输出更多结果：

① 贝叶斯因子矩阵。在 Bain 界面勾选 Tables 下的贝叶斯因子矩阵 Bayes factor matrix（图 5－7 左中），可以输出多个假设之间的贝叶斯因子。例如，在案例中 H1 与 H2 的贝叶斯因子等于 7.645×10^{-5}，H2 与 H1 的贝叶斯因子等于 13081.102，见图 5－7 右下。

② 描述性统计结果。在 Bain 界面中勾选 Tables 下的 Coefficients（图 5－7 左中），可显示因变量在因素各分类水平下的修正均值和协变量的系数，以及它们的 95％可信区间。修正均值的可视化统计描述可通过勾选 Plots 下 Adjusted means 实现（图 5－7 左中）。本案例的描述性统计结果见图 5－8，包括因变量 Postnumb 在因素 Site 下修正均值以及协变量 Prenumb 系数的描述性统计表（图 5－8 左上）

和修正均值的描述性统计图(图 5-8 右)。修正均值图中的圆点表示 Site 各分类下 Postnumb 的修正均值,对应的可信区间上下限由短线表示,折线表示变化趋势。

Coefficients for Groups plus Covariates

				95% Credible Interval	
	N	Coefficient	SE	Lower	Upper
site1	60	27.429	1.158	25.160	29.698
site2	55	34.982	1.239	32.553	37.411
site3	64	27.690	1.168	25.400	29.981
site4	43	26.984	1.357	24.325	29.643
site5	18	31.430	2.086	27.341	35.518
prenumb	240	0.716	0.060	0.599	0.833

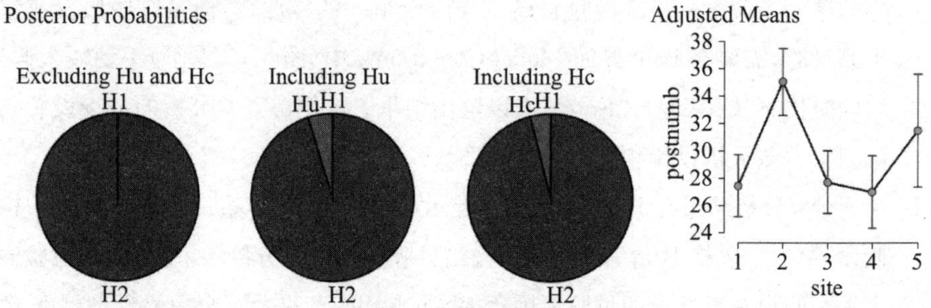

图 5-8 JASP 协方差分析描述性统计图表和后验模型概率图

③ 后验模型概率的可视化。在 Bain 界面中勾选 Plots 下的 Posterior probabilities(图 5-7 左中),可将后验模型概率可视化。Bain 模块提供三种后验模型概率图,如图 5-8 左下所示。在本例中无论哪种后验模型概率,次序假设 H2:site2>site5>site1>site3>site4 的后验概率占比最大。

④ JASP 软件 Bain 模块协方差分析的其他可选选项与单因素方差分析中的一致,这里不再重复。

第六章　贝叶斯回归分析

回归分析是解释变量统计关系、预测变量变化趋势的基础统计方法。很多高级统计模型都是建立在回归模型的基础之上，比如广义线性模型、线性混合模型、结构方程模型等。回归分析的历史可以追溯到 19 世纪中叶，由英国数学家弗朗西斯·高尔顿(Francis Galton)首先提出。高尔顿的研究主要集中在遗传学和统计学领域，他观察到父母的身高和子女的身高之间存在着某种关系，这种关系并不是完全随机的，而是有一种趋势或者倾向。他将这种现象称为"回归向平均值(regression to the mean)"，并研究了回归分析的基本原理。回归分析方法在 20 世纪得到了长足的发展，成为强大的统计分析工具。不仅在生物学领域有着重要的应用，还被扩展到社会科学、经济学、工程学等各个领域，成为研究变量之间关系和进行预测的重要方法之一。

贝叶斯回归分析的发展主要集中在 20 世纪后半叶，贝叶斯统计学家杰弗里斯、林德利、伯格等推动了贝叶斯回归分析的理论研究进展。随着计算机技术的发展，贝叶斯回归分析的计算效率得到了显著提升，MCMC 抽样方法的应用增加了贝叶斯推断的可行性。如今，贝叶斯回归分析方法已被广泛应用于各个科学领域，成为统计学和数据科学的重要工具之一。

第 1 节　回归分析的模型与应用

统计分析的目的是解释多变量的统计关系、找出变量的影响因素、预测变量的变化趋势。比如，研究父亲在孩子儿童时期的缺席是否会导致儿童数学能力低下的问题，仅仅分析父亲缺席与儿童数学能力的关系是不合适的，这样可能忽略了其他影响孩子数学能力的变量，包括母亲受教育水平、学校数学教学质量、孩子的智力水平、孩子是否上幼儿园等。这时 t 检验、方差分析、相关分析等研究两变量关系的方法不再适用，需要建立统计模型来分析多变量的关系。回归分析是 t 检验、方差分析、相关分析的整合与拓展，将多变量间的统计关系进行科学的描述与解释。同时回归模型也是广义线性模型、线性混合模型、结构方程模型等的基础。

在回归模型中，处于被解释地位的变量称为因变量或结果变量，影响因变量的称为自变量或预测变量。例如，在分析儿童智力水平与学业成绩的关系时，因变量为学业成绩，自变量为智力水平。回归分析与相关分析的区别在于后者刻画变量间相关的密切程度，而前者解释自变量对因变量的影响大小。

1.1 回归分析方法概述

回归分析的对象可以是线性模型和非线性模型。线性模型表示变量与变量间按比例、成直线的关系，非线性模型则适用于变量间的非线性关系。统计模型可表示为：

$$\text{数据} = \text{模型} + \text{误差}$$

误差的引入，使得我们可以用数学的方法研究因变量与自变量的关系。误差的产生可能有以下几个因素，一是抽样过程的抽样误差；二是测量过程的测量误差；三是理论模型的设置误差。线性回归模型是最基本的统计模型，只有一个自变量的模型称为简单线性回归模型，包含多个自变量的模型称为多重回归模型*。非线性回归模型又称为广义线性模型(generalized linear model)，根据因变量的分布函数可分为 logistic 回归模型、泊松回归模型等。

1.1.1 线性回归模型

线性回归模型表示为：

$$y_i = \alpha + \beta_1 x_{1i} + \cdots + \beta_J x_{Ji} + \epsilon_{ij} \tag{6-1}$$

其中，y_i 表示因变量，$i = 1, \cdots, n$，n 为样本容量，α 表示回归截距，又称为常数项，x_{ji} 表示自变量，$j = 1, \cdots, J$，J 为自变量个数，β_j 为回归系数，$\epsilon_{ij} \sim N(0, \sigma^2)$

* 注：有些书籍称为多元回归模型，但多元回归(multivariate regression)通常代表多个因变量的模型。

为回归残差，服从均值为 0，方差为 σ^2 的正态分布。回归系数表示自变量变化而引起因变量变化的比率，解释为自变量每提升 1 个单位，因变量预测值提升（或降低）多少个单位。残差反映了样本数据的个体得分与模型预测得分的差异，即回归模型的误差。

线性回归分析常使用最小二乘法（least squares）估计常数项和回归系数，残差平方和最小的模型即为最优的回归模型，所对应的常数项与回归系数即为回归模型参数的最小二乘估计值。因此线性回归有时又称为最小二乘回归。最小二乘思想最早起源于数学家高斯（Gauss）和勒让德（Legendre），是线性模型最基本的参数估计方法。

回归系数反映了自变量对因变量的影响的强弱，回归系数越大表示自变量对因变量的影响越强。而判定自变量对因变量的影响是否显著，或哪一个自变量对因变量的影响更大，则需要对回归系数进行假设检验。回归系数的检验主要涉及：（1）回归系数是否为零；（2）回归系数的大小次序。

对于回归系数是否为零的检验，可设置零假设为：

$$H_{0_j}: \beta_j = 0 \tag{6-2}$$

表示回归系数 β_j 所对应的自变量 x_{ji} 对因变量没有影响或效应。设置备择假设为：

$$H_u: \beta_j \neq 0 \tag{6-3}$$

表示回归系数 β_j 所对应的自变量 x_{ji} 对因变量有影响或效应。检验回归系数可以帮助研究者确定自变量对因变量的影响是否显著，自变量是否存在真实效应。例如，电子商务公司的数据分析师想要了解广告投入对销售额的影响，为此他们收集了过去几个月的每月广告支出和销售额。根据研究目的，可建立回归模型：销售额 $=\beta_0+\beta_1\times$ 广告支出 $+$ 残差，并设置零假设 $H_{0_1}: \beta_1=0$，表示广告支出对销售额没有影响；设置备择假设 $H_u: \beta_1 \neq 0$，表示广告支出对销售额有影响。

对于回归系数次序大小的检验，未标准化的回归系数可能受到自变量量纲的影响，不能反映自变量效应的相对大小。因此，在比较自变量效应大小时，应该首先对回归系数进行标准化处理，再设置标准化系数的次序假设，如：

$$H_1: \bar{\beta}_1 > \bar{\beta}_2 > \bar{\beta}_3 \tag{6-4}$$

其中 $\bar{\beta}_1$、$\bar{\beta}_2$、$\bar{\beta}_3$ 表示对应自变量的标准化回归系数。对标准化回归系数次序大小的检验能够评估哪一个或哪一些自变量对因变量的影响更大。例如,研究者研究大学生幸福感的影响因素,并认为自我意识是大学生幸福感的最重要因素,其次是学校学习和人际交往,则可设置次序假设 $\bar{\beta}_{自我} > \bar{\beta}_{学校} > \bar{\beta}_{人际}$ 表达研究期望。标准化回归系数 $\bar{\beta}_j$ 可通过标准化数据实现,表示为 $\bar{\beta}_j = \beta_j \sigma_{x_j} / \sigma_y$,其中 σ_{x_j} 和 σ_y 为自变量 x_{ji} 和因变量 y_i 的标准差。

在回归模型中,决定系数 R^2(coefficient of determination)是评估模型拟合程度的指标,表示自变量能够解释因变量变化的百分比,定义为:

$$R^2 = \frac{SS_E}{SS_T} = 1 - \frac{SS_R}{SS_T} \tag{6-5}$$

其中 SS_E 为回归平方和(explained sum of squares),反映回归模型所解释的因变量方差,SS_R 为残差平方和(residual sum of squares),反映回归模型未解释的因变量方差,SS_T 为总平方和(total sum of squares),反映因变量总方差。这里,$SS_T = SS_E + SS_R$。R^2 的取值范围为 $0 \leqslant R^2 \leqslant 1$,$R^2$ 越大表明回归模型拟合得越好,$R^2 = 1$ 表示因变量的变化完全由自变量解释,$R^2 = 0$ 表示因变量的变化与自变量无关。当一个自变量加入回归模型后,模型的 R^2 一定是增加或保持不变的。R^2 增量可以看作是自变量对因变量变化的贡献度。

尽管决定系数 R^2 对回归模型拟合有很好的解释,但它无法用于检验模型拟合的显著性,即自变量的整体是否能显著解释因变量的变化。回归模型检验的目的是评估模型整体对数据的拟合程度,模型检验的零假设可设置为:

$$H_0: \beta_1 = \cdots = \beta_J = 0 \tag{6-6}$$

表示所有自变量对因变量都没有影响或效应,备择假设为:

H_a:至少有一个自变量的系数不为 0

表示至少有一个自变量对因变量有影响或效应。

在线性回归分析中,频率统计方法构造回归系数的 t 统计量推断单个系数是否为零,构造回归模型解释方差的 F 统计量推断模型整体的显著性。而贝叶斯统计考虑数据在假设模型下可能出现的概率(贝叶斯因子)以及在当前数据下模型假设为真的概率(后验模型概率),并以此评估假设的模型。此外,贝叶斯评估方法可直接比较各类假设的模型,包括零假设模型(又称零模型,null model,表示不包含任何自变量的模型),无约束假设模型 $H_u:\beta_j$ 都不为零(又称全模型,full model,表示包含所有自变量的模型),以及包含部分自变量的假设模型。

除了评估自变量整体是否对因变量有影响,模型检验的另一个应用是变量选择。变量选择的核心同样是检验各变量对应的回归系数是否为零,但它更为复杂,需要考虑各种可能的自变量组合。本章只涉及单个回归模型的贝叶斯检验,贝叶斯变量选择方法将在第九章讨论。

1.1.2　非线性回归模型

非线性回归模型使用链接函数(link function)将因变量与自变量的非线性关系转化成线性关系。根据因变量分布函数和链接函数的不同,非线性模型分为 logistic 回归模型、泊松回归模型等。本章只考虑二元 logistic 回归模型,因变量 y_i 为二分变量,服从二项分布。令 y_i 为 1 的概率等于 p_i,y_i 为 0 的概率等于 $1-p_i$,则 logistic 回归模型表示为:

$$p_i=\frac{1}{1+e^{-(\alpha+\beta_1 x_{1i}+\cdots+\beta_J x_{Ji})}} \tag{6-7}$$

上式也可写成:

$$\text{logit}(p_i)=\alpha+\beta_1 x_{1i}+\cdots+\beta_J x_{Ji} \tag{6-8}$$

其中 $\text{logit}(p_i)=\log\left(\frac{p_i}{1-p_i}\right)$ 称为 logit 链接函数。与式(6-1)中的符号相同,α 表示常数项,β_j 表示回归系数,x_{ji} 表示自变量。logistic 回归模型通常解释的是指数化系数 e^{β_j},又称为比值比(odds ratio)。比值比 e^{β_j} 表示 $p_i/(1-p_i)$ 的变化比率,解释为自变量每提升 1 个单位,因变量 $y_i=1$ 与 $y_i=0$ 的比例变化为原来的 e^{β_j} 倍。

logistic 回归模型使用极大似然法(maximum likelihood)估计常数项和回归系数。使得模型似然函数最大的常数项与回归系数即为模型参数的极大似然估计值。logistic 回归模型的拟合评估指标为伪 R^2(Pseudo-R^2),它与线性回归模型 R^2 有相似的解释,如方差解释的比例或模型拟合的进步程度等。但是因为 logistic

回归模型的因变量为二分变量，伪 R^2 无法直接表达因变量方差的分解。logistic 回归模型有多种伪 R^2，这里不展开介绍。

logistic 回归模型系数同样反映了自变量的效应大小，是模型假设的核心参数。尽管指数化系数 e^{β_j} 是 logistic 回归模型更为关心的，但是检验 $\beta_j=0$ 与检验 $e^{\beta_j}=1$ 是等价的。因此，logistic 回归模型的零假设和次序假设与本章第 1.1.1 节线性回归模型中的一致，即 $H_{0_j}:\beta_j=0$，$H_1:\bar{\beta}_1>\bar{\beta}_2>\bar{\beta}_3$ 和 $H_0:\beta_1=\cdots=\beta_J=0$，分别表示自变量 x_{ji} 对因变量没有影响，自变量的影响大小次序，以及所有自变量对因变量都没有影响。标准化回归系数 $\bar{\beta}_j$ 可通过标准化自变量实现。

在 logistic 回归模型中，频率统计方法构造回归系数的 Wald 统计量推断单个系数是否为零，构造零模型与无约束模型似然比 χ^2 统计量推断模型整体的显著性，贝叶斯统计则利用贝叶斯因子和后验模型概率评估假设模型或进行模型选择。

1.2 回归分析的应用

本节继续使用第四章第 1.2 节的《芝麻街》(*Sesame Street*)应用案例。回归分析涉及的自变量包括儿童观看节目前的数字测验得分(Prenumb)、年龄(Age)、Peabody 心理年龄(Peabody)等，因变量包括儿童观看节目后的数字测验得分(Postnumb)，儿童是否被鼓励观看节目(Viewenc，1 表示是，0 表示否)。以上变量用于演示本章的贝叶斯回归分析方法，表 6－1 给出了以上变量的统计描述，包括连续变量的均值、标准差、相关系数矩阵，以及二分类变量的频数和百分比。

表 6－1 变量描述和相关系数矩阵

	均值	标准差	Prenumb	Age	Peabody	Postnumb
Prenumb	20.76	10.62	1			
Age	51.01	6.29	0.361	1		
Peabody	46.80	16.07	0.590	0.240	1	
Postnumb	29.45	12.59	0.676	0.298	0.496	1
	频数	**百分比(%)**				
Viewenc(1)	58	24.2				

在本例中,我们关心连续因变量 Postnumb 和二分类因变量 Viewenc 的影响因素。研究问题包括:(1)儿童数字测验前测得分(Prenumb)、年龄(Age)、心理年龄(Peabody)是否对儿童数字测验后测得分(Postnumb)有影响,以及是否对儿童被鼓励观看节目(Viewenc)有影响?(2)儿童数字测验前测得分(Prenumb)、年龄(Age)、心理年龄(Peabody)哪个对儿童数字测验后测得分(Postnumb)的影响更大,以及哪个对儿童被鼓励观看节目(Viewenc)的影响更大?

对因变量 Postnumb 和 Viewenc 分别建立线性回归模型和二元 logistic 回归模型,在每个模型下设定模型假设,并评估模型整体对数据的拟合程度。零假设和次序假设包括:

- 零假设:$H_{0_1}:\beta_{pre}=0$;$H_{0_2}:\beta_{age}=0$;$H_{0_3}:\beta_{pea}=0$
- 次序假设:$H_1:\bar{\beta}_{pre}>\bar{\beta}_{age}>\bar{\beta}_{pea}$
- 零假设:$H_0:\beta_{pre}=\beta_{age}=\beta_{pea}=0$

传统显著性检验可用于评估零假设,设定显著性水平为 $\alpha=0.05$。首先,检验单个回归系数的三个零假设 H_{0_1}、H_{0_2}、H_{0_3}。在线性回归模型下,计算得到三个回归系数的 t 值和 p 值分别为:$t_1=9.316$,$p_1=0$,拒绝 H_{0_1};$t_2=1.144$,$p_2=0.254$,不拒绝 H_{0_2};$t_3=2.527$,$p_3=0.0122$,拒绝 H_{0_3}。在 logistic 回归模型下,三个回归系数的 Wald z 值和 p 值分别为:$z_1=0.069$,$p_1=0.945$,不拒绝 H_{0_1};$z_2=1.215$,$p_2=0.224$,不拒绝 H_{0_2};$z_3=-1.955$,$p_3=0.051$,不拒绝 H_{0_3}。其次,检验模型整体的零假设 H_0。在线性回归模型下,计算零假设模型 H_0 的 F 值(自由度)为 $F(3, 236)=70.88$,p 值 $p=0$,拒绝 H_0。在 logistic 回归模型下,计算零假设模型 H_0 与无约束假设模型的似然比 χ^2 值(自由度)为 $\chi^2(3)=6.064$,p 值 $p=0.109$,不拒绝 H_0,模型整体不显著。

贝叶斯回归分析需指定回归系数的先验分布和后验分布,并根据贝叶斯因子或后验模型概率进行统计推断。下面将讨论贝叶斯回归分析的简要原理和应用。

第 2 节　贝叶斯回归分析的方法与应用

贝叶斯回归分析建立观测数据与模型参数之间的关系,根据参数的分布进行统计推断。为了方便说明,将式(6-1)中的线性回归模型表示为矩阵形式:

$$\boldsymbol{y}=\boldsymbol{X\beta}+\boldsymbol{\epsilon} \tag{6-9}$$

其中，因变量表示为 $n\times 1$ 向量 $\boldsymbol{y}$，自变量表示为 $n\times J$ 矩阵 $\boldsymbol{X}$，回归系数表示为 $J\times 1$ 向量 $\boldsymbol{\beta}$，残差表示为 $n\times 1$ 向量 $\boldsymbol{\epsilon}\sim N(0, \sigma^2)$。这里常数项省略，也可添加在 $\boldsymbol{\beta}$ 的第一个元素中，这时 $\boldsymbol{X}$ 的第一列都为 1。在该表达式下，回归系数的最小二乘估计可表示为：

$$\hat{\boldsymbol{\beta}}=(\boldsymbol{X}^T\boldsymbol{X})^{-1}\boldsymbol{X}\boldsymbol{y} \tag{6-10}$$

值得注意的是，线性模型回归系数的最小二乘估计等于其极大似然估计。

二元 logistic 回归模型也可使用矩阵表示为：

$$\text{logit}(\boldsymbol{p})=\boldsymbol{X\beta} \tag{6-11}$$

其中 $n\times 1$ 向量 $\boldsymbol{p}$ 包含 $y_i=1$ 的概率。logistic 回归模型使用极大似然法估计回归系数，为了符号简便，logistic 回归系数的极大似然估计值也记为 $\hat{\boldsymbol{\beta}}$。

贝叶斯回归模型假设检验的关键同样是模型参数先验分布和后验分布的设置，以及贝叶斯因子和后验模型概率的计算。

2.1 先验分布与后验分布

线性回归模型参数包括回归系数 $\boldsymbol{\beta}$ 与残差方差 σ^2，其中回归系数 $\boldsymbol{\beta}$ 是回归模型检验的核心参数。本章继续使用第三章给出的调整的 fractional 先验方法设置无约束假设 H_u 下回归系数 $\boldsymbol{\beta}$ 的边际分布函数，以计算贝叶斯因子。当使用 fractional 方法时，$\boldsymbol{\beta}$ 在给定 σ^2 的条件下，服从正态分布，σ^2 服从逆伽马分布，可推导求得 $\boldsymbol{\beta}$ 的边际分布为多元 t 分布。fractional 先验方法总是设置模型参数的共轭先验分布，因此，$\boldsymbol{\beta}$ 的先验分布和后验分布具有相同的分布形态，分别表示为：

$$\pi_u(\boldsymbol{\beta})=t(\boldsymbol{0},\ SS_R(\boldsymbol{X}^T\boldsymbol{X})^{-1}/(nb-J),\ nb-J) \tag{6-12}$$

和

$$\pi_u(\boldsymbol{\beta}\mid D)=t(\hat{\boldsymbol{\beta}},\ SS_R(\boldsymbol{X}^T\boldsymbol{X})^{-1}/(n-J),\ n-J) \tag{6-13}$$

其中，$D=\{\boldsymbol{y}, \boldsymbol{X}\}$，$SS_R=(\boldsymbol{y}-\boldsymbol{X}\hat{\boldsymbol{\beta}})^T(\boldsymbol{y}-\boldsymbol{X}\hat{\boldsymbol{\beta}})$ 为残差平方和，b 为超参数，控制多元 t 先验分布的方差，J 为自变量个数。先验 t 分布的均值设置为 $\boldsymbol{0}$，后验 t 分布的

均值等于 $\boldsymbol{\beta}$ 的估计值 $\hat{\boldsymbol{\beta}}$。先验 t 分布的方差 $SS_R(\boldsymbol{X}^T\boldsymbol{X})^{-1}/(nb-J)$ 大于后验 t 分布的方差 $SS_R(\boldsymbol{X}^T\boldsymbol{X})^{-1}/(n-J)$，且都正比于残差平方和 SS_R，反比于自变量 $\boldsymbol{X}^T\boldsymbol{X}$ 平方和。先验 t 分布的自由度 $nb-J$ 小于后验 t 分布的自由度 $n-J$。

对比第四章贝叶斯 t 检验的先验分布和后验分布可知，贝叶斯线性回归分析系数检验是贝叶斯 t 检验的拓展。事实上，t 检验、方差分析、协方差分析等模型都可以看作是一般线性正态模型的特例，即 $\boldsymbol{y} \sim N(\boldsymbol{X\beta}, \sigma^2)$，而正态总体均值服从 t 分布。

二元 logistic 回归模型系数的边际分布函数没有显式表达式，这时考虑回归系数的渐近正态分布。在调整的 fractional 先验方法下，设置无约束假设 H_u 下回归系数的正态共轭先验分布：

$$\pi_u^N(\boldsymbol{\beta}) = N(\boldsymbol{0}, \boldsymbol{\Sigma}_\beta/b) \tag{6-14}$$

并正态近似回归系数的后验分布：

$$\pi_u^N(\boldsymbol{\beta} \mid D) = N(\hat{\boldsymbol{\beta}}, \boldsymbol{\Sigma}_\beta) \tag{6-15}$$

其中，$\hat{\boldsymbol{\beta}}$ 是 $\boldsymbol{\beta}$ 的极大似然估计值，$\boldsymbol{\Sigma}_\beta$ 为 $\boldsymbol{\beta}$ 的协方差矩阵，b 为控制多元正态先验分布方差的超参数，上标 N 代表正态分布，以区分线性模型中的先验和后验分布。大多数统计分析软件都可提供 $\hat{\boldsymbol{\beta}}$ 和 $\boldsymbol{\Sigma}_\beta$ 的估计，比如广义线性模型拟合 R 函数 glm，具体分析代码将在本章第 3.1.2 节展示。回归系数后验分布的正态近似类似于频率统计 Wald 统计量的正态近似，后验分布均值和协方差矩阵构造的 $\hat{\boldsymbol{\beta}}\boldsymbol{\Sigma}_\beta^{-1}\hat{\boldsymbol{\beta}}^T$ 统计量即为多参数 Wald 统计量，其平方根服从渐近正态分布。

上面讨论了回归系数 $\boldsymbol{\beta}$ 的边际分布函数，在评估具体假设时，需要确定假设中涉及的回归系数的分布函数。对于单个回归系数的零假设检验，例如 $H_{0_1}:\beta_1=0$，我们可通过 $\boldsymbol{\beta}$ 的多元 t 分布或多元正态分布得到 β_j 的一元 t 分布或一元正态分布。对于多个回归系数的零假设检验，例如 $H_0:\beta_1=\beta_2=0$，可通过 $\boldsymbol{\beta}$ 的多元 t 分布或多元正态分布得到 β_1 和 β_2 的二元 t 分布或二元正态分布。对于标准化回归系数的次序假设检验，例如 $H_1:\bar{\beta}_1>\bar{\beta}_2>\bar{\beta}_3$，标准化回归系数 $\bar{\boldsymbol{\beta}}$ 的分布函数可通过标准化数据得到。

2.2 贝叶斯因子

贝叶斯回归模型的假设检验主要涉及回归系数是否为零以及标准化回归系数的次序大小。下面分别以单个回归系数的零假设 $H_{0_j}:\beta_j=0$，模型整体的零假设 $H_0:\boldsymbol{\beta}=0$，以及标准化回归系数的次序假设 $H_1:\bar{\beta}_1>\bar{\beta}_2>\bar{\beta}_3$ 为例，说明线性回归模型和 logistic 回归模型的贝叶斯因子计算问题。

2.2.1 线性回归模型的贝叶斯因子

对于线性回归模型，在调整的 fractional 先验下零假设 $H_{0_j}:\beta_j=0$ 和无约束假设 H_u 的贝叶斯因子表示为 β_j 的 t 后验分布与先验分布在零假设处的密度比（Savage-Dickey 方法）：

$$BF_{0_j u}=\frac{\pi_u(\beta_j=0\mid D)}{\pi_u(\beta_j=0)}=A_1(1+t_j^2/n)^{-\frac{n}{2}} \tag{6-16}$$

其中，$A_1=\frac{\Gamma(n/2)}{\Gamma((n-1)/2)}\Big/\frac{\Gamma(nb/2)}{\Gamma((nb-1)/2)}$，$t_j$ 为回归系数β_j 对应的 t 统计量，等于 β_j 的估计值与标准误的比，超参数 b 的默认值设为 $b=1/n$。单个回归系数的检验类似于第四章介绍的贝叶斯 t 检验。

零假设 $H_0:\boldsymbol{\beta}=0$ 和无约束假设 H_u 的贝叶斯因子同样可使用 Savage-Dickey 密度比方法，表示为 $\boldsymbol{\beta}$ 的多元 t 后验分布与先验分布在零假设处的密度比：

$$BF_{0u}=\frac{\pi_u(\boldsymbol{\beta}=\mathbf{0}\mid D)}{\pi_u(\boldsymbol{\beta}=\mathbf{0})}=A_2(1-R^2)^{\frac{n}{2}} \tag{6-17}$$

其中，$A_2=\frac{\Gamma(n/2)}{\Gamma((n-J)/2)}\Big/\frac{\Gamma(nb/2)}{\Gamma((nb-J)/2)}$，$R^2$ 为无约束假设下回归模型的决定系数 R^2，超参数 b 的默认取值为 $b=J/n$，J 为回归系数 $\boldsymbol{\beta}$ 向量的长度。

次序假设 $H_1:\bar{\beta}_1>\bar{\beta}_2>\bar{\beta}_3$ 和无约束假设 H_u 的贝叶斯因子表示为 $\bar{\boldsymbol{\beta}}$ 的 t 后验分布与先验分布在次序假设约束下的概率比：

$$BF_{1u}=\frac{p_u(\bar{\beta}_1>\bar{\beta}_2>\bar{\beta}_3\mid D)}{p_u(\bar{\beta}_1>\bar{\beta}_2>\bar{\beta}_3)} \tag{6-18}$$

其中，$p_u(\bar{\beta}_1>\bar{\beta}_2>\bar{\beta}_3)$ 和 $p_u(\bar{\beta}_1>\bar{\beta}_2>\bar{\beta}_3\mid D)$ 分别为先验分布和后验分布满

足 $\bar{\beta}_1 > \bar{\beta}_2 > \bar{\beta}_3$ 的概率。对于次序假设 $\bar{\beta}_1 > \bar{\beta}_2 > \bar{\beta}_3$，参数变换 $\theta_1 = \bar{\beta}_1 - \bar{\beta}_2$；$\theta_2 = \bar{\beta}_2 - \bar{\beta}_3$ 能够简化贝叶斯因子 BF_{1u} 的计算。次序假设变为 $H_1: \theta_1 > 0$；$\theta_2 > 0$，参数变换后的 θ_1 和 θ_2 同样服从 t 分布，先验分布概率和后验分布概率可由多元 t 分布的累积分布函数直接求得。

2.2.2　logistic 回归模型的贝叶斯因子

对于 logistic 回归模型，在调整的 fractional 正态先验下零假设 $H_{0_j}: \beta_j = 0$ 和无约束假设 H_u 的贝叶斯因子表示为 β_j 的正态后验分布和先验分布在零点处的密度比：

$$BF_{0_j u}^N = \frac{\pi_u^N(\beta_j = 0 \mid D)}{\pi_u^N(\beta_j = 0)} = b^{-\frac{1}{2}} \exp\left(-\frac{1}{2} z_j^2\right) \tag{6-19}$$

其中，z_j 为回归系数 β_j 对应的 Wald z 统计量，等于 β_j 的估计值与标准误的比，超参数 b 的默认值设为 $b = 1/n$，上标 N 代表正态分布，以区分线性模型的贝叶斯因子。

零假设 $H_0: \boldsymbol{\beta} = 0$ 和无约束假设 H_u 的贝叶斯因子表示为 $\boldsymbol{\beta}$ 的多元正态后验分布与先验分布在零点处的密度比：

$$BF_{0u}^N = \frac{\pi_u^N(\boldsymbol{\beta} = \mathbf{0} \mid D)}{\pi_u^N(\boldsymbol{\beta} = \mathbf{0})} = b^{-\frac{1}{2}} \exp\left(-\frac{1}{2} \chi^2\right) \tag{6-20}$$

其中，$\chi^2 = \hat{\boldsymbol{\beta}} \boldsymbol{\Sigma}_{\beta}^{-1} \hat{\boldsymbol{\beta}}^T$ 为 $\boldsymbol{\beta}$ 的 Wald χ^2 统计量，超参数 b 的默认取值为 $b = J/n$。

次序假设 $H_1: \bar{\beta}_1 > \bar{\beta}_2 > \bar{\beta}_3$ 和无约束假设 H_u 的贝叶斯因子表示为 $\bar{\boldsymbol{\beta}}$ 的正态后验分布与先验分布在次序假设约束下的概率比：

$$BF_{1u}^N = \frac{\Phi(\bar{\beta}_1 > \bar{\beta}_2 > \bar{\beta}_3 \mid D)}{\Phi(\bar{\beta}_1 > \bar{\beta}_2 > \bar{\beta}_3)} \tag{6-21}$$

其中，$\Phi(\bar{\beta}_1 > \bar{\beta}_2 > \bar{\beta}_3)$ 和 $\Phi(\bar{\beta}_1 > \bar{\beta}_2 > \bar{\beta}_3 \mid D)$ 分别为正态先验分布和后验分布满足 $\bar{\beta}_1 > \bar{\beta}_2 > \bar{\beta}_3$ 的概率。参数变换后，可利用多元正态的累积分布函数计算先验分布概率和后验分布概率。

零假设与无约束假设的贝叶斯因子具有信息一致性与渐近一致性。一方面，零假设的贝叶斯因子是 t_j 统计量、R^2 统计量、z_j 统计量、χ^2 统计量等的单调减函数，随着统计量的增加而减少。当 t_j、z_j、χ^2 趋向于正无穷或 R^2 趋向于 1 时，零假设的贝叶斯因子趋向于 0。这显示了贝叶斯因子的信息一致性，即拒绝零假设的证据会随着统计量(或效应量)的增加而逐渐增加。另一方面，若零假设为真，则预期这些统计量为 0，这时随着样本容量 n 的增大，默认超参数 b 下的零假设的贝叶斯因子趋向于正无穷，表示有很强力的证据接受零假设；若零假设不为真，则预期统计量不为 0，随着样本容量 n 的增大，零假设的贝叶斯因子趋向于 0，表示有非常强力的证据拒绝零假设。这表明了贝叶斯因子的渐近一致性。

2.2.3 贝叶斯因子与后验模型概率

本小节给出回归模型贝叶斯因子和后验模型概率的解释，线性回归模型和 logistic 回归模型的贝叶斯因子与后验模型概率有相同的解释，因此这里仅讨论线性回归模型。贝叶斯因子 BF_{0_ju} 衡量了回归系数零假设与无约束假设得到的相对数据证据，若 $BF_{0_ju}=1/5$，则表示无约束假设得到的支持是零假设的 5 倍。BF_{0u} 衡量了零模型与无约束模型的相对数据支持证据。事实上，贝叶斯因子可以用于比较任何模型，以此来选择合适的自变量。贝叶斯因子 BF_{1u} 衡量了次序假设与无约束假设的相对数据支持证据。次序假设还可与表示回归系数相等的零假设、表示回归系数其他次序的竞争假设以及包含所有其他次序的补假设相比，它们的贝叶斯因子有类似的解释，区别为相比的假设不同，具体见第二章第 4 节。更多关于贝叶斯因子的解释参考第二章第 1 节。

后验模型概率评估多个假设或模型受到数据支持的程度，常用于次序假设评估或模型比较。例如，想要验证自变量对因变量影响的大小次序，可将备选次序如 $H_1:\bar{\beta}_1>\bar{\beta}_2>\bar{\beta}_3$ 和 $H_2:\bar{\beta}_2>\bar{\beta}_1>\bar{\beta}_3$ 等与零假设、补假设或无约束假设相比。在假定先验模型概率相等的情况下，后验模型概率 PMP 可表示为 $PMP_k=BF_{ku}\Big/\sum_k BF_{ku}$，其中 BF_{ku} 表示每个被比较的假设与无约束假设的贝叶斯因子。PMP 是每个被比较的假设在当前数据下受到支持程度的概率表达。标准化回归系数次序假设的 PMP 更多解释可参考第二章第 4 节和第五章第 2.2 节方差分析模型次序假设的情形，这里不再重复。PMP 还可以用于模型比较与变量选择，后验概率最大的模型即为最优模型，所包括的自变量即为与因变量有关的、能够解释或预测因变量的自变量。贝叶斯模型比较与变量选择将在第九章具体介绍。

贝叶斯回归分析参数与模型检验可在软件包 bain 中实现。下面展示贝叶斯回归分析假设检验在实际案例分析中的应用，以及 bain 包在 R 软件和 JASP 软件中的代码和操作。

2.3 贝叶斯回归分析的应用

本节将使用本章第 1.2 节中的案例介绍贝叶斯回归分析的应用。考虑第 1.2 节在回归分析模型中提出的零假设 $H_{0_1}:\beta_{pre}=0$、$H_{0_2}:\beta_{age}=0$、$H_{0_3}:\beta_{pea}=0$、$H_0:\beta_{pre}=\beta_{age}=\beta_{pea}=0$ 和次序假设 $H_1:\bar{\beta}_{pre}>\bar{\beta}_{age}>\bar{\beta}_{pea}$。使用软件包 bain 分别在线性回归模型和 logistic 回归模型中检验上述假设，具体代码和操作见本章第 3 节。回归分析系数估计结果见表 6－2，贝叶斯检验结果见表 6－3。

表 6－2 回归分析系数估计结果

自变量	线性回归模型		logistic 回归模型	
	未标准化	标准化	未标准化	标准化
Prenumb	7.143	0.567	0.001	0.014
Age	0.730	0.058	0.032	0.200
Peabody	1.861	0.148	−0.024	−0.384

（线性回归模型因变量为 Postnumb；logistic 回归模型因变量为 Viewenc）

表 6－3 贝叶斯回归分析检验结果

假设	线性回归模型		logistic 回归模型	
	BF_{ku}	BF_{kc}	BF_{ku}	BF_{kc}
H_{0_1}	0	0	8.923	8.923
H_{0_2}	4.646	4.646	4.276	4.276
H_{0_3}	0.368	0.368	1.322	1.322
H_1	0.573	0.512	1.183	1.246
H_0	0	0	39.601	39.601

（BF_{ku} 表示被检验假设与无约束假设的贝叶斯因子，BF_{kc} 表示被检验假设与补假设的贝叶斯因子）

贝叶斯线性回归假设检验结果显示，零假设 $H_{0_1}:\beta_{pre}=0$ 与无约束假设的贝叶斯因子为 $BF_{0_1u}=0$，拒绝零假设，有非常强力的数据证据表明数字测验前测得分(Prenumb)对数字测验后测得分(Postnumb)有影响；零假设 $H_{0_2}:\beta_{age}=0$ 与无约束假设的贝叶斯因子为 $BF_{0_2u}=4.646$，接受零假设，表示年龄(Age)对数字测验后测得分(Postnumb)没有影响；零假设 $H_{0_3}:\beta_{pea}=0$ 与无约束假设的贝叶斯因子为 $BF_{0_3u}=0.368$，落在贝叶斯因子的非决定区间 $(1/3<BF<3)$，尽管贝叶斯因子偏向备择假设心理年龄(Peabody)对数字测验后测得分(Postnumb)有影响，但数据证据不够充分。

次序假设 $H_1:\bar{\beta}_{pre}>\bar{\beta}_{age}>\bar{\beta}_{pea}$ 和其补假设的贝叶斯因子为 $BF_{1c}=0.512$，落入贝叶斯因子的非决定区间，表示贝叶斯因子既不支持次序假设 H_1 也不支持其补假设。稍作计算可知，与补假设相比 H_1 的后验模型概率等于 0.339，表明在当前数据下，H_1 为真的概率为 0.339，补假设为真的概率为 0.661。这时研究者需要重新考虑标准化回归系数的次序以及自变量影响的相对大小。事实上，在本例中标准化回归系数的估计值分别为 $\bar{\beta}_{pre}=0.567$，$\bar{\beta}_{age}=0.058$，$\bar{\beta}_{pea}=0.148$，数据支持的次序为 $\bar{\beta}_{pre}>\bar{\beta}_{pea}>\bar{\beta}_{age}$。

零假设 $H_0:\beta_{pre}=\beta_{age}=\beta_{pea}=0$ 与无约束假设的贝叶斯因子为 $BF_{0u}=0$，拒绝零假设，有非常强力的数据证据表明线性模型能够拟合数据，自变量整体对因变量有影响，能够解释因变量的变化。

贝叶斯 logistic 回归假设检验结果显示，零假设 $H_{0_1}:\beta_{pre}=0$ 与无约束假设的贝叶斯因子为 $BF_{0_1u}=8.923$，接受零假设，表示数字测验前测得分(Prenumb)对是否鼓励观看节目(Viewenc)没有影响；零假设 $H_{0_2}:\beta_{age}=0$ 与无约束假设的贝叶斯因子为 $BF_{0_2u}=4.276$，接受零假设，表示年龄(Age)对是否鼓励观看节目(Viewenc)没有影响；零假设 $H_{0_3}:\beta_{pea}=0$ 与无约束假设的贝叶斯因子为 $BF_{0_3u}=1.322$，落在贝叶斯因子的非决定区间，尽管贝叶斯因子偏向零假设心理年龄(Peabody)对是否鼓励观看节目(Viewenc)没有影响，但数据证据不够充分。

次序假设 $H_1:\bar{\beta}_{pre}>\bar{\beta}_{age}>\bar{\beta}_{pea}$ 和其补假设的贝叶斯因子为 $BF_{1c}=1.246$，落入贝叶斯因子的非决定区间，表示贝叶斯因子既不支持次序假设 H_1 也不支持其补假设。进一步探究发现表示三个系数相等的次序 $\bar{\beta}_{pre}=\bar{\beta}_{age}=\bar{\beta}_{pea}$ 得到了数据的支持，其贝叶斯因子为 9.865。

零假设 $H_0:\beta_{pre}=\beta_{age}=\beta_{pea}=0$ 与无约束假设的贝叶斯因子为 $BF_{0u}=39.601$，接受零假设，有很强的数据证据表明 logistic 回归模型不能很好地拟合数据，自变量整体对因变量没有影响，这与单个系数的零假设检验结果一致。研究者应重新考虑影响因变量 Viewenc 的因素，建立新模型。事实上，一般而言应先进行模型整体拟合的检验，若模型拟合检验通过，再检验单个回归系数或回归系数的次序，否则应重新选择变量建立模型。

第 3 节　贝叶斯回归分析的软件实现

贝叶斯回归模型的参数检验可在 R 软件包 bain 和 JASP 软件的 Bain 模块实现。R 软件包 bain 能够更灵活地设置模型与假设，而 JASP 的操作更简单。以下分别介绍如何在 R 和 JASP 软件中使用 bain 包或 Bain 模块进行贝叶斯回归模型的参数检验。关于 R 软件包 bain 和 JASP 软件 Bain 模块的基本介绍请参考第二章第 5 节。

3.1　R 软件包 bain 中的贝叶斯回归分析

R 软件包 bain 基于线性模型 lm 函数和广义线性模型 glm 函数的输出结果，计算零假设、次序假设等的贝叶斯因子和后验模型概率。其中 lm 函数的输出结果可直接被 bain 函数调用，而对于 glm 函数的输出结果，需要先从中提取参数的估计值和协方差矩阵，再在 bain 中根据参数估计值和协方差矩阵计算贝叶斯因子。下面使用 Sesame Street 数据案例，分别给出线性回归模型和 logistic 回归模型贝叶斯参数检验的 R 语言程序。

3.1.1　线性回归模型

本小节展示如何使用 lm 函数和 bain 函数在线性回归模型中进行贝叶斯检验，并报告贝叶斯检验的结果。以下是 R 语言程序，构建 Sesame Street 数据中因变量 Postnumb 和自变量 Prenumb、Age、Peabody 的线性回归模型，检验各自变量回归系数是否为零、自变量的影响大小次序、线性模型能否拟合数据。

```
#加载 bain 软件包
library(bain)
#使用 lm()函数拟合线性回归模型
regr <- lm(postnumb ~ prenumb + age + peabody, sesamesim)
#查看回归系数估计值和名称
coef(regr)
#设置随机数种子
set.seed(100)

#运行 bain 计算单个回归系数零假设的贝叶斯因子
results<-bain(regr, "pre = 0; age = 0; pea = 0")
#输出结果
print(results)
summary(results, ci = 0.95)

#运行 bain 计算标准化回归系数次序假设的贝叶斯因子
results<-bain(regr, "pre > age > pea", standardize = TRUE)
#输出结果
print(results)
summary(results, ci = 0.95)

#运行 bain 计算回归模型整体零假设的贝叶斯因子
results<-bain(regr, "pre = age = pea = 0")
#输出结果
print(results)
summary(results, ci = 0.95)
```

上面程序代码中，postnumb 为数据 sesamesim 中的因变量，prenumb、age、peabody 为自变量，lm 函数语句中的“postnumb～prenumb＋age＋peabody”定义了

线性回归模型,模型拟合返回对象记为 regr。coef(regr)输出回归系数的估计值和名称,以便后续定义假设。set. seed(100)设置随机数种子,可使用任何种子数。bain 利用 MCMC 抽样计算贝叶斯因子,因此随机数的生成会略微影响贝叶斯因子的结果。设置随机数种子能够重复实现分析结果,但该步不是必须的。

在 bain 函数中,第一个参数输入 lm 函数线性回归模型拟合的返回对象 regr,第二个参数为根据研究问题指定的假设。案例中的研究问题关注单个回归系数的零假设、标准化回归系数的次序假设、模型整体的零假设。因此,运行三次 bain 函数,在每个 bain 函数中设置不同的假设。

首先,指定单个回归系数检验的零假设“pre = 0; age = 0; pea = 0”,假设以字符串的形式输入,即在英文引号" "中定义,三个假设间以英文分号;间隔。其次,指定标准化回归系数的次序假设“pre > age > pea”,使用大于号">"对参数进行约束。次序假设检验要求对回归系数进行标准化,因此在设置次序假设后,需在 bain 函数中指定 standardize = TRUE,表示被检验的参数为标准化参数。最后,指定模型整体的零假设的“pre = age = pea = 0”,表示所有回归系数都为零。

假设中约束的变量名称须与 coef(regr)中的变量名称对应,或是变量名的简写,以表明对应的系数在假设次序中的位置。这里假设中的“pre”为 prenumb 的简写,“pea”为 peabody 的简写。需要注意的是,简写可以是变量名的前任意字段,只要能指代唯一的变量名即可。比如,peabody 的简写还可以是“pe”或“peab”,但不能是“p”,因为“p”也可以是 prenumb 的简写。bain 函数会自动检测假设中的变量名是否符合要求,若不符合则返回并指出错误。

每次运行 bain 函数后,返回对象记为 results,并使用 print(results)等查看结果,见图 6-1。这里仅展示第一次运行 bain 函数后的参数零假设检验结果图。图 6-1 中的返回结果首先显示了贝叶斯检验的对象是线性回归模型(lm),接着以表格的形式展示了零假设的拟合度(Fit)、复杂度(Com)、贝叶斯因子(BF. u 和 BF. c)和三类后验模型概率(PMPa、PMPb、PMPc)。关于贝叶斯检验指标的详细介绍,可见第二章第 4 节。

图 6-1 中 H1 表示检验的第一个假设 prenumb = 0, H2 表示检验的第二个假设 age = 0, H3 表示检验的第三个假设 peabody = 0, Hu 表示无约束假设,Hc

```
> print(results)
Bayesian informative hypothesis testing for an object of class lm

   Fit   Com   BF.u  BF.c  PMPa  PMPb  PMPc
H1 0.000 0.618 0.000 0.000 0.000 0.000 0.000
H2 2.045 0.440 4.646 4.646 0.927 0.773 0.773
H3 0.358 0.974 0.368 0.368 0.073 0.061 0.061
Hu                              0.166
Hc                                    0.166

Hypotheses:
  H1: prenumb=0
  H2: age=0
  H3: peabody=0
```

图 6-1 贝叶斯线性回归模型系数检验输出结果

表示被检验假设的补假设。BF. u 表示对应假设与 Hu 的贝叶斯因子，BF. c 表示对应假设与 Hc 的贝叶斯因子。单个回归系数的检验不涉及假设间的比较，后验模型概率 PMP 可用来表示贝叶斯错误率。贝叶斯线性回归模型系数零假设检验结果显示，prenumb = 0 的贝叶斯因子为 0，拒绝零假设；age = 0 的贝叶斯因子为 4.646，接受零假设；peabody = 0 的贝叶斯因子为 0.368，落入非决定区间。

标准化回归系数次序假设 prenumb > age > peabody 和模型整体零假设 prenumb = age = peabody = 0 的检验输出格式与图 6-1 类似，这里不再展示。代码 summary(results, ci = 0.95)输出回归系数的估计值和 95%可信区间。若在 bain 函数中设定 standardize = TRUE，则返回标准化回归系数的估计值，否则返回未标准化估计值。

3.1.2 logistic 回归模型

本小节展示如何使用 glm 函数和 bain 函数在 logistic 回归模型中进行贝叶斯检验，并报告贝叶斯检验的结果。以下是 R 语言程序，构建 Sesame Street 数据中二分因变量 Viewenc 和自变量 Prenumb、Age、Peabody 的 logistic 回归模型，检验各自变量回归系数是否为零、自变量的影响大小次序、logistic 模型能否拟合数据。

```
#加载 bain 软件包
library(bain)
```

```
#对自变量进行标准化处理
sesamesim$prenumb <- as.numeric(scale(sesamesim$prenumb))
sesamesim$age <- as.numeric(scale(sesamesim$age))
sesamesim$peabody <- as.numeric(scale(sesamesim$peabody))

#使用glm()函数拟合 logistic 回归模型
logreg <- glm(viewenc ~ prenumb + age + peabody, family = binomial,
data = sesamesim)
#提取模型参数估计值
estimate <- coef(logreg)
#给估计值命名
names(estimate) <- c("int", "pre", "age", "pea")

#计算模型参数的协方差矩阵
covmatr <- vcov(logreg)
#计算样本容量
ngroup <- nrow(sesamesim)
#设置随机数种子
set.seed(100)

#运行 bain 计算单个回归系数零假设的贝叶斯因子
results <- bain(estimate, "pre = 0; age = 0; pea = 0", n = ngroup,
           Sigma = covmatr, joint_parameters = 4, group_parameters = 0)
#输出结果
print(results)
summary(results, ci = 0.95)

#运行 bain 计算标准化回归系数次序假设的贝叶斯因子
results <- bain(estimate, "pre > age > pea ", n = ngroup,
```

```
          Sigma = covmatr, joint_parameters = 4, group_parameters = 0)
#输出结果
print(results)
summary(results, ci = 0.95)

#运行 bain 计算回归模型整体零假设的贝叶斯因子
results <- bain(estimate, "pre = age = pea = 0", n = ngroup,
        Sigma = covmatr, joint_parameters = 4, group_parameters = 0)
#输出结果
print(results)
summary(results, ci = 0.95)
```

logistic 回归模型系数的贝叶斯检验使用基于待检验参数估计值和协方差矩阵的步骤，具体见第二章第 5.1 节的介绍。在程序代码中，viewenc 为数据 sesamesim 中的二分因变量，prenumb、age、peabody 为自变量。首先，使用 scale 函数对自变量进行标准化处理。其次，使用广义线性模型 glm 函数拟合 logistic 回归模型“viewenc～prenumb＋age＋peabody”，其中二分变量 viewenc 服从 binomial 二项分布。再次，从模型拟合返回对象 logreg 中提取参数估计值，记为 estimate，并将其元素命名为“int”、“pre”、“age”、“pea”，其中 int 代表常数项，参数的协方差矩阵记为 covmatr。数据样本容量记为 ngroup，随机数种子设置为 set. seed(100)。最后，运行 bain 函数计算贝叶斯因子和后验模型概率。

在 bain 函数中，第一个参数输入带名称的系数估计值 estimate，第二个参数为指定的假设，n = ngroup 输入样本容量，Sigma = covmatr 输入协方差矩阵，joint_parameters = 4 表示共有四个模型参数，group_parameters = 0 表示没有分组参数，即没有分类自变量。案例中的研究问题涉及单个回归系数的零假设、标准化回归系数的次序假设、模型整体的零假设。为此运行三次 bain 函数，设置不同的假设。假设的设置方法与第 3.1.1 节线性回归模型 bain 函数中的一致，这里不再重复。

每次运行 bain 函数后，返回对象记为 results，并使用 print(results)等查看结果，见图 6－2。这里仅展示第一次运行 bain 函数后的参数零假设检验结果图。贝叶斯 logistic 回归分析输出的检验结果格式与线性回归分析一致，关于结果表格的说明可参考本章第 3.1.1 节中的介绍。贝叶斯 logistic 回归模型系数零假设检验结果显示，prenumb = 0 的贝叶斯因子为 8.923，接受零假设；age = 0 的贝叶斯因子为 4.276，接受零假设；peabody = 0 的贝叶斯因子为 1.322，落入非决定区间。标准化回归系数次序假设和模型整体零假设的检验输出格式与图 6－2 类似，这里不再展示。代码 summary(results, ci = 0.95)输出回归系数的估计值和 95%可信区间。

```
> print(results)
Bayesian informative hypothesis testing for an object of class numeric:

   Fit   Com   BF.u  BF.c  PMPa  PMPb  PMPc
H1 2.009 0.225 8.923 8.923 0.614 0.575 0.575
H2 1.160 0.271 4.276 4.276 0.294 0.275 0.275
H3 0.300 0.227 1.322 1.322 0.091 0.085 0.085
Hu                                0.064
Hc                                      0.064

Hypotheses:
  H1: pre=0
  H2: age=0
  H3: pea=0
```

图 6－2　贝叶斯 logistic 回归模型系数检验输出结果

3.2　JASP 软件 Bain 模块中的贝叶斯回归分析

JASP 软件 Bain 模块目前还无法进行 logistic 回归分析，本节仅介绍贝叶斯线性回归模型系数检验在 JASP 中的实现。JASP 软件可通过鼠标点击的方式完成线性回归模型的设定和模型整体的检验，同时使用者可根据具体问题手动设定各回归系数的零假设与次序假设。JASP 将计算并返回贝叶斯回归模型系数检验的贝叶斯因子。以下是 Sesame Street 数据案例的 JASP 软件操作演示和结果报告，用于分析因变量 Postnumb 与自变量 Age、Peabody、Prenumb 的线性回归模型，具体分析步骤如下。

(1) 将 Sesame Street 数据导入 JASP 软件(参考第二章第 5.2 节)，点击 Bain 模块，选择 Regression 模块下的 Linear Regression，见图 6－3。JASP 回归分析 Bain 模块界面见图 6－4、图 6－5、图 6－6。

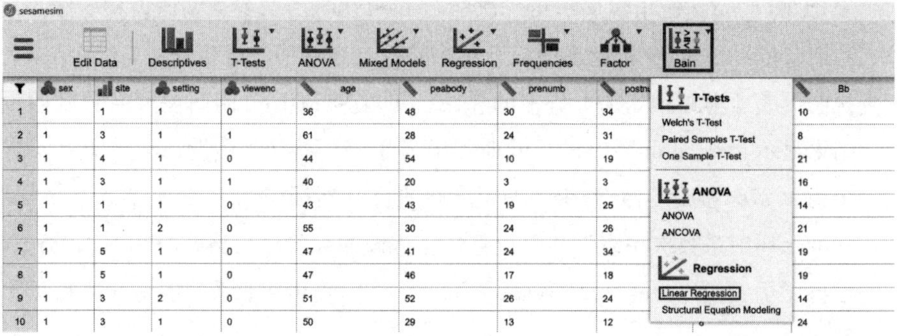

图 6-3　JASP 贝叶斯回归分析模块选择

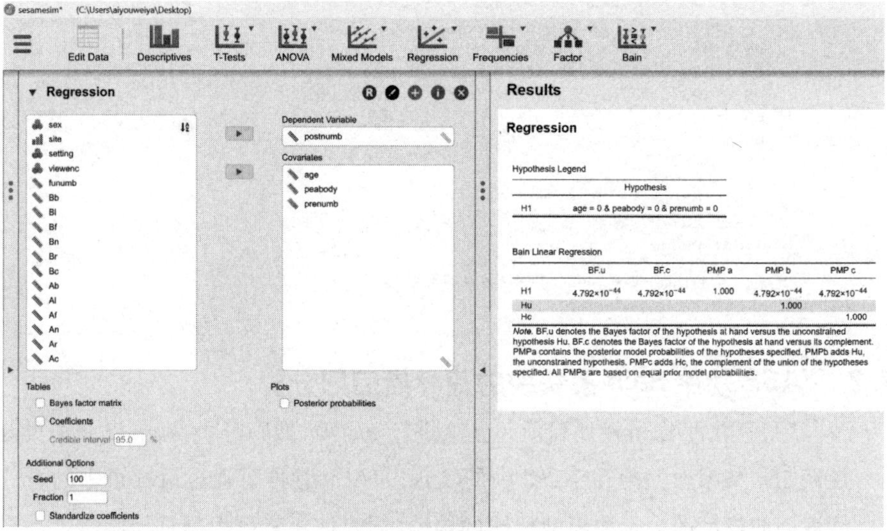

图 6-4　JASP 回归分析 Bain 界面(模型整体检验)

(2) 在 Bain 界面 Regression 左侧变量框内(图 6-4 左上),选中因变量的名称,点击箭头使其移至右侧的因变量 Dependent Variable 框中(或者双击变量名称也可以将其直接移至右侧的因变量框中)。随后,选中自变量名称,点击对应的箭头使其移至右侧的自变量 Covariates 框中。在本例中,因变量为 Postnumb,自变量为 Age、Peabody、Prenumb。

(3) 使用 Bain 进行回归分析时,默认评估的假设为回归模型整体的零假设(即

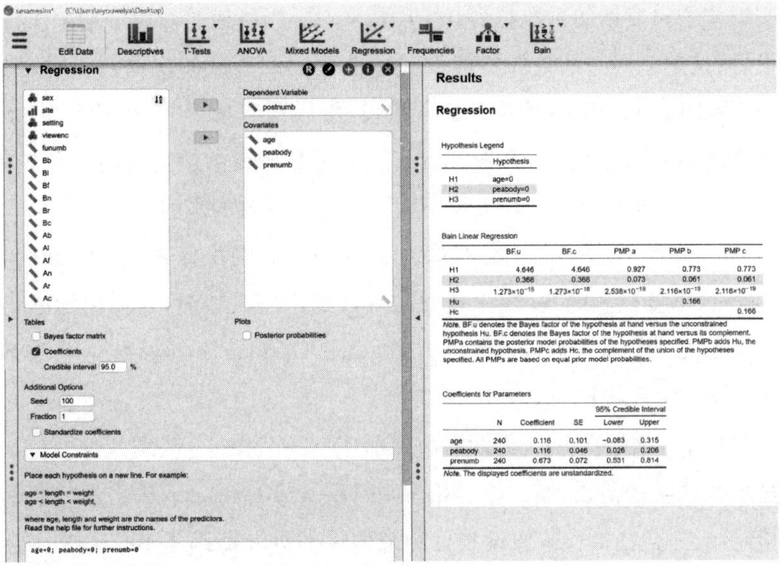

图 6-5 JASP 回归分析 Bain 界面(单个系数检验)

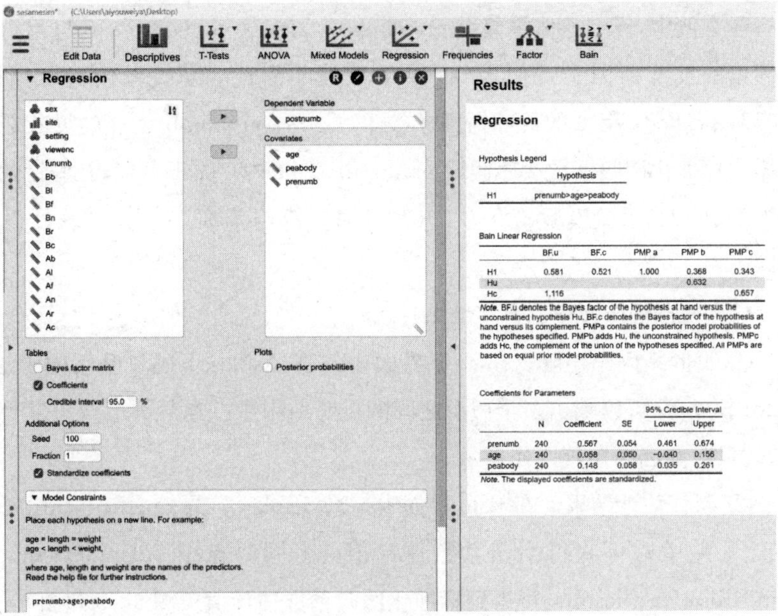

图 6-6 JASP 回归分析 Bain 界面(标准化系数次序假设检验)

回归模型中自变量的系数都为 0)，见图 6－4。当待检验假设不局限于模型整体零假设，而是单个回归系数的零假设或标准化回归系数的次序假设时，需要在 Bain 界面 Model Constraints 中手动输入假设，然后同时按下“Ctrl”键与“Enter”键以运行并输出结果，见图 6－5 和图 6－6。回归系数假设的设定规则已在本章第 3.1.1 节中介绍。在案例中，图 6－5 左下输入了三个系数的零假设 age = 0；peabody = 0；prenumb = 0，图 6－6 左下输入了三个系数的次序假设 prenumb > age > peabody。需要注意的是，在比较回归系数的次序大小时，需使用标准化系数。标准化系数可通过勾选 Bain 界面 Additional Options 下的标准化系数 Standardize coefficients 实现(图 6－6 左中)。

(4) 分析结果在 Bain 界面右边展示(图 6－4、图 6－5、图 6－6 右)。第一个表格显示被检验的假设，第二个表格 Bain Linear Regression 输出贝叶斯回归模型系数检验结果，包括被检验假设与无约束假设的贝叶斯因子 BF. u、被检验假设与补假设的贝叶斯因子 BF. c，以及三个后验模型概率 PMPa、PMPb、PMPc。关于输出指标的详细介绍见本章第 3.1.1 节或第二章第 4 节。

在案例中，模型整体零假设 prenumb = age = peabody = 0 与无约束假设或补假设的贝叶斯因子近似为 0。单个系数零假设 age = 0 的贝叶斯因子等于 4.646，peabody = 0 的贝叶斯因子等于 0.368，prenumb = 0 的贝叶斯因子近似为零。标准化回归系数次序假设 prenumb > age > peabody 与补假设的贝叶斯因子等于 0.521，后验模型概率为 0.343。以上都与第 3.1.1 节 R 软件得到的结果相同。

(5) 可自行选择输出更多结果：

① 贝叶斯因子矩阵。在 Bain 界面中勾选 Tables 下的贝叶斯因子矩阵 Bayes factor matrix，可以输出多个假设之间的贝叶斯因子。本案例不涉及多个假设的比较，故贝叶斯因子矩阵不作展示。

② 参数估计结果。在 Bain 界面中勾选 Tables 下的 Coefficients(如图 6－5 和图 6－6 左中)，可获得回归系数估计值。若同时点击 Additional Options 下的 Standardize coefficients，可得到标准化回归系数估计值。图 6－5 和图 6－6 右下分别展示了案例回归模型的未标准化和标准化回归系数的估计值、标准误和 95%可信区间。

③ 后验模型概率的可视化。在 Bain 界面中勾选 Plots 下的 Posterior probabilities,可生成后验模型概率图,便于直观比较竞争假设。本案例不涉及竞争假设,故后验模型概率图不作展示。

④ Bain 界面 Additional Options 选项(如图 6－4 左下)还可以设定随机数种子 Seed,以及先验分布中的超参数 Fraction(b)。

第七章 因子分析模型的贝叶斯检验

因子分析是进行问卷或量表开发，验证问卷或量表时必须进行的数据分析方法。因子分析模型分为探索性因子分析和验证性因子分析，前者用于探索数据集内部因子结构，后者用于验证假设的因子分析结构是否与数据相符。本章讨论因子分析模型的贝叶斯检验，属于验证性因子分析的范畴。

因子分析方法的历史可追溯到 20 世纪初，最早由心理学家斯皮尔曼(Spearman)提出，用于解释智力测试中观测到的变异。20 世纪 70 年代，约瑞斯科(Jöreskog)等作为验证性因子分析方法的先驱者，开发了验证性因子分析模型参数的估计方法以及模型拟合指标。之后，验证性因子分析成为了结构方程模型的一部分，本特勒(Bentler)等研究者改进了模型拟合指标和参数估计方法。随着计算机技术的进步和统计软件的普及，验证性因子分析变得更加容易实施。现代软件如 LISREL、AMOS、Mplus、lavaan 等提供了用户友好的界面和强大的统计功能，使得验证性因子分析成为了社会科学研究领域常见的数据分析方法之一。

在验证性因子分析模型建立后，研究者可能有需要进一步评估的理论。一方面，研究者可能希望在测量目标因子时比较观测指标的因子负荷。例如，在信度分析中，使用克隆巴赫系数(Cronbach's alpha)的前提条件之一是所有测试题项的因子负荷相等，即 tau equivalence 检验(Flora, 2020)。另一方面，一个观测指标可能由两个或多个因子产生(Wei, Huang, Zhang, Pan, & Pan, 2022)，这时模型存在交叉负荷。在效度分析中，研究者可以通过比较特定指标的主负荷与交叉负荷的大小，来判断题项的区分效度(item-level discriminant validity)，以确保指标被指定到它的目标因子。此外，评估某个因子各负荷的次序大小，可以明确各指标在测量该因子时的相对重要性，帮助调整指标题项的顺序(Moses, Yang, & Wilson, 2007)。以上理论或期望都可以被因子负荷的信息假设所表示。本章将主要讨论因子负荷信息假设的贝叶斯检验问题。

第 1 节　因子分析的模型与应用

验证性因子分析(confirmatory factor analysis)是一类测量模型,其目的是根据题项(观测指标)测量无法直接观测的潜在因子(潜变量)。验证性因子分析是对研究者已有建构的验证,研究者通过已有理论建立观测指标与潜变量之间的关系,并使用验证性因子分析对这一关系进行验证。此外,若存在多个理论模型,则验证性因子分析可以通过模型拟合指标、假设检验等对模型进行比较或对指标进行筛选。

1.1　验证性因子分析方法概述

验证性因子分析可表示为:

$$\boldsymbol{y}_i = \boldsymbol{\Lambda}\boldsymbol{\eta}_i + \boldsymbol{\epsilon}_i \tag{7-1}$$

其中,$\boldsymbol{y}_i$ 为 $J \times 1$ 的观测指标向量,$i = 1, \cdots, n$,n 为样本容量,$\boldsymbol{\Lambda}$ 为 $J \times P$ 的因子负荷矩阵,$\boldsymbol{\eta}_i$ 为 $P \times 1$ 的潜变量,$\boldsymbol{\eta}_i \sim N(\boldsymbol{\mu}, \boldsymbol{\Phi})$ 服从正态分布,$\boldsymbol{\mu}$ 为潜变量均值或截距项,$\boldsymbol{\Phi}$ 为潜变量的协方差矩阵,$\boldsymbol{\epsilon}_i$ 为 $J \times 1$ 的测量误差,$\boldsymbol{\epsilon}_i \sim N(\boldsymbol{0}, \boldsymbol{\Psi})$ 服从正态分布,$\boldsymbol{\Psi}$ 为测量误差方差矩阵,通常假定为对角矩阵,即测量误差相互独立。

因子负荷(factor loading)是验证性因子分析模型的核心参数,它反映了每个观测变量与潜变量的线性关系强度和方向。因子负荷可分为主因子负荷(main loading)和交叉负荷(cross loading),主因子负荷表达了指标与目标潜变量的关系,交叉负荷表达了指标与其他潜变量的关系。在验证性因子分析中,一个指标只能有一个主因子负荷,这是由理论建构决定的。而交叉负荷可以有多个,但大多数情况下设置为零。因子负荷的参数估计通常使用极大似然估计,在参数估计后可计算模型拟合指标,评估模型拟合程度,进而解释或修正模型。

模型设定好后,需要评估所设定的模型是否能够识别,即模型识别问题(model identification),判断是否有足够的数据信息可用于模型参数估计与拟合。与回归分析模型直接使用样本数据估计参数拟合模型不同,验证性因子分析是通过观测变量间的协方差矩阵进行参数估计和模型拟合。例如,对式(7-1)两边分别取协方差可得：

$$V(\mathbf{y}_i)=\mathbf{\Lambda\Phi\Lambda}^{\mathrm{T}}+\mathbf{\Psi} \tag{7-2}$$

其中 $V(\mathbf{y}_i)$ 表示观测变量的协方差矩阵。模型实际可用的信息是观测变量协方差矩阵 $V(\mathbf{y}_i)$ 中的有效元素，具体数据信息量为 $J(J+1)/2$。参数估计和模型拟合所需的信息量为模型中未知参数的个数，包括因子负荷、潜变量方差、测量误差方差等。因此，模型是否能够识别需要判断数据信息量是否大于或等于模型拟合所需的信息量。将数据信息量与所需信息量的差记为模型的自由度，自由度大于或等于 0 则模型能够识别。此外，需要注意的是，模型识别的必要条件之一是为潜变量的测量尺度(measurement scale)，即潜变量的单位，否则任何模型都无法识别。实践中常用的测量尺度设定方法有两种：一种是将第一个观测指标的因子负荷固定为常数 1；另一种是将潜变量的方差固定为 1(标准化)。

由上述讨论可知，一个潜变量测量模型至少需要三个测量观测指标，才能满足模型识别。三个指标对应的数据信息量为 $3(3+1)/2=6$，此时测量模型共有 6 个未知参数，包括 2 个因子负荷(另外 1 个因子负荷被固定为 1)，1 个潜变量方差，3 个测量误差方差。这时，模型的自由度为 0，刚好能够识别。若模型只有两个指标，则对应的数据信息量为 3，此时模型共有 4 个未知参数，包括 1 个因子负荷，1 个潜变量方差，2 个测量误差方差，自由度为 -1，不能识别模型。实际研究中若是遇到只有 1 个或 2 个指标的情况，可以直接使用观测变量替代潜变量(1 个指标情形)或是使用指标的标准化平均值(2 个指标情形)。但是，此类情形实际已不属于验证性因子分析模型的讨论范畴。

验证性因子分析常用的模型拟合指标有绝对拟合指数、增值拟合指数、离中指数、信息准则指数，其中绝对拟合指数包括：标准化均方根残差(Standardized root mean square residual, SRMR)、近似误差均方根(Root mean square error of approximation, RMSEA)；增值拟合指数包括：比较拟合指数(Comparative fit index, CFI)；离中指数包括：自由度(degree of freedom, df)、卡方(χ^2)、卡方与自由度的差(χ^2-df)、卡方与自由度的比(χ^2/df)；信息准则指数包括：Akaike 信息准则(Akaike information criterion, AIC)、贝叶斯信息准则(Bayesian information criterion, BIC)。各指标的判断标准参考表 7-1，通常只需报告表中前三个指标

SRMR、RMSEA、CFI。需要注意的是，各模型拟合指标标准只是提供了粗略的划分，应当系统地使用多种指标来评判模型拟合情况，而不能仅依赖单个指标的标准。此外，模型拟合指标表示的是模型拟合的整体情况，拟合指标好并不一定意味着该模型是正确模型。

表 7-1　模型拟合指标标准

指数	拟合	标准
SRMR	越小越好	SRMR$<$0.06 良好
RMSEA	越小越好	RMSEA$<$0.08 合理
CFI	越大越好	CFI$>$0.95 良好 CFI$>$0.90 拟合
χ^2	越小越好	无
df	越大越好	无
χ^2-df	越小越好	无
χ^2/df	越小越好	无
AIC	越小越好	模型比较
BIC	越小越好	模型比较

验证性因子分析的模型拟合和参数估计可在软件 Mplus(Muthén & Muthén, 2010)和 R 软件包 lavaan(Rosseel, 2012)中实现。在模型拟合后，研究者可进一步评估理论假设，这些假设大多是关于核心参数因子负荷的，可由各类信息假设表示，并使用贝叶斯因子检验。下面通过两个应用案例说明验证性因子分析模型以及因子负荷信息假设的设定。

1.2　验证性因子分析的应用

1.2.1　霍尔津格和斯温福德数据案例

第一个案例来自验证性因子分析的经典数据：霍尔津格和斯温福德(Holzinger & Swineford, 1939)的心理能力分析数据。该数据包含 26 个测试观测指标，样本为美国两所学校(Grant-White School 和 Pasteur School)七年级和八年级的学生，可在 R 软件包 MBESS 中获得。这里为了方便说明，我们只考虑 Grant-White 学校的样本(样本容量为 $n=145$)并从中选取其中的 13 个指标($y1$, …, $y13$),测量 3 个潜变量因子,包括空间能力($\eta1$)、语言能力($\eta2$)、反应速度($\eta3$)等。指标的具体含义见表 7-2 第 1 列。

该案例的验证性因子分析模型可由图 7-1 表示,图中潜变量 $\eta1$ 由指标 $y1$, …, $y4$ 测量,潜变量 $\eta2$ 由指标 $y5$, …, $y9$ 测量,潜变量 $\eta3$ 由指标 $y10$, …, $y13$ 测量。指标和目标潜变量之间用实线相连,表示指标的主因子负荷。指标也可能和其他潜变量相关,如图 7-1 中 $\eta3$ 的指标 $y10$ 也与非目标因子 $\eta1$ 相关,它们之间用虚线相连,表示指标的交叉负荷。交叉负荷不是一定存在,研究者可通过前序探索性因子分析的结果构建可能的交叉负荷,如图 7-1 中的三条虚线表示的交叉负荷根据穆森和阿斯巴鲁霍夫(Muthén & Asparouhov, 2012)的因子分析结果设定。

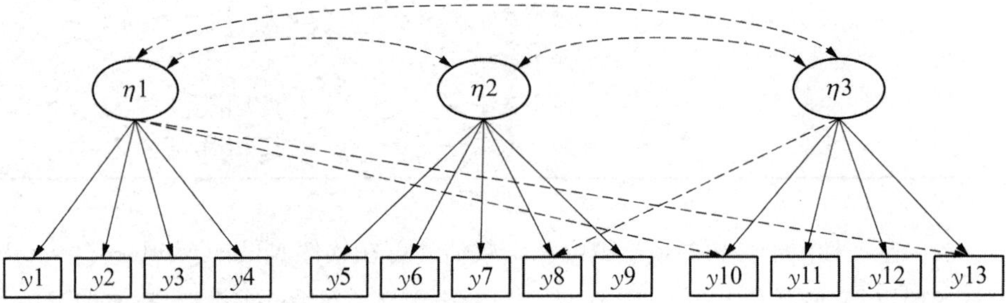

图 7-1 案例 1 的验证性因子分析图

本案例使用 R 软件包 lavaan 分析图 7-1 中的验证性因子分析模型,设定潜变量的方差为 1,得到拟合指标为 $CFI=0.978$、$RMSEA=0.044$、$SRMR=0.050$,表明模型拟合良好。因子负荷估计值见表 7-2。

表 7-2 案例 1 的验证性因子分析标准化因子负荷估计值

指标	空间能力($\eta1$)	语言能力($\eta2$)	反应速度($\eta3$)
视觉感知($y1$)	0.716	0	0
立方体($y2$)	0.462	0	0
纸质板($y3$)	0.541	0	0
旗帜($y4$)	0.660	0	0

（续表）

指标	空间能力（$\eta 1$）	语言能力（$\eta 2$）	反应速度（$\eta 3$）
一般信息（$y5$）	0	0.803	0
短文理解（$y6$）	0	0.818	0
词义分类（$y7$）	0	0.837	0
句子填空（$y8$）	0	0.592	0.202
词义理解（$y9$）	0	0.843	0
加法（$y10$）	−0.405	0	0.987
代码（$y11$）	0	0	0.640
点计数（$y12$）	0	0	0.723
直曲线大写字母（$y13$）	0.348	0	0.516

在模型设定后，研究者可根据理论期望使用信息假设约束因子负荷。如果目标是检验某个潜变量因子所有指标的负荷是否相等，即信度分析中克隆巴赫系数的前提假设，则可以设置该因子的主因子负荷都相等的零假设。例如，对于因子 $\eta 1$ 设置：

$$H_{0_1}:\lambda_{1.1}=\lambda_{1.2}=\lambda_{1.3}=\lambda_{1.4} \tag{7-3}$$

其中 $\lambda_{p.j}$，$p=1,\cdots,P$，$j=1,\cdots,J$ 表示第 j 个指标（yj）在第 p 个因子（ηp）上的负荷。该假设可以与无约束假设 $H_u:\lambda_{1.1}$，$\lambda_{1.2}$，$\lambda_{1.3}$，$\lambda_{1.4}$ 相比。

若理论关心的是对于特定因子哪个或哪些指标在测量潜变量因子时起到的作用更大，则可以设置该因子主负荷的次序假设。例如，对于因子 $\eta 1$ 设置：

$$H_1:\lambda_{1.1}>\lambda_{1.4}>\lambda_{1.3}>\lambda_{1.2} \tag{7-4}$$

该假设可以与无约束假设 H_u，零假设 H_{0_1}，或包含其他次序的竞争假设 $H_{1'}$：$\lambda_{1.1}>\lambda_{1.2}>\lambda_{1.3}>\lambda_{1.4}$ 相比。

若研究者期望一个指标与目标因子的相关性强于与其他非目标因子的相关性，即区分效度问题，则可设置主负荷和交叉负荷的次序假设，例如，对于指标 $y8$ 设置：

$$H_2:\lambda_{2.8}>\lambda_{3.8} \tag{7-5}$$

该假设可以与补假设 $H_{2c}:\lambda_{2.8}<\lambda_{3.8}$ 或零假设 $H_{0_2}:\lambda_{2.8}=\lambda_{3.8}$ 相比。

1.2.2 《芝麻街》数据案例

第二个案例继续使用第四章第 1.2 节的《芝麻街》数据。该数据包含 12 个观测指标，测量两个潜变量因子，数据可在 R 软件包 bain 中获得。具体指标包括观看前后的：身体部位知识 Bb(前)和 Ab(后)，字母知识 Bl(前)和 Al(后)，形状知识 Bf(前)和 Af(后)，数字知识 Bn(前)和 An(后)，关系知识 Br(前)和 Ar(后)，以及分类知识 Bc(前)和 Ac(后)。测量的潜变量因子为观看前儿童的数学能力 B (before)，和观看后儿童的数学能力 A(after)。

图 7-2 描绘了该案例的验证性因子分析模型，图中指标 Ab、Al、Af、An、Ar、Ac 测量潜变量 A，指标 Bb、Bl、Bf、Bn、Br、Bc 测量潜变量 B。观测指标和目标潜变量之间的实线表示指标的因子负荷，连线上的数字表示因子负荷估计值，潜变量 A 和 B 之间的虚线和数字表示潜变量的相关系数及其估计值。潜变量的方差固定为 1 以设定测量尺度，该模型不存在交叉负荷。图 7-2 中的验证性因子分析模型在 R 软件包 lavaan 中设定，得到拟合指标为 $CFI=0.923$、$RMSEA=0.114$、$SRMR=0.048$，RMSEA 指数略大，其他指标显示模型拟合。

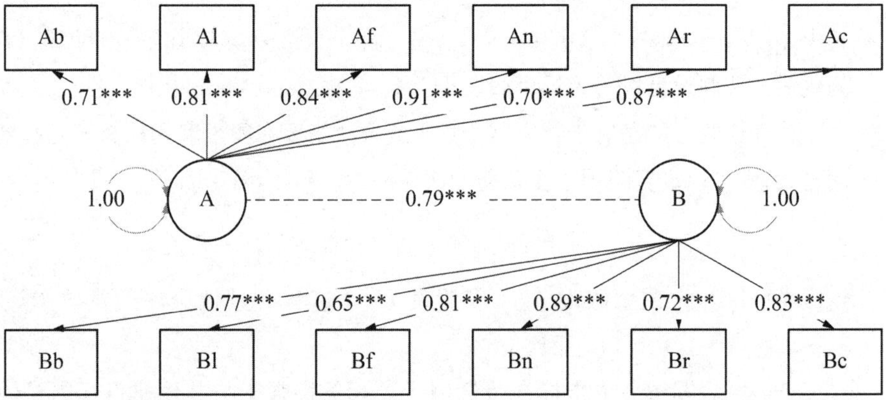

图 7-2 案例 2 的验证性因子分析图

在设定验证性因子分析模型后，研究者可能想进一步了解是否每个指标都和目标潜变量因子强相关，则可设置因子负荷的次序假设：

$$H_3: \lambda_{A.j} > 0.6, \lambda_{B.j} > 0.6 \tag{7-6}$$

其中，$\lambda_{A.j}$ 和$\lambda_{B.j}$ 表示因子A 和B 的第j 个指标的因子负荷，H_3 表示所有因子负荷都大于0.6,即强相关。该假设可与无约束假设或补假设相比,并使用贝叶斯因子进行检验。

1.3 因子负荷信息假设的一般形式

上节例子给出了因子负荷的各种信息假设,信息假设的一般形式可写为:

$$H_k:\boldsymbol{R}\boldsymbol{\lambda}_h \geqslant \boldsymbol{r} \tag{7-7}$$

其中，$\boldsymbol{\lambda}_h$ 表示假设中所包含的因子负荷，$\boldsymbol{R}$ 为假设约束矩阵，$\boldsymbol{r}$ 为假设中的常数。例如,假设 $H_{0_1}:\lambda_{1.1}=\lambda_{1.2}=\lambda_{1.3}=\lambda_{1.4}$ 可表示为:

$$H_{0_1}:\boldsymbol{R}\boldsymbol{\lambda}_h=\begin{bmatrix}1 & -1 & 0 & 0\\0 & 1 & -1 & 0\\0 & 0 & 1 & -1\end{bmatrix}\begin{bmatrix}\lambda_{1.1}\\\lambda_{1.2}\\\lambda_{1.3}\\\lambda_{1.4}\end{bmatrix}=\begin{bmatrix}0\\0\\0\end{bmatrix}=r \tag{7-8}$$

此外,令 $\boldsymbol{\lambda}_n$ 表示没有出现在假设中的因子负荷。信息假设通常与无约束假设 H_u、补假设 H_c 或其他信息假设 $H_{k'}$ 比较。

在评估关于因子负荷 $\boldsymbol{\lambda}_h$ 的信息假设时,为了方便计算可根据假设中的约束条件对 $\boldsymbol{\lambda}_h$ 进行参数线性变换: $\boldsymbol{\theta}=\boldsymbol{R}\boldsymbol{\lambda}_h-\boldsymbol{r}$。例如,假设 $H_{0_1}:\lambda_{1.1}=\lambda_{1.2}=\lambda_{1.3}=\lambda_{1.4}$ 可转换为 $H_{0_1}:\theta_1=0$, $\theta_2=0$, $\theta_3=0$,其中 $\theta_1=\lambda_{1.1}-\lambda_{1.2}$, $\theta_2=\lambda_{1.2}-\lambda_{1.3}$, $\theta_3=\lambda_{1.3}-\lambda_{1.4}$。参数变换后的等价假设为:

$$H_k:\boldsymbol{\theta}\geqslant \boldsymbol{0} \tag{7-9}$$

参数变换将各类信息假设都转换为零假设 $\boldsymbol{\theta}=\boldsymbol{0}$ 或单边假设 $\boldsymbol{\theta}>\boldsymbol{0}$,这将有助于下一节贝叶斯因子的计算。

信息假设来源于研究者分析数据之前关于因子负荷的理论或期望。需要注意的是,虽然图7-2或表7-2中的标准化因子负荷的估计值已经表明了负荷的次序大小,但它们并没有给出统计推断的结论。例如,我们无法根据参数估计值得知:一个因子负荷是否"显著"地大于另一个;次序假设 $H_1:\lambda_{1.1}>\lambda_{1.4}>\lambda_{1.3}>\lambda_{1.2}$ 受到数据支持的程度;是否有压倒性的数据证据表明假设 $H_2:\lambda_{2.8}>\lambda_{3.8}$ 优于 $H_{0_2}:\lambda_{2.8}=$

$\lambda_{3.8}$。即使假设 $H_{1'}:\lambda_{1.1}>\lambda_{1.2}>\lambda_{1.3}>\lambda_{1.4}$ 与参数估计值不符,没有得到数据的支持,我们也期望知道理论假设和数据有多大的不同,以便推断数据证据是否足够拒绝假设。此外,统计推断的不确定性能够帮助我们了解接受或拒绝假设时的错误概率。

在信息假设 H_{0_1}、H_1 和 H_2 中,我们应当比较的是标准化负荷。否则,当指标或潜变量因子的尺度较小时,也可能导致较大的负荷。为此,我们需要在 Mplus 软件或 R 包 lavaan 中对所有观测指标和潜变量因子进行标准化处理。当然,潜变量标准化(即设置潜变量方差为 1)本身也是设置测量尺度必不可少的步骤。此外,因子负荷可以是负数,例如表 7 - 2 中 $\lambda_{1.10}$ 的估计值等于 -0.405。这种情况下,信息假设比较因子负荷 $\lambda_{p.j}$ 时应当使用其绝对值。为了符号简单,我们在表达式中仍然使用 $\lambda_{p.j}$。研究者可以自行设置因子负荷的符号,例如,当比较指标 $y10$ 的主负荷和交叉负荷时可设置 $\lambda_{3.10}>-\lambda_{1.10}$。

第 2 节 因子负荷贝叶斯检验的方法与应用

因子负荷的贝叶斯检验需要设置模型参数的先验分布和后验分布,构建贝叶斯因子分析模型,之后计算因子负荷信息假设的贝叶斯因子。

2.1 先验分布与后验分布

根据式(7 - 1)和式(7 - 2)可知验证性因子分析模型的未知参数包括因子负荷 $\mathbf{\Lambda}$,测量误差方差 $\mathbf{\Psi}$,潜变量方差 $\mathbf{\Phi}$,此外潜变量 $\boldsymbol{\eta}_i$ 本身也未知。因子分析模型本质上是多元正态线性模型的一类,在 fractional 先验方法下因子负荷和潜变量服从条件正态分布,方差协方差参数服从逆 Wishart 分布。为了方便表示,令 $\boldsymbol{\lambda}=\text{vec}(\mathbf{\Lambda})$ 表示向量化的因子负荷矩阵,例如本章第 1.2.1 节中的 $\boldsymbol{\lambda}=(\lambda_{1.1},\cdots,\lambda_{1.13},\lambda_{2.1},\cdots,\lambda_{2.13},\lambda_{3.1},\cdots,\lambda_{3.13})$。令 $\boldsymbol{Y}=(\boldsymbol{y}_1,\cdots,\boldsymbol{y}_n)$ 和 $\mathbf{H}=(\boldsymbol{\eta}_1,\cdots,\boldsymbol{\eta}_n)$ 分别表示观测数据和潜变量的矩阵形式。因子负荷向量 $\boldsymbol{\lambda}$ 的 fractional 先验分布和后验分布可分别表示为

$$\pi_u(\boldsymbol{\lambda}\mid\mathbf{\Psi},\mathbf{\Phi},\mathbf{H})=N(\boldsymbol{\lambda}^*,\mathbf{\Sigma}/b) \tag{7-10}$$

和

$$\pi_u(\boldsymbol{\lambda} \mid \mathbf{Y}, \boldsymbol{\Psi}, \boldsymbol{\Phi}, \mathbf{H}) = N(\hat{\boldsymbol{\lambda}}, \boldsymbol{\Sigma}) \tag{7-11}$$

其中，$\hat{\boldsymbol{\lambda}} = \mathrm{vec}((\mathbf{HH}^{\mathrm{T}})^{-1}\mathbf{HY}^{\mathrm{T}})$ 为 $\boldsymbol{\lambda}$ 的估计值，$\boldsymbol{\Sigma} = \boldsymbol{\Psi} \otimes (\mathbf{HH}^{\mathrm{T}})^{-1}$ 为 $\boldsymbol{\lambda}$ 的协方差矩阵，$\otimes$ 代表直积（Kronecker product）。$\boldsymbol{\lambda}^*$ 为调整后的先验均值，例如当检验 H_{0_1}：$\lambda_{1.1} = \lambda_{1.2} = \lambda_{1.3} = \lambda_{1.4}$ 或 H_1：$\lambda_{1.1} > \lambda_{1.4} > \lambda_{1.3} > \lambda_{1.2}$ 时，需要将四个因子负荷的均值调整为 $\lambda^*_{1.1} = \lambda^*_{1.2} = \lambda^*_{1.3} = \lambda^*_{1.4} = d$，其中 d 可为任意值。先验分布的方差大于后验分布，是后验分布的 $1/b$ 倍。

这里仅展示核心参数因子负荷的分布函数，其他未知参数和潜变量的条件分布可参考文献（Lee, 2007, p. 85；Gu et al., 2023）。基于条件分布，我们可以生成模型参数和潜变量的 MCMC 抽样，进而计算后验统计量。模型参数的 MCMC 抽样可在已有贝叶斯结构方程模型软件如 Mplus 和 R 软件包 blavaan（Merkle & Rosseel, 2018）中实现。

2.2 贝叶斯因子

由第三章讨论可知，当信息假设 H_k 为零假设时，零假设 H_k 与无约束假设 H_u 的贝叶斯因子可表示为因子负荷后验分布和先验分布在零假设约束下的密度比：

$$BF_{ku} = \frac{\pi_u(\mathbf{R}\boldsymbol{\lambda}_h = \mathbf{r} \mid D)}{\pi_u(\mathbf{R}\boldsymbol{\lambda}_h = \mathbf{r})} = \frac{\pi_u(\boldsymbol{\theta} = \mathbf{0} \mid D)}{\pi_u(\boldsymbol{\theta} = \mathbf{0})} \tag{7-12}$$

其中 $D = \mathbf{Y}$ 表示观测数据。当信息假设 H_k 为次序假设时，次序假设 H_k 与无约束假设 H_u 的贝叶斯因子可表示为因子负荷后验分布和先验分布在次序假设约束下的概率比：

$$BF_{ku} = \frac{p_u(\mathbf{R}\boldsymbol{\lambda}_h > \mathbf{r} \mid D)}{p_u(\mathbf{R}\boldsymbol{\lambda}_h > \mathbf{r})} = \frac{p_u(\boldsymbol{\theta} > \mathbf{0} \mid D)}{p_u(\boldsymbol{\theta} > \mathbf{0})} \tag{7-13}$$

其中 $p_u(\cdot)$ 和 $p_u(\cdot \mid D)$ 分别为先验分布和后验分布满足次序假设的概率。上式中的分布密度函数和分布概率函数均为 $\boldsymbol{\lambda}_h$ 或 $\boldsymbol{\theta}$ 的边际分布函数，而本章第 2.1 节仅给出了 $\boldsymbol{\lambda}$ 的条件分布函数，需要对其他参数 $\boldsymbol{\lambda}_n$, $\boldsymbol{\Psi}$, $\boldsymbol{\Phi}$, $\mathbf{H}$ 进行积分。在因子分析模型下，$\boldsymbol{\lambda}_h$ 的边际分布没有显式表达式，但是边际密度或概率可通过 MCMC 抽样下的条件密度或概率的平均值近似估计。该方法已在第三章介绍，对于因子分析模型可计算每次 MCMC 抽样下因子负荷 $\boldsymbol{\lambda}_h$ 的条件正态分布密度或概率，这些密度或概率的平均值可近似估计边际分布的密度或概率。

在得到信息假设 H_k 与无约束假设 H_u 的贝叶斯因子 BF_{ku} 之后，根据贝叶斯因子的性质，可进一步得到信息假设与其补假设的贝叶斯因子 BF_{kc}，与其他信息假设的贝叶斯因子 $BF_{kk'}$。此外，贝叶斯因子 BF_{ku} 的倒数表示 H_u 相对于 H_k 的贝叶斯因子，即 $BF_{uk}=1/BF_{ku}$。贝叶斯因子量化了数据对两个竞争假设的相对支持程度。以信息假设与无约束假设的贝叶斯因子 BF_{ku} 为例，若 BF_{ku} 大于 1，则表示因子负荷的信息假设 H_k 得到了更多的数据支持；反之则数据对 H_u 的支持程度大于 H_k。当贝叶斯因子在 1 附近时，无法确定数据支持任一假设，即两个假设得到的数据证据大致相同。

当评估多个信息假设时，可先计算每个信息假设与无约束假设的贝叶斯因子 BF_{ku}，再将 BF_{ku} 转换为每个假设的后验模型概率 PMP，表示为 $PMP_k = BF_{ku} \Big/ \sum_k BF_{ku}$。PMP 表达了每个假设在当前数据下受到支持的相对程度。此外，PMP 可用于评估单个假设的贝叶斯错误率，当接受假设 H_k 时，$1-PMP_k$ 表示接受该假设可能犯错的概率。关于贝叶斯因子和后验模型概率的更多解释可参考第二章第 1 节和第 4 节。

因子负荷的贝叶斯因子和后验模型概率的计算需要同时使用 R 软件包 lavaan 和 bain。对 R 软件包 lavaan 感兴趣的读者，可访问 http://lavaan.org/获取有关使用 lavaan 软件包的教程示例。当 lavaan 和 bain 一起使用时，首先运行 R 软件包 lavaan 中的 cfa 或 sem 函数设置并拟合验证性因子分析模型，随后使用软件包 bain 设置并评估因子负荷的信息假设。软件包 bain 需要从 lavaan 的输出结果中提取样本容量、因子负荷的（未标准化或标准化）估计值及其协方差矩阵。

2.3 因子负荷贝叶斯检验的应用

本节继续分析本章第 1.2 节中的两个验证性因子分析案例，使用贝叶斯因子和后验模型概率评估两个案例中的信息假设。R 程序分析代码见第 3 节（仅展示第二个案例的 R 代码）。

2.3.1 霍尔津格和斯温福德数据后续分析

该案例中设定的假设包括 $H_{0_1}:\lambda_{1.1}=\lambda_{1.2}=\lambda_{1.3}=\lambda_{1.4}$，$H_1:\lambda_{1.1}>\lambda_{1.4}>\lambda_{1.3}>$

$\lambda_{1.2}$，$H_2:\lambda_{2.8}>\lambda_{3.8}$。这里我们将 H_{0_1} 和 H_1 分别与无约束假设 H_u 相比，计算贝叶斯因子和后验模型概率，随后计算 H_1 和 H_{0_1} 的贝叶斯因子和后验模型概率，最后比较 H_2 与零假设 $H_{0_2}:\lambda_{2.8}=\lambda_{3.8}$。贝叶斯因子的分析结果见表 7-3。

表 7-3　案例 1 的信息假设贝叶斯评估结果

信息假设	贝叶斯因子	1－PMP
H_{0_1} 与 H_u	8.428	0.106
H_1 与 H_u	9.364	0.096
H_1 与 H_{0_1}	1.111	0.474
H_2 与 H_{0_2}	10.05	0.090

（PMP 表示信息假设的后验模型概率，1－PMP 反映了贝叶斯错误率）

零假设 H_{0_1} 与 H_u 的贝叶斯因子为 8.428，接受零假设，且有较小的贝叶斯错误率 0.106，表示有数据证据支持空间能力 $\eta1$ 的主因子负荷相等。次序假设 H_1 与 H_u 的贝叶斯因子为 9.364，接受次序假设，贝叶斯错误率为 0.096，表示有数据证据支持视觉感知 $y1$ 是空间能力 $\eta1$ 最重要的测量指标，其次是旗帜 $y4$、纸质板 $y3$ 和立方体 $y2$。需要注意的是，零假设 H_{0_1} 和次序假设 H_1 的贝叶斯因子结果并不矛盾，它们都是相对于无约束假设得到了更多的数据支持。进一步比较 H_1 和 H_{0_1}，得到贝叶斯因子为 1.111，在 1 附近，接受 H_1 的贝叶斯错误率为 0.474，表明 H_1 和 H_{0_1} 受到了近乎相等的数据支持。次序假设 H_2 与零假设 H_{0_2} 的贝叶斯因子为 10.05，接受次序假设，贝叶斯错误率 0.090 较小。这表明指标句子填空（$y8$）的主因子负荷大于其交叉负荷，被正确分配测量目标因子语言能力 $\eta2$。

2.3.2　《芝麻街》数据后续分析

本案例中设定的假设为 $H_3:\lambda_{A.j}>0.6$，$\lambda_{B.j}>0.6$，将其与无约束假设相比，计算贝叶斯因子为 $BF_{3u}=91.005$，贝叶斯错误率为 0.011；将其与补假设相比，贝叶斯因子为 $BF_{3u}=701.827$，贝叶斯错误率为 0.001。以上都显示有强力的数据证据表明验证性因子分析模型中各因子负荷都大于 0.6，因子 A 和其测量指标强相关，因子 B 和其测量指标强相关。具体分析代码见第 3 节。

第3节 因子负荷贝叶斯检验的软件实现

因子负荷的贝叶斯检验可在R软件包 bain 与 JASP 软件中的 Bain 模块实现。在 R 软件中，需要借助结构方程模型软件包 lavaan 拟合验证性因子分析模型，在 JASP 软件中的 Bain 模块同样需要使用 lavaan 句法设置验证性因子分析模型。相比之下，R 软件包 bain 更灵活，而 JASP 的操作更简单。下面分别介绍 R 软件和 JASP 软件中 bain 包或 Bain 模块进行因子负荷信息假设检验的使用教程。这里以《芝麻街》案例数据分析为例。

3.1 R 软件包 bain 中的因子负荷检验

在分析验证性因子分析模型时，R 软件包 bain 需要借助 lavaan 软件包的 cfa 或 sem 函数设置和拟合模型。bain 可直接调用 cfa 或 sem 函数的输出结果，评估研究者设置的因子负荷信息假设，计算贝叶斯因子和后验模型概率。

本小节展示如何使用 lavaan 包的 sem 函数和 bain 包的 bain 函数在验证性因子分析模型中检验因子负荷的信息假设，并解释贝叶斯检验结果。以下是 R 语言程序，构建 Sesame Street 数据潜变量因子 A 和 B 的验证性因子分析模型，检验各因子负荷是否大于 0.6。

```
#加载 bain 和 lavaan 软件包
library(bain)
library(lavaan)

#设置图 7-2 中的验证性因子分析模型
model <- 'A =~ Ab + Al + Af + An + Ar + Ac
          B =~ Bb + Bl + Bf + Bn + Br + Bc'
#使用 sem 函数拟合验证性因子分析模型
fit <- sem(model, data = sesamesim, std.lv = TRUE)
#查看因子负荷估计值和名称
```

```
coef(fit)
#设置随机数种子
set.seed(100)

#设置信息假设
hypotheses <-
"A=~Ab > 0.6 & A=~Al > 0.6 & A=~Af > 0.6 & A=~An > 0.6 &
A=~Ar > 0.6 & A=~Ac >0.6 &
B=~Bb > 0.6 & B=~Bl > 0.6 & B=~Bf > 0.6 & B=~Bn > 0.6 &
B=~Br > 0.6 & B=~Bc >0.6"
#运行 bain 计算因子负荷的贝叶斯因子
results <- bain(fit, hypotheses, standardize = TRUE)
#输出结果
print(results)
summary(results, ci = 0.95)
```

上述代码首先设置和拟合验证性因子分析模型。lavaan 语句 A =~ Ab + Al + Af + An + Ar + Ac 和 B =~ Bb + Bl + Bf + Bn + Br + Bc 定义了验证性因子分析模型 model，表示潜变量因子 A 和 B 由 Ab、Al 和 Bb、Bl 等观测指标测量，符号“=~”在 lavaan 程序中表示测量。随后，使用 sem()函数拟合该模型 model，在 sem 语句中，std. lv = TRUE 表示对潜变量进行标准化，将潜变量方差固定为 1，以设定测量尺度。运行函数 sem 后的返回对象记为 fit。coef(fit)输出因子负荷的估计值和名称，以便后续定义假设。set. seed(100)设置随机数种子，可使用任何种子数。

因子负荷的信息假设需要根据研究问题手动输入，案例中的信息假设为各因子负荷都大于 0.6。假设中约束的因子负荷名称须与 coef(fit)的名称对应，各因子负荷的默认名称为以符号=~相连的对应因子和指标名称，例如“A=~Ab > 0.6”表示 Ab 在因子 A 上的负荷大于 0.6，各约束条件以符号 & 相连。在 bain 函数中，第一个参数为 sem 函数验证性因子分析模型拟合的返回对象 fit，第二个参数为定义的信息假设 hypotheses，第三个参数 standardize 表示是否使用标准化的因子负荷，本例中设置为 TRUE。

运行 bain 函数后，返回对象记为 results，并使用 print(results)等查看结果，见图 7-3。返回结果显示了贝叶斯检验的对象是 lavaan 拟合模型，接着以表格的形式展示了假设的拟合度(Fit)、复杂度(Com)、贝叶斯因子(BF. u 和 BF. c)和三类后验模型概率(PMPa、PMPb、PMPc)。关于贝叶斯检验指标的详细介绍，可见第二章第 4 节。

```
> print(results)
Bayesian informative hypothesis testing for an object of class lavaan:

   Fit   Com   BF.u   BF.c    PMPa  PMPb  PMPc
H1 0.872 0.010 91.005 701.827 1.000 0.989 0.999
Hu                                  0.011
Hc 0.128 0.990 0.130                      0.001

Hypotheses:
  H1: A=~Ab>.6&A=~Al>.6&A=~Af>.6&A=~An>.6&A=~Ar>.6&A=~Ac>.6&B=~Bb>.6&B=~Bl>.6&
B=~Bf>.6&B=~Bn>.6&B=~Br>.6&B=~Bc>.6
```

图 7-3 因子负荷的信息假设评估结果

图 7-3 的分析结果表中 H1 表示检验的信息假设，Hu 表示无约束假设，Hc 表示信息假设的补假设。BF. u 表示信息假设与 Hu 的贝叶斯因子，BF. c 表示信息假设与 Hc 的贝叶斯因子。因子负荷的贝叶斯检验结果显示，无论与无约束假设 Hu 还是补假设 Hc 相比，都接受信息假设 H1，贝叶斯因子分别为 91.005 和 701.827，后验模型概率分别为 0.989 和 0.999。代码 summary(results, ci = 0.95)输出因子负荷的估计值和 95%可信区间，见图 7-4，其中第 1 列为因子负荷的名称，第 3 列输出估计值，第 4 列和第 5 列分别为因子负荷的可信区间下限和上限。

```
> summary(results, ci = 0.95)
   Parameter   n  Estimate        lb        ub
1      A=~Ab 240 0.7104508 0.6433340 0.7775677
2      A=~Al 240 0.8114029 0.7632944 0.8595115
3      A=~Af 240 0.8370936 0.7941226 0.8800647
4      A=~An 240 0.9061333 0.8769727 0.9352938
5      A=~Ar 240 0.6980414 0.6287429 0.7673399
6      A=~Ac 240 0.8731170 0.8374249 0.9088091
7      B=~Bb 240 0.7658397 0.7076188 0.8240605
8      B=~Bl 240 0.6476698 0.5687999 0.7265397
9      B=~Bf 240 0.8101849 0.7604160 0.8599537
10     B=~Bn 240 0.8878987 0.8531156 0.9226818
11     B=~Br 240 0.7205677 0.6540778 0.7870576
12     B=~Bc 240 0.8282004 0.7819303 0.8744705
```

图 7-4 因子负荷的参数估计结果

3.2 JASP 软件 Bain 模块中的因子负荷检验

JASP 软件 Bain 模块同样需要借助 lavaan 包设置和拟合验证性因子分析模型。JASP 软件本身是基于 lavaan 包分析结构方程模型的，因此不需要专门安装加载 lavaan 包。本小节展示如何使用 JASP 软件的 Bain 模块对《芝麻街》数据进行贝叶斯验证性因子分析。下面是具体操作步骤，构建潜变量因子 A 和 B 的验证性因子分析模型，检验各因子负荷是否大于 0.6。

(1) 将《芝麻街》数据导入 JASP 软件(参考第二章第 5.2 节)，点击 Bain 模块，选择 Regression 模块下的 Structural Equation Modeling，见图 7-5。JASP 验证性因子分析 Bain 模块界面见图 7-6。

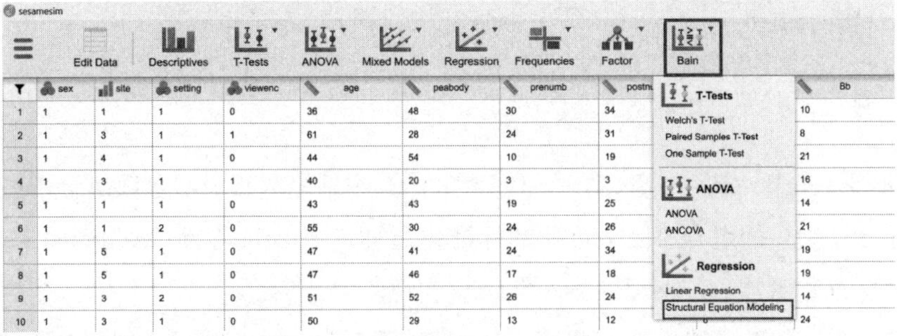

图 7-5 JASP 因子分析模块选择

(2) 在 Bain 界面 Bain Structural Equation Modeling 的对话框内(图 7-6 左上)，构建潜变量与其观测指标之间的测量模型。JASP 软件验证性因子分析模型的设置方式与 R 软件相同。在本例中，潜变量 B 由观看节目前的各指标 Bb、Bl、Bf、Bn、Br、Bc 测量，潜变量 A 由观看节目后的各指标 Ab、Al、Af、An、Ar、Ac 测量。

(3) 在 Bain 界面 Model Constraints 的对话框内(图 7-6 左下)，手动输入待检验信息假设，然后同时按下“Ctrl”键与“Enter”键以输出结果。在本例中，信息假设表达观测指标与潜变量之间存在较强的相关性，通过检验指标在对应潜变量上的标准化因子负荷是否大于 0.6 来验证，信息假设可写为(A=~Ab, A=~Al, A=~Af, A=~An, A=~Ar, A=~Ac)>0.6 & (B=~Bb, B=~Bl, B=~

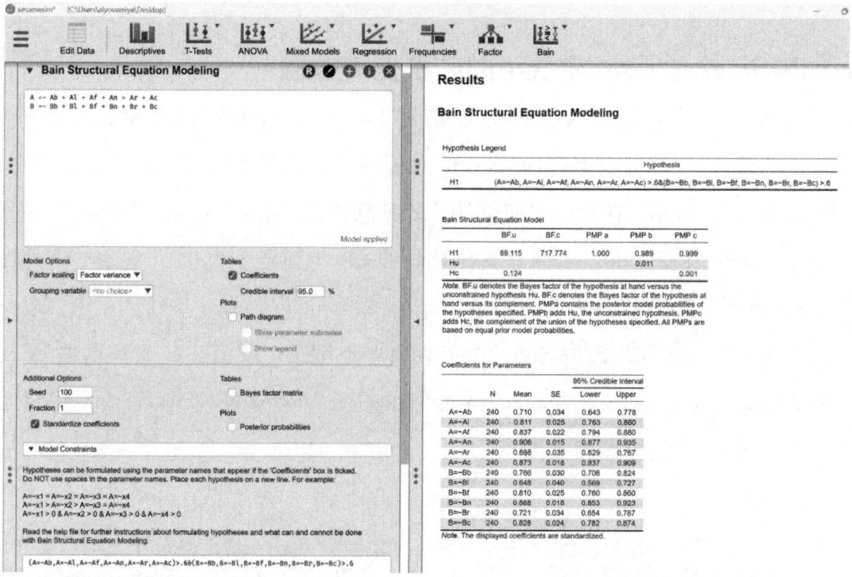

图 7-6　JASP 因子分析 Bain 界面

Bf, B=～Bn, B=～Br, B=～Bc)＞0.6，其中括号“()”表示参数组合，符号“&”表示多个次序的组合。因子负荷的标准化通过点击 Bain 界面 Additional Options 下的标准化系数 Standardize coefficients 实现。

(4) 分析结果在 Bain 界面右边展示(图 7-6 右)。第一个表格显示被检验假设，第二个表格输出贝叶斯信息假设评估结果。在案例中，信息假设 H1 与无约束假设 Hu 的贝叶斯因子为 89.115，后验模型概率等于 0.989；信息假设 H1 与补假设 Hc 的贝叶斯因子为 717.774，后验模型概率等于 0.999。

(5) 可自行输出更多结果：

① 验证性因子分析模型的参数估计。点击 Bain 界面 Tables 下的 Coefficients (图 7-6 左中)可以获得验证性因子分析模型的参数估计值及其可信区间(图 7-6 右下)，其中可信水平可手动设置，默认值为 95%。

② 验证性因子分析的可视化。点击 Bain 界面 Plots 下的 Path diagram(图 7-6 左中)，可以将构建的验证性因子分析模型可视化。选中 Show parameter estimates 将在图中显示验证性因子分析模型的各参数估计值，选中 Show legend 将显示图例。案例的验证性因子分析可视化见图 7-7。

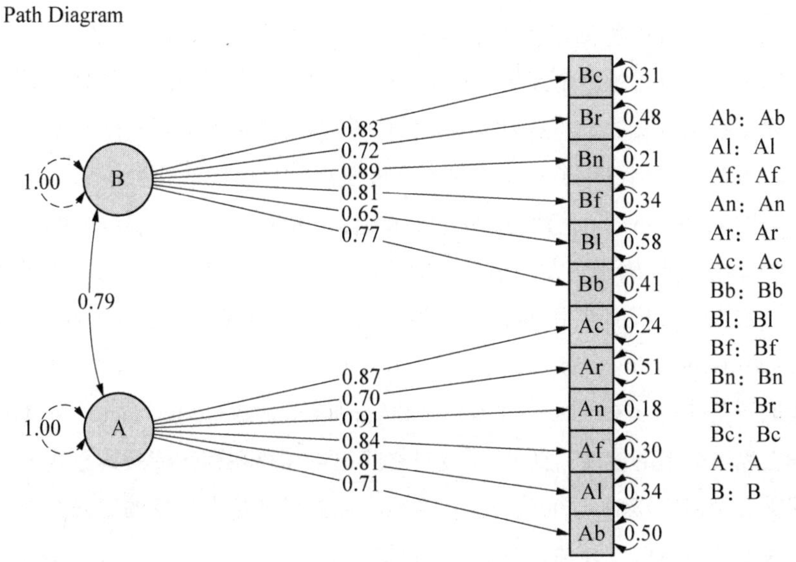

图 7－7　JASP 验证性因子分析的可视化

③ 多个信息假设的评估。点击 Bain 界面 Tables 下的 Bayes factor matrix(图 7－6 左中),可以输出多个假设之间的贝叶斯因子矩阵;点击 Plots 下的 Posterior probabilities(图 7－6 左中),可将后验模型概率可视化。此外,JASP 软件的 Bain 模块支持对验证性因子分析模型识别进行一些调整。点击 Bain 界面 Model Options 下的 Factor scaling(图 7－6 左中)可以设置潜变量的测量尺度,包括将潜变量的方差固定为 1(Factor variance)或将第一个观测指标的因子负荷固定为常数 1(Factor loading)。在本例中,关注的目标参数为因子负荷,因此选择标准化潜变量方差的默认选项。另外,点击 Model Options 下的 Grouping variable(图 7－6 左中)可以设置分组变量。选择分组变量后,验证性因子分析将根据该变量下的不同组别分别构建。

第 4 节　本章小结

本章讨论了验证性因子分析模型中因子负荷信息假设的贝叶斯评估方法,展示了因子负荷的调整的 fractional 先验和后验,均服从条件多元正态分布。为了避免复杂的公式推导，本章并未具体给出因子负荷信息假设的贝叶斯因子计算方法，感兴趣的读者可参见作者关于因子负荷信息假设贝叶斯检验的论文(Gu et al., 2023b)。本章通过两个案例展示了因子负荷信息假设的设定、评估和结果解释，并提供了数据分析的 R 代码和 JASP 操作步骤，帮助读者分析实际数据。

本章的案例讨论了验证性因子分析模型信息假设的几种应用，包括克隆巴赫系数的 tau equivalence 检验，观测指标的测量相对重要性，题项的区分效度。除了这些应用之外，因子负荷的信息假设评估还可以推广到其他结构方程模型。例如，在多组因子分析模型中，可以通过检验组间因子负荷是否相等来评估测量不变性(measurement invariance)；在双因子模型中(bi-factor model)，比较相应指标的一般因子负荷(general factor loading)和组内因子负荷(group factor loading)有助于确定测量模型的维度。此外，潜变量之间也可能存在相互依赖或影响的线性关系，即潜变量回归模型，这时我们关注的核心参数可能是潜变量的回归系数，潜变量回归模型的信息假设评估将在下一章讨论。

本章讨论的方法和应用都是围绕连续变量的验证性因子分析模型展开，这些变量可以是严格的连续变量(如反映时间)，也可以是李克特量表的测量值(如五分量表，1 表示完全不同意，5 表示完全同意)。但是，由于假定了正态似然函数，本章方法不能处理分类指标(如项目反应模型)或是分类潜变量因子(如潜在类别模型)等。

第八章　潜变量回归模型的贝叶斯检验

社会科学研究常包含潜变量，即无法被直接观测的变量，如智力、幸福感、创造力等。研究者通常使用结构方程模型分析潜变量间的结构关系，验证自变量对因变量是否存在显著效应。但是，传统方法不能进行效应间的比较，限制模型参数或比较参数估计值的方法也仅能描述效应或影响的大小关系，无法给出确切的统计推断结论。因此，构建并检验关于潜变量效应比较的信息假设，有助于研究者更准确地评估研究理论。如智力对学业成绩的影响大于人格，个人行为结果对自我效能感的影响大于他人评价、劝说及自我规劝等。

潜变量回归模型是一类处理潜变量间线性关系的结构方程模型，结构方程模型包括两个组成部分：测量模型和结构模型。测量模型描述观测指标和潜变量之间的关系，使用指标测量潜变量，并通过测量误差解释指标的变异。结构模型用于描述潜变量间的关系，检验研究者的理论模型或假设。第六章的回归分析模型属于结构模型，第七章的因子分析模型属于测量模型。本章将两类模型结合，同时考虑潜变量的测量模型和结构模型，构建潜变量回归模型，在控制测量误差的同时，检验回归系数。

第 1 节　潜变量回归分析的模型与应用

1.1　潜变量回归分析的模型

潜变量回归模型是一类结构方程模型，由测量模型与结构模型组成。测量模型构建潜变量和观测指标的关系：

$$\boldsymbol{z}_{i\cdot} = \boldsymbol{\Lambda}\boldsymbol{\eta}_i + \boldsymbol{\epsilon}_i \tag{8-1}$$

其中，$\boldsymbol{z}_i$ 表示观测变量，$i=1, \cdots, n$，n 为样本容量，$\boldsymbol{\eta}_i$ 表示潜变量，其协方差矩阵为 $\boldsymbol{\phi}$，$\boldsymbol{\Lambda}$ 表示因子负荷矩阵，测量误差 $\boldsymbol{\epsilon}_i$ 服从正态分布，均值为 $\mathbf{0}$，协方差矩阵为 $\boldsymbol{\psi}$。结构模型表达潜变量间的结构关系，将潜变量 $\boldsymbol{\eta}_i$ 分为因变量 y_i 和自变量 $\boldsymbol{x}_i$，即 $\boldsymbol{\eta}_i=\{y_i, \boldsymbol{x}_i\}$，则结构模型表示为：

$$y_i=\boldsymbol{\beta}\boldsymbol{x}_i+\delta_i \tag{8-2}$$

其中，$\boldsymbol{x}_i=(x_{1i}, \cdots, x_{Ji})$，$\boldsymbol{\beta}=(\beta_1, \cdots, \beta_J)$ 为回归系数，J 为自变量个数，回归残差 δ_i 服从均值为 0、方差为 σ^2 的正态分布。这里只考虑一个因变量的线性回归模型。

结构方程模型通常使用观测变量的协方差矩阵 $\boldsymbol{\Sigma}_z$ 分析变量间的关系，协方差矩阵 $\boldsymbol{\Sigma}_z$ 可在观测数据后直接计算求得。在测量模型式(8－2)中，数据的协方差矩阵等于

$$\boldsymbol{\Sigma}_z=\boldsymbol{\Lambda}^{\mathrm{T}}\boldsymbol{\phi}\boldsymbol{\Lambda}+\boldsymbol{\psi} \tag{8-3}$$

这时潜变量协方差矩阵 $\boldsymbol{\phi}$ 可通过简单的矩阵运算求得。在得到 $\boldsymbol{\phi}$ 后，又可根据结构模型的协方差效应分解，求得潜变量回归系数：

$$\boldsymbol{\beta}=\boldsymbol{\phi}_x^{-1}\boldsymbol{\sigma}_{yx} \tag{8-4}$$

其中 $\boldsymbol{\phi}_x$ 表示潜自变量 $\boldsymbol{x}_i$ 的协方差矩阵，$\boldsymbol{\phi}_x$ 是 $\boldsymbol{\phi}$ 中的子矩阵，可直接从 $\boldsymbol{\phi}$ 中提取，$\boldsymbol{\sigma}_{yx}$ 表示包含潜因变量 y_i 和每一个潜自变量 x_{ji} 协方差的向量，$\boldsymbol{\sigma}_{yx}$ 是 $\boldsymbol{\phi}$ 中的对应行或列，也可直接从 $\boldsymbol{\phi}$ 中提取。此外，标准化回归系数可根据结构模型的相关系数效应分解，利用潜变量相关矩阵 $\mathbf{P}$ 获得，计算方法类似。由以上讨论可知，潜变量回归分析的核心是估计潜变量协方差矩阵 $\boldsymbol{\phi}$ 或相关矩阵 $\mathbf{P}$。潜变量相关矩阵 $\mathbf{P}$ 的模型拟合值又称为模型隐含相关矩阵(model implied correlation matrix)，为了符号简便，模型隐含相关矩阵同样用符号 $\mathbf{P}$ 表示。

在潜变量回归模型中，回归系数 $\boldsymbol{\beta}$ 通常是研究者所关心的核心参数，比较标准化回归系数的大小能够检验自变量对因变量解释与预测作用的重要性排序，衡量自变量的效应大小。如 β_1，β_2，β_3 为潜自变量 x_1，x_2，x_3 对应的回归系数，则 $\beta_1>\beta_2>\beta_3$ 表示 x_1 对因变量的影响大于 x_2，x_2 的影响又大于 x_3。因此，潜变量回归系数 $\boldsymbol{\beta}$ 是构建假设的目标参数。除回归系数外，模型其他参数称为非目标

参数，以 $\boldsymbol{\zeta}=\{\boldsymbol{\Lambda}, \boldsymbol{\phi}, \boldsymbol{\psi}, \sigma^2\}$ 表示。

潜变量回归系数的信息假设一般形式可表示为：$H_k: \boldsymbol{R\beta} \geqslant \boldsymbol{r}$。与其他模型的信息假设检验类似，信息假设 H_k 将与无约束假设 H_u 或补假设 H_c 相比较。此外，研究者可同时比较多个信息假设，找出最能准确描述数据的研究理论。如比较 $H_1: \beta_1 > \beta_2 > \beta_3$，$H_2: \beta_2 > \beta_1 > \beta_3$，$H_3: \beta_3 > \beta_2 > \beta_1$ 等假设以验证自变量效应大小的最佳排序。需要特别指出的是，次序假设中的参数均为标准化后的回归系数，为了符号简便，仍使用 $\boldsymbol{\beta}$ 表示。此外，自变量效应大小应当比较的是标准化回归系数绝对值，因此若自变量预期效应为负，则需在标准化回归系数前添加负号再进行比较，如 $-\beta_3 > \beta_2 > \beta_1$。下一小节将介绍两个研究实例，示范如何根据研究理论构建信息假设。同时，研究实例也将用于后文各节演示贝叶斯信息假设检验的方法与结果解读。

1.2　潜变量回归分析的应用

本小节使用两个应用实例说明潜变量回归模型的设定和回归系数信息假设的定义。

1.2.1　人格心理学数据案例

第一个案例来自人格心理学研究实例。已有研究表明，大五人格变量中的严谨性和外倾性，以及黑暗人格变量中的马基雅维利主义和精神病态共同影响大学生考试作弊行为（Zhang et al.，2018）。本章重新分析张静等（Zhang et al.，2018）收集的 634 名中国大学生考试作弊与人格变量数据。其中，考试作弊由 20 个题项测量，要求被试者回答过去一年考试中各种不诚实行为的频率，采用五点李克特量表得分：1 表示“从不”，5 表示“总是”。严谨性和外倾性人格变量分别由 9 个和 8 个题项测量，马基雅维利主义和精神病态人格变量各由 9 个题项测量，均采用 5 点计分法：1 表示“完全不同意”，5 表示“完全同意”。

人格变量影响考试作弊行为的潜变量回归模型如图 8－1 所示，具体模型如下：

$$y_i = \beta_{严} x_{严i} + \beta_{外} x_{外i} + \beta_{马} x_{马i} + \beta_{精} x_{精i} + \delta_i \qquad (8-5)$$

其中，y_i 表示考试作弊行为，i 为学生个体，$x_{严i}$，$x_{外i}$，$x_{马i}$，$x_{精i}$ 分别表示严谨性、外倾性、马基雅维利主义、精神病态人格变量，$\beta_{严}$，$\beta_{外}$，$\beta_{马}$，$\beta_{精}$ 为对应的回归系数，δ_i 为回归残差。各潜变量的测量模型省略。

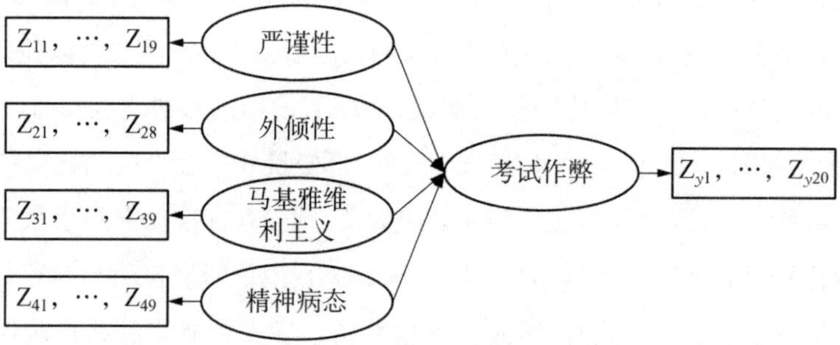

图 8-1　潜变量回归模型示例

使用 R 软件包 lavaan 拟合上面潜变量回归模型，具体代码见本章第 3.1.1 节。拟合模型后可得标准化回归系数估计值，见表 8-1。这里仅展示潜变量标准化回归系数的估计结果，因子负荷等其他参数估计省略。

表 8-1　案例 1 的潜变量标准化回归系数估计值、标准误和置信区间

	估计值	标准误	95%置信区间
严谨性	−0.152	0.054	(−0.258, −0.045)
外倾性	0.178	0.053	(0.074, 0.282)
马基雅维利	0.316	0.154	(0.014, 0.619)
精神病态	0.502	0.156	(0.196, 0.809)

在设定潜变量回归模型后，根据研究理论构建信息假设。已有研究发现黑暗人格对考试作弊行为的影响大于大五人格(Williams et al., 2010)，因此构建如下次序假设：

$$H_1:\{-\beta_{严}, \beta_{外}\} < \{\beta_{马}, \beta_{精}\} \tag{8-6}$$

在理论中严谨性的效应为负，因此取 $-\beta_{严}$ 与其他变量系数比较。同时大五人格中的严谨性效应弱于外倾性，黑暗人格中的马基雅维利主义效应弱于精神病态，即：

$$H_2: -\beta_{严} < \beta_{外}, \beta_{马} < \beta_{精} \tag{8-7}$$

将次序假设 H_1 与 H_2 结合，得到准确表达上述研究理论的次序假设：

$$H_3: -\beta_{严} < \beta_{外} < \beta_{马} < \beta_{精} \tag{8-8}$$

次序假设中的参数均为标准化后的回归系数。本章将在后续内容中检验以上三个次序假设，以验证研究理论是否受到数据的支持。

1.2.2 《芝麻街》数据案例

第二个案例仍然使用第四章第 1.2 节的《芝麻街》数据。考虑观看后儿童的数学能力 A 作为潜在因变量，观看前儿童的数学能力 B 作为潜在自变量，儿童年龄 (Age) 和心理年龄 (Peaboday) 作为观测自变量。其中潜变量 A 由观测指标 Ab、Al、Af、An、Ar、Ac 测量，潜变量 B 由观测指标 Bb、Bl、Bf、Bn、Br、Bc 测量，测量模型和指标的具体含义已在第七章验证性因子分析模型例中展示，这里不再重复。回归模型可由下式表示：

$$y_i = \beta_1 x_{1i} + \beta_2 x_{2i} + \beta_3 x_{3i} + \delta_i$$

其中，y_i 表示潜变量 B，x_{1i} 为潜变量 A，x_{2i} 为观测变量 Age，x_{3i} 为观测变量 Peabody，β_1，β_2，β_3 为对应的回归系数，δ_i 为回归残差。该模型同样在 R 软件包 lavaan 中设置并拟合，具体代码见本章第 3.1.2 节，初步分析结果见表 8-2。这里仅展示标准化回归系数的估计结果，其他参数估计省略。

表 8-2　案例 2 的潜变量标准化回归系数估计值、标准误和置信区间

	估计值	标准误	95%置信区间
B	0.789	0.030	(0.730, 0.848)
Age	0.000	0.047	(−0.093, 0.092)
Peabody	−0.016	0.047	(−0.108, 0.077)

定义模型后，可设置标准化回归系数的信息假设，比较各自变量的效应大小，如可设置：

$$H_4: \beta_1 > \beta_3 = \beta_2 = 0$$

$$H_5: \beta_1 > \beta_3 > \beta_2 = 0$$

$$H_6: \beta_1 > \beta_3 > \beta_2 > 0 \tag{8-9}$$

假设 H_4 表示观看前儿童的数学能力 B 对观看后儿童的数学能力 A 的影响和预测作用最大，而心理年龄（Peabody）和年龄（Age）对 A 没有作用。假设 H_5 表示观看前数学能力 B 对观看后数学能力 A 的影响和预测作用最大，其次是心理年龄（Peabody），而年龄（Age）对 A 没有作用。假设 H_6 表示观看前数学能力 B 对观看后数学能力 A 的影响和预测作用最大，其次是心理年龄（Peabody）和年龄（Age）。这些假设可与无约束假设比较。

第 2 节　贝叶斯潜变量回归分析的方法与应用

本节讨论潜变量回归模型参数的先验分布和后验分布，构建贝叶斯潜变量回归模型，并计算回归系数信息假设的贝叶斯因子。

2.1　先验分布与后验分布

潜变量回归模型的未知参数较多，包括因子负荷 $\mathbf{\Lambda}$，潜变量方差 $\boldsymbol{\phi}$，测量误差方差 $\boldsymbol{\psi}$，潜变量回归系数 $\boldsymbol{\beta}$，回归残差方差 σ^2 等，潜变量 $\boldsymbol{\eta}_i$ 本身也可作为未知参数。一般情况下，表示变量线性关系的因子负荷 $\mathbf{\Lambda}$ 和回归系数 $\boldsymbol{\beta}$ 服从条件正态分布，表示变量方差或协方差的参数 σ^2，$\boldsymbol{\phi}$，$\boldsymbol{\psi}$ 服从逆伽马分布或逆 Wishart 分布，潜变量 $\boldsymbol{\eta}_i$ 服从正态分布。潜变量回归系数 $\boldsymbol{\beta}$ 是构建假设的目标参数，以下仅给出 $\boldsymbol{\beta}$ 的先验分布和后验分布，为了表达简便，其他非目标参数记为 $\boldsymbol{\zeta}=\{\mathbf{\Lambda}, \boldsymbol{\phi}, \boldsymbol{\psi}, \sigma^2\}$。在 fractional 方法下，回归系数 $\boldsymbol{\beta}$ 的调整后 fractional 条件正态先验分布和后验分布分别表示为：

$$\pi_u(\boldsymbol{\beta} \mid \boldsymbol{\eta}_i, \boldsymbol{\zeta}) = N(\mathbf{0}, \mathbf{\Sigma}_\beta / b) \tag{8-10}$$

和

$$\pi_u(\boldsymbol{\beta} \mid \boldsymbol{z}_i, \boldsymbol{\eta}_i, \boldsymbol{\zeta}) = N(\hat{\boldsymbol{\beta}}, \mathbf{\Sigma}_\beta) \tag{8-11}$$

其中 $\hat{\boldsymbol{\beta}} = (\boldsymbol{X}^T\boldsymbol{X})^{-1}\boldsymbol{X}\boldsymbol{y}^T$ 为 $\boldsymbol{\beta}$ 的估计值，$\mathbf{\Sigma}_\beta = \sigma^2(\boldsymbol{X}^T\boldsymbol{X})^{-1}$ 为 $\boldsymbol{\beta}$ 的协方差矩阵，$X =$

$(\boldsymbol{x}_1, \cdots, \boldsymbol{x}_n)^T$ 为 $n \times J$ 潜自变量矩阵，$\boldsymbol{y}=(y_1, \cdots, y_n)^T$ 为 $n \times 1$ 潜因变量向量。fractional 先验分布的方差是后验分布的 $1/b$ 倍。由于潜变量的存在，无法给出回归系数 $\boldsymbol{\beta}$ 的边际先验分布和后验分布的显式表达式。但是基于上面 $\boldsymbol{\beta}$ 的条件分布，我们可以利用 MCMC 抽样生成 $\boldsymbol{\beta}$ 的样本，进而计算先验分布和后验分布的密度或概率等统计量。模型参数的 MCMC 抽样可在贝叶斯结构方程模型软件如 Mplus 和 R 软件包 blavaan(Merkle & Rosseel, 2018)中实现。

2.2 贝叶斯因子

潜变量回归分析信息假设 H_k 与无约束假设 H_u 的贝叶斯因子表示为潜变量回归系数后验分布和先验分布在信息假设约束下的密度比或概率比。若信息假设包含零约束，则贝叶斯因子等于

$$BF_{ku}=\frac{\pi_u(\boldsymbol{R\beta}=\boldsymbol{r} \mid D)}{\pi_u(\boldsymbol{R\beta}=\boldsymbol{r})} \tag{8-12}$$

其中，$D=\boldsymbol{z}_i$ 表示观测数据，$\pi_u(\boldsymbol{R\beta}=\boldsymbol{r} \mid D)$ 和 $\pi_u(\boldsymbol{R\beta}=\boldsymbol{r})$ 分别为回归系数后验分布和先验分布在零约束下的密度比。若信息假设包含不等式约束，则贝叶斯因子等于

$$BF_{ku}=\frac{p_u(\boldsymbol{R\beta}>\boldsymbol{r} \mid D)}{p_u(\boldsymbol{R\beta}>\boldsymbol{r})} \tag{8-13}$$

其中，$p_u(\boldsymbol{R\beta}>\boldsymbol{r} \mid D)$ 和 $p_u(\boldsymbol{R\beta}>\boldsymbol{r})$ 分别为回归系数后验分布和先验分布满足不等式约束的概率。分布概率可通过 $\boldsymbol{\beta}$ 的 MCMC 样本计算，如 1 000 次后验 MCMC 样本中有 800 次满足 $\boldsymbol{R\beta}>\boldsymbol{r}$，则后验分布概率为 $p_u(\boldsymbol{R\beta}>\boldsymbol{r} \mid D)=0.8$。而分布密度无法直接计算，这时可使用第三章介绍的边际分布密度的近似算法估计分布密度。

计算信息假设 H_k 与无约束假设 H_u 的贝叶斯因子 BF_{ku} 之后，H_k 与补假设 H_c 或其他信息假设 $H_{k'}$ 的贝叶斯因子可根据第二章第 4 节给出的贝叶斯因子的性质得到。在得到每个信息假设 H_k 的贝叶斯因子 BF_{ku} 后，它们的后验模型概率 PMP 也可相应计算：$PMP_k=BF_{ku}\Big/\sum_k BF_{ku}$，PMP 表示假设 H_k 在当前数据下为真的概率，相对地，1－PMP 表示接受该假设可能犯错的概率。关于贝叶斯因子

和后验模型概率的更多解释可参考第二章第 1 节和第 4 节。

潜变量回归模型与因子分析模型都属于结构方程模型，其模型设定和拟合都需要借助结构方程模型分析软件。这里我们继续使用软件包 lavaan 的 sem 函数设定和拟合潜变量回归模型，其拟合结果可直接被软件包 bain 调用，用于评估潜变量回归系数的信息假设。

2.3 贝叶斯潜变量回归分析的应用

本节继续分析本章第 1.2 节中的两个潜变量回归模型案例，使用贝叶斯因子和后验模型概率评估潜变量回归系数的信息假设。R 程序分析代码见第 3 节。

2.3.1 人格心理学数据后续分析

该案例中设定的信息假设包括 $H_1:\{-\beta_{严}, \beta_{外}\}<\{\beta_{马}, \beta_{精}\}$、$H_2:-\beta_{严}<\beta_{外}, \beta_{马}<\beta_{精}$、$H_3:-\beta_{严}<\beta_{外}<\beta_{马}<\beta_{精}$，表示严谨性、外倾性、马基雅维利主义、精神病态对考试作弊行为影响大小的不同排序。分别计算它们与无约束假设 H_u 的贝叶斯因子，并计算三个假设的后验模型概率，具体分析代码见第 3 节，分析结果见表 8-3。

表 8-3　案例 1 的信息假设贝叶斯评估结果

信息假设	贝叶斯因子	PMP
H_1 与 H_u	1.927	0.213
H_2 与 H_u	2.572	0.284
H_3 与 H_u	4.563	0.504

（PMP 表示三个信息假设的后验模型概率）

假设 H_1 与 H_u 相比的贝叶斯因等于 $BF_{1u}=1.927$，PMP 为 $PMP_1=0.213$，根据第二章第 1 节的贝叶斯因子解释，该结果表示数据支持 H_1，但证据不够充分。假设 H_2 与 H_u 相比的贝叶斯因等于 $BF_{2u}=2.572$，PMP 为 $PMP_2=0.284$，同样显示数据支持 H_2 的证据不够充分。假设 H_3 与 H_u 相比的贝叶斯因等于 $BF_{3u}=4.563$，PMP 为 $PMP_3=0.504$，表示有令人信服的数据证据支持 H_3。本研究实例的贝叶斯假设检验结果表明黑暗人格对考试作弊行为的影响大于大五人格，且大五人格中的严谨性效应弱于外倾性，黑暗人格中的马基雅维利主义效应弱于精神病态。

2.3.2 《芝麻街》数据后续分析

本案例中设定的假设为 $H_4:\beta_1>\beta_3=\beta_2=0$，$H_5:\beta_1>\beta_3>\beta_2=0$，$H_6:\beta_1>\beta_3>\beta_2>0$，表示观看前儿童的数学能力 B、心理年龄(Peabody)、年龄(Age)对观看后儿童的数学能力 A 的影响作用大小次序。将 H_4，H_5，H_6 分别与无约束假设 H_u 相比，计算它们的贝叶斯因子和后验模型概率，具体分析代码见第 3 节，分析结果见表 8-4。

表 8-4 案例 2 的信息假设贝叶斯评估结果

信息假设	贝叶斯因子	PMP
H_4 与 H_u	150.9	0.790
H_5 与 H_u	34.85	0.183
H_6 与 H_u	5.228	0.027

(PMP 表示三个信息假设的后验模型概率)

假设 H_4 与 H_u 相比的贝叶斯因子等于 $BF_{4u}=150.9$，该结果表示有非常强力的数据证据支持 H_4。假设 H_5 与 H_u 相比的贝叶斯因子等于 $BF_{5u}=34.85$，表示有强力的数据证据支持 H_5。假设 H_6 与 H_u 相比的贝叶斯因子等于 $BF_{6u}=5.228$，表示有令人信服的数据证据支持 H_6。三个假设 H_4、H_5、H_6 的后验模型概率 PMP 分别为 $PMP_1=0.790$、$PMP_2=0.183$、$PMP_3=0.027$，表明假设 H_4 得到的数据支持最大，在观测数据后，相比其他两个假设，H_4 为真的概率为 0.790。综上，本研究实例的贝叶斯假设检验结果表明观看前儿童的数学能力 B 对观看后儿童的数学能力 A 的影响和预测作用最大，而心理年龄(Peabody)和年龄(Age)对 A 没有作用。

第 3 节 贝叶斯潜变量回归分析的软件实现

潜变量回归系数的贝叶斯检验可在 R 软件包 bain 与 JASP 软件中的 Bain 模

块实现，两者都需借助 lavaan 软件包。本节介绍如何在 R 软件和 JASP 软件中，使用 lavaan 包设定和拟合潜变量回归模型，使用 bain 包评估关于潜变量回归系数的信息假设。

3.1 R 软件包 bain 中的潜变量回归系数检验

在分析潜变量回归模型时，首先使用 lavaan 软件包中的 sem 函数设置和拟合模型，随后定义回归系数的信息假设，并使用 bain 软件包中的 bain 函数计算贝叶斯因子和后验模型概率，评估信息假设。以下展示本章两个应用案例的分析代码，并解释贝叶斯检验结果。

3.1.1 人格心理学数据案例分析代码

本小节展示本章第 1.2.1 节人格心理学潜变量回归模型中的信息假设贝叶斯检验的 R 软件分析程序代码。构建因变量为考试作弊行为，自变量为严谨性、外倾性、马基雅维利主义、精神病态的潜变量回归模型，检验自变量标准化回归系数的大小和次序。

```
#加载 bain 和 lavaan 软件包
library(bain)
library(lavaan)
#读取数据
AcaChe <- read.csv()
#设置潜变量回归模型
model <-'AC =~ zy1 + zy2 + zy3 + zy4 + zy5 + zy6 + zy7 + zy8
            + zy9 + zy10 + zy11 + zy12 + zy13 + zy14 + zy15
            + zy16 + zy17 + zy18 + zy19 + zy20
       B5C =~ z11 + z12 + z13 + z14 + z15 + z16 + z17 + z18 + z19
       B5E =~ z21 + z22 + z23 + z24 + z25 + z26 + z27 + z28
       Mac =~ z31 + z32 + z33 + z34 + z35 + z36 + z37 + z38 + z39
       Psy =~ z41 + z42 + z43 + z44 + z45 + z46 + z47 + z48 + z49
```

```
    AC ~ B5C + B5E + Mac + Psy'
# 使用 sem 函数拟合潜变量回归模型
fit <- sem(model, data= AcaChe, std.lv = TRUE)
# 查看因子负荷估计值和名称
coef(fit)
# 设置随机数种子
set.seed(100)

# 设置信息假设
hypotheses <- "(-AC~B5C, AC~B5E) < (AC~Mac, AC~Psy);
                  -AC~B5C < AC~B5E & AC~Mac < AC~Psy;
                  -AC~B5C < AC~B5E < AC~Mac < AC~Psy"
# 运行 bain 计算标准化回归系数的贝叶斯因子
results <- bain(fit, hypotheses, standardize = TRUE)
# 输出结果
print(results)
summary(results, ci = 0.95)[56:59,]
```

上述代码首先设置和拟合潜变量回归模型。在 lavaan 模型 model 设定中，语句 AC =~ zy1 + …、B5C =~ z11 + …、B5E =~ z21 + …、Mac =~ z31+…等分别定义了潜变量 AC、B5C、B5E、Mac 的测量模型，符号"=~"在 lavaan 语句中表示测量；语句 AC ~ B5C + B5E + Mac + Psy 定义了因变量为 AC，自变量为 B5C、B5E、Mac、Psy 的回归模型，符号"~"在 lavaan 语句中表示回归。随后使用 sem 函数拟合 model 模型，并设置 std. lv = TRUE 表示标准化潜变量，即将潜变量方差固定为 1，设定测量尺度。函数 sem 的返回对象记为 fit。coef(fit)输出回归系数的估计值和名称，用于后续定义假设。set. seed(100)设置随机数种子。

拟合模型后，设置标准化回归系数的信息假设。本案例共有三个信息假设，假设 H_1：$\{-\beta_{严}, \beta_{外}\} < \{\beta_{马}, \beta_{精}\}$ 由语句(−AC~B5C, AC~B5E) < (AC~Mac, AC~Psy)定义；假设 H_2：$-\beta_{严} < \beta_{外}, \beta_{马} < \beta_{精}$ 由语句−AC~B5C < AC~B5E &

AC～Mac < AC～Psy 定义；假设 H_3：$-\beta_{严} < \beta_{外} < \beta_{马} < \beta_{精}$ 由语句 -AC～B5C < AC～B5E < AC～Mac < AC～Psy 定义。这里 AC～B5C 表示变量 B5C 的回归系数，AC～B5E 表示变量 B5E 的回归系数，AC～Mac 表示变量 Mac 的回归系数，AC～Psy 表示变量 Psy 的回归系数。假设中约束的回归系数名称须与 coef(fit)的名称对应，回归系数名称默认为以符号"～"组合的对应因变量和自变量名称。括号"()"表示系数组合，符号"&"表示多个次序的组合。

得到模型拟合结果 fit 和设置假设 hypotheses 后，运行函数 bain，在比较标准化回归系数时，设置 standardize = TRUE。函数 bain 的返回结果记为 results，使用 print(results)查看结果，见图 8-2。返回结果显示贝叶斯信息假设评估对象为 lavaan 拟合模型，接着以表格的形式展示了三个信息假设的拟合度(Fit)、复杂度(Com)、贝叶斯因子(BF. u 和 BF. c)和三类后验模型概率(PMPa、PMPb、PMPc)。关于贝叶斯检验指标的详细介绍，可见第二章第 4 节。

```
> print(results)
Bayesian informative hypothesis testing for an object of class lavaan:

   Fit   Com   BF.u  BF.c  PMPa  PMPb  PMPc
H1 0.805 0.418 1.927 5.749 0.213 0.191 0.213
H2 0.694 0.270 2.572 6.129 0.284 0.256 0.284
H3 0.546 0.120 4.563 8.852 0.504 0.453 0.504
Hu                               0.099
Hc 0.000 0.444 0.000                   0.000

Hypotheses:
  H1: (-AC~B5C,AC~B5E)<(AC~Mac,AC~Psy)
  H2: -AC~B5C<AC~B5E&AC~Mac<AC~Psy
  H3: -AC~B5C<AC~B5E<AC~Mac<AC~Psy
```

图 8-2　例 1 的潜变量回归系数信息假设评估结果

图 8-2 的分析结果表中 H1 表示 $\{-\beta_{严}, \beta_{外}\} < \{\beta_{马}, \beta_{精}\}$，H2 表示 $-\beta_{严} < \beta_{外}$，$\beta_{马} < \beta_{精}$，H3 表示 $-\beta_{严} < \beta_{外} < \beta_{马} < \beta_{精}$，Hu 表示无约束假设，Hc 表示信息假设的补假设。BF. u 表示信息假设与 Hu 的贝叶斯因子，BF. c 表示信息假设与 Hc 的贝叶斯因子。贝叶斯信息假设检验结果显示，H3 得到了数据最多的支持，其与 Hu 的贝叶斯因子等于 4.563，与 Hc 的贝叶斯因子等于 8.852，后验模型概率等于 0.504。代码 summary(results, ci = 0.95)[56:59,]输出潜变量标准化回归系数的估计值和 95%可信区间，见图 8-3，其中第 1 列为回归系数的名称，第 3 列输出估计值，第 4 列和第 5 列分别为回归系数的可信区间下限和上限。

```
> summary(results, ci = 0.95)[56:59,]
   Parameter   n   Estimate          lb          ub
56    AC~B5C 634 -0.1515334 -0.25778078 -0.04528594
57    AC~B5E 634  0.1775721  0.07349384  0.28165041
58    AC~Mac 634  0.3164614  0.01370105  0.61922172
59    AC~Psy 634  0.5024859  0.19600408  0.80896766
```

图 8－3　例 1 的潜变量标准化回归系数参数估计结果

3.1.2　《芝麻街》数据案例分析代码

本小节展示本章第 1.2.2 节 Sesame Street 数据潜变量回归分析和贝叶斯检验的 R 分析代码。构建因变量为观看后儿童的数学能力 A，自变量为观看前数学能力 B、年龄（Age）、心理年龄（Peabody）的潜变量回归模型，检验自变量标准化回归系数的大小次序。

```
#加载 bain 和 lavaan 软件包
library(bain)
library(lavaan)

#设置潜变量回归模型
model <-'A =~ Ab + Al + Af + An + Ar + Ac
         B =~ Bb + Bl + Bf + Bn + Br + Bc
         A ~ B + age + peabody'
#使用 sem 函数拟合潜变量回归模型
fit <- sem(model, data = sesamesim, std.lv = TRUE)
#查看因子负荷估计值和名称
coef(fit)
#设置随机数种子
set.seed(100)

#设置信息假设
hypotheses <- "A~B > A~peabody = A~age = 0;
```

```
        A~B > A~peabody > A~age = 0;
        A~B > A~peabody > A~age > 0"
#运行 bain 计算标准化回归系数的贝叶斯因子
results <- bain(fit, hypotheses, standardize = TRUE)
#输出结果
print(results)
summary(results, ci = 0.95)[13:15,]
```

上述代码首先设置和拟合潜变量回归模型。lavaan 语句 A =~ Ab + Al + Af + An + Ar + Ac 和 B =~ Bb + Bl + Bf + Bn + Br + Bc 定义了测量模型，表示潜变量 A 和 B 由 Ab、Al 和 Bb、Bl 等观测指标测量，符号"=~"在 lavaan 语句中表示测量；语句 A ~ B + age + peabody 定义了结构模型，表示变量 A 与变量 B, age 和 peabody 的线性关系，符号"~"在 lavaan 语句中表示回归。随后，用 model 表示潜变量回归模型，并使用 sem 函数拟合。在 sem 语句中，std. lv = TRUE 表示标准化潜变量，潜变量方差固定为 1。运行函数 sem 后的返回对象记为 fit。coef(fit)输出回归系数的估计值和名称，以便后续定义假设。set. seed(100)设置随机数种子。

拟合模型后，设置标准化回归系数的信息假设。在本案例中，考虑三个自变量标准化回归系数的不同大小次序，语句 A~B > A~peabody = A~age = 0 定义假设 $\beta_1 > \beta_3 = \beta_2 = 0$；A~B > A~peabody > A~age = 0 定义假设 $\beta_1 > \beta_3 > \beta_2 = 0$；A~B > A~peabody > A~age > 0 定义假设 $\beta_1 > \beta_3 > \beta_2 > 0$。这里 A~B 表示变量 B 的回归系数，A~peabody 表示变量 peabody 的回归系数，A~age 表示变量 age 的回归系数。假设中约束的回归系数名称须与 coef(fit)的名称对应，默认为以符号"~"相连的对应因变量和自变量名称。

在得到模型拟合结果 fit 和设置假设 hypotheses 后，运行函数 bain，并设置 standardize = TRUE 表示假设中比较的是标准化回归系数。函数 bain 的返回对象记为 results，使用 print(results)可查看结果，见图 8-4。返回结果显示贝叶斯信息假设评估对象为 lavaan 拟合模型，接着以表格的形式展示了三个信息假设的拟合度(Fit)、复杂度(Com)、贝叶斯因子(BF. u 和 BF. c)和三类后验模型概率(PMPa、PMPb、PMPc)。关于贝叶斯检验指标的详细介绍,可见第二章第 4 节。

```
> print(results)
Bayesian informative hypothesis testing for an object of class lavaan:

   Fit    Com   BF.u    BF.c    PMPa  PMPb  PMPc
H1 69.899 0.463 150.871 150.871 0.790 0.786 0.786
H2 2.798  0.080 34.852  34.852  0.183 0.182 0.182
H3 0.056  0.011 5.228   5.479   0.027 0.027 0.027
Hu                                    0.005
Hc 0.944  0.989 0.954                       0.005

Hypotheses:
  H1: A~B>A~peabody=A~age=0
  H2: A~B>A~peabody>A~age=0
  H3: A~B>A~peabody>A~age>0
```

图 8-4　例 2 的潜变量回归系数信息假设评估结果

图 8-4 分析结果表中 H1 表示 $\beta_1 > \beta_3 = \beta_2 = 0$,H2 表示 $\beta_1 > \beta_3 > \beta_2 = 0$,H3 表示 $\beta_1 > \beta_3 > \beta_2 > 0$。Hu 表示无约束假设,Hc 表示信息假设的补假设。BF.u 表示信息假设与 Hu 的贝叶斯因子,BF.c 表示信息假设与 Hc 的贝叶斯因子。标准化回归系数的贝叶斯信息假设检验结果显示,H1 得到了数据的支持,贝叶斯因子为 150.871,后验模型概率为 0.790。代码 summary(results, ci = 0.95)[13:15,]输出潜变量标准化回归系数的估计值和 95%可信区间,见图 8-5,其中第 1 列为回归系数的名称,第 3 列输出估计值,第 4 列和第 5 列分别为回归系数的可信区间下限和上限。

```
> summary(results, ci = 0.95)[13:15,]
   Parameter   n     Estimate          lb         ub
13       A~B 240  0.788751775  0.72999714 0.84750641
14     A~age 240 -0.000478606 -0.09265311 0.09169589
15 A~peabody 240 -0.015527151 -0.10769273 0.07663843
```

图 8-5　例 2 的潜变量标准化回归系数参数估计结果

3.2　JASP 软件 Bain 模块中的潜变量回归系数检验

JASP 软件 Bain 模块同样需要借助 lavaan 包设置和拟合潜变量回归模型。JASP 软件使用 lavaan 包分析结构方程模型,不需再行安装加载 lavaan 包。本小节展示如何使用 JASP 软件中的 Bain 模块对第 1.2.2 节 Sesame Street 数据进行贝叶斯潜变量回归分析。构建因变量为观看后儿童的数学能力 A,自变量为观看前数学能力 B、年龄(Age)、心理年龄(Peabody)的潜变量回归模型，检验各标准化回归系数的次序大小。具体操作步骤如下。

(1) 将 Sesame Street 数据导入 JASP 软件(参考第二章第 5.2 节)，点击 Bain 模块菜单，选择 Regression 模块下的 Structural Equation Modeling，见图 8－6。JASP 潜变量回归分析 Bain 模块界面见图 8－7。

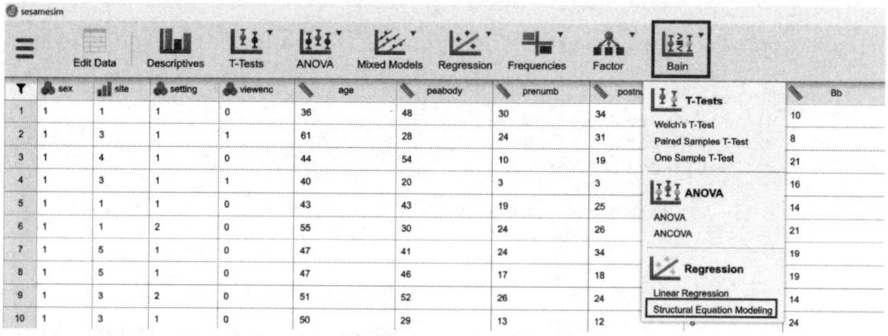

图 8－6　JASP 潜变量回归分析模块选择

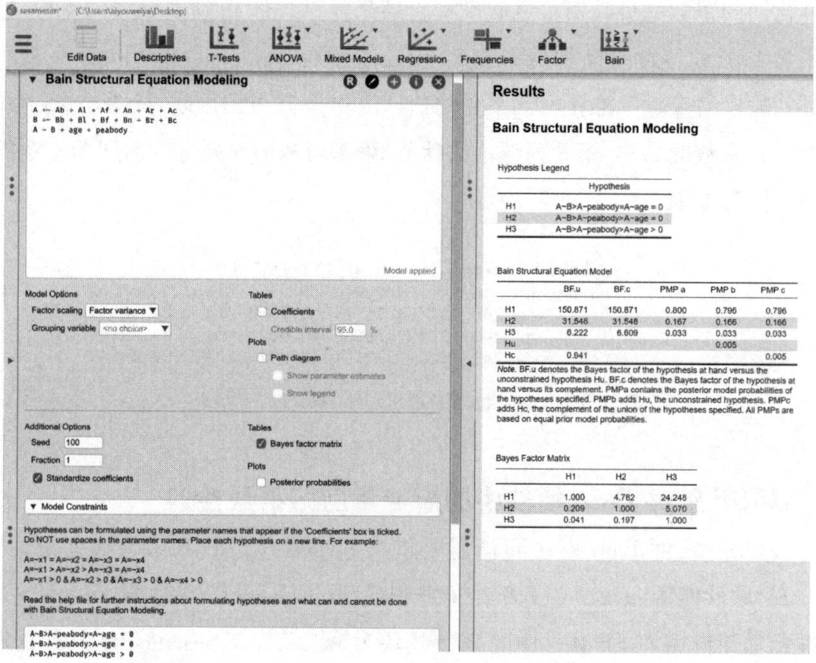

图 8－7　JASP 潜变量回归分析 Bain 界面

(2) 在 Bain 界面 Bain Structural Equation Modeling 的对话框内(图 8-7 左上),构建潜变量回归模型。JASP 软件潜变量回归模型的设置方式与 R 软件相同。在本例中,潜变量 B 由观看节目前的各指标 Bb、Bl、Bf、Bn、Br、Bc 测量,潜变量 A 由观看节目后的各指标 Ab、Al、Af、An、Ar、Ac 测量,因变量 A 与自变量 B、age、peabody 存在线性关系。

(3) 在 Bain 界面 Model Constraints 的对话框内(图 8-7 左下),手动输入待检验信息假设,然后同时按下"Ctrl"键与"Enter"键以输出结果。在本例中,信息假设表达三个自变量标准化回归系数的不同大小次序,假设设置语句与 R 程序代码类似,三个信息假设分别设置为 A~B > A~peabody = A~age = 0, A~B > A~peabody > A~age = 0, A~B > A~peabody > A~age>0。将上述假设输入对话框内,需要强调的是每个假设应单独占一行输入,以作区分。回归系数的标准化通过点击 Bain 界面 Additional Options 下的标准化系数 Standardize coefficients 实现。

(4) 分析结果在 Bain 界面右边展示(图 8-7 右)。第一个表格显示被检验假设,第二个表格输出贝叶斯信息假设评估结果。在案例中,信息假设 H1 与无约束假设 Hu 或补假设 Hc 的贝叶斯因子为 150.871,后验模型概率为 0.800; H2 与 Hu 的贝叶斯因子为 31.548,后验模型概率为 0.167; H1 与 Hu 的贝叶斯因子为 6.222,后验模型概率为 0.033。

(5) 可自行输出更多结果。

① 潜变量回归模型的参数估计。点击 Bain 界面 Tables 下的 Coefficients(图 8-7 左中)可以获得潜变量回归模型的参数估计值及其可信区间(未在图中展示),其中可信水平可手动设置,默认值为 95%。

② 潜变量回归模型的可视化。点击 Bain 界面 Plots 下的 Path diagram(图 8-7 左中),可以将构建的潜变量回归模型可视化。选中 Show parameter estimates 将显示潜变量回归模型的各参数估计值,选中 Show legend 将显示图例。

③ 多个信息假设的评估。点击 Bain 界面 Tables 下的 Bayes factor matrix(图 8-7 左中),可以输出多个假设之间的贝叶斯因子矩阵;点击 Plots 下的 Posterior probabilities(图 8-7 左中),可将后验模型概率可视化,便于直观比较多个竞争假设。本例中的信息假设 H1、H2、H3 的贝叶斯因子矩阵输出结果见图 8-7 右下,结果显示 H1 与 H2 的贝叶斯因子为 4.782, H1 与 H3 的贝叶斯因子为 24.248,

H2 与 H3 的贝叶斯因子为 5.070。信息假设 H1、H2、H3 的后验模型概率可视化见图 8－8，显示 H1 得到了最多的数据支持。

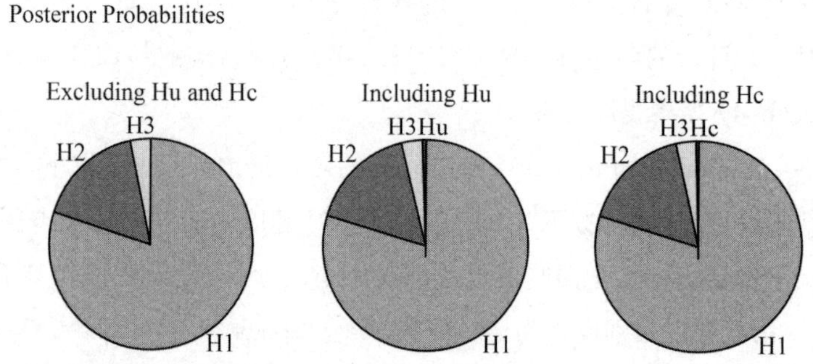

图 8－8　JASP 后验模型概率可视化

JASP 软件 Bain 模块进行结构方程模型分析的其他选项和结果可参考第七章第 4.2 节 JASP 因子分析模块，这里不再重复。

第 4 节　本章小结

本章讨论了潜变量效应比较的贝叶斯信息假设评估方法。通过信息假设构建、先验分布设定、贝叶斯因子计算等步骤，评估研究理论是否受到数据的支持。本章继续使用调整后的 fractional 方法设置潜变量回归系数的先验分布，但并未给出信息假设贝叶斯因子的显式表达式，而是使用 MCMC 方法近似估计回归系数后验分布和先验分布的密度或概率，进而估计贝叶斯因子。此外，本章通过两个应用案例展示了潜变量回归系数信息假设的设定、评估和结果解释，并提供了数据分析的 R 语言代码和 JASP 操作步骤。

本章给出的信息假设检验方法使得研究者能够比较潜变量的效应大小，并给出具体的统计推断结论，帮助研究者验证潜自变量对因变量解释或预测作用的重要性排序。潜变量回归模型是较为简单的路径分析模型，其他路径模型包括中介效应分析、调节效应分析等（温忠麟，叶宝娟，2014）。目前已有研究讨论中介模型的贝叶斯检验问题（Nuijten et al.，2015），但都仅限于中介效应量的零假设检验，还未有关于中介效应信息假设的检验方法。未来研究可进一步关注更多路径分析模型中的信息假设评估问题。

第九章 贝叶斯变量选择

随着科学技术的发展，社会科学研究中数据收集的数量及丰富程度迅速增加，变量选择是数据分析中不容忽视的关键环节。研究者根据相关理论或期望收集到大量潜在数据变量后，需要通过变量选择删除不相关的冗余变量，筛选出真正与研究问题相关的变量，构建简约、准确的模型以便后续的研究分析。

变量选择的主要应用模型为回归模型，在回归模型中，与因变量无关的自变量会带来较大的参数估计误差，使得统计检验失效。因此，有必要对模型中的自变量进行选择，剔除无关变量，寻找能够解释和预测因变量的自变量。目前较为流行的变量选择方法包括逐步回归、Lasso(least absolute shrinkage and selection operator)正则化方法(Tibshirani, 1996)、贝叶斯变量选择(Liang et al., 2008)等。逐步回归法在回归模型中逐步加入或删除自变量，并根据模型拟合指标(如 F 值、AIC、BIC 等)选择加入或删除的变量。该方法可能陷入局部最优解，无法找到最佳模型。Lasso 方法通过对模型系数施加惩罚项来实现变量选择，在保证模型精确度的同时有效减少模型的复杂度，该方法在处理多重共线性问题时可能存在偏倚。贝叶斯变量选择通常使用 MCMC 抽样算法选择后验概率最大的模型。

除了回归模型，因子分析模型在社会科学领域也很常用，旨在探索观测变量与潜变量建构的关系，测量潜在建构。因子分析是一类多元统计分析方法，将大量的观测变量简化为一个或一组数量较小的变量(也称为因子或潜变量)，从而促进理论的形成和细化。因子分析分为验证性因子分析和探索性因子分析，前者验证基于理论建构的模型是否正确，已在第七章介绍，后者通过优化参数的目标函数来对参数进行初步估计，再使用旋转简化因子负荷参数(约束部分因子负荷为零)，以探索模型结构。因子分析模型选择的另一种方法是贝叶斯变量选择(Mavridis & Ntzoufras, 2014; Lu, Chow, Loken, 2016)，使用 MCMC 抽样算法选择与因子相关的指标或题项。

本章分别在线性回归模型和因子分析模型中讨论贝叶斯变量选择方法，与第六章和第七章关于贝叶斯回归分析和因子分析的讨论不同，变量选择并非用于验证特定研究假设，而是探索模型可能的结构，通常考虑较多的自变量或观测指标并从中进行选择。

第1节　变量选择概述

变量选择实际是选择或比较包含不同变量的模型。例如，自我效能感是教育研究者常关注的变量，通过以往的理论研究，得知可能的影响因素有父母受教育程度、父母年收入、父母教养风格、智力水平、学业成绩等。为了找到真正影响自我效能感的变量，可以考虑不同的备选变量并建立相应的回归模型。例如，模型一选择父母受教育程度、父母年收入、学业成绩这三个自变量构建回归模型；模型二选择父母受教育程度、父母年收入、智力水平这三个自变量构建回归模型。若备选变量的数目为 J，每个变量都有被选择和被排除两种可能，则一共可以构建 2^J 个不同的模型，比较这些模型并根据相应的标准选择最优的模型，从而筛选出相关变量。

变量选择常用的两类模型为回归分析模型和因子分析模型，前者选择能够解释或预测因变量的自变量，后者选择能够测量潜变量因子的观测指标。下面分别介绍两类模型的变量选择问题。

1.1　线性回归模型

线性回归模型表示为：

$$y=\alpha+\beta_1 x_1+\cdots+\beta_J x_J+\epsilon=\alpha+\boldsymbol{X\beta}+\epsilon \tag{9-1}$$

其中，y 表示因变量，$\boldsymbol{X}=(x_1, \cdots, x_J)^T$ 为自变量，$j=1, \cdots, J$，J 为自变量个数，α 为回归截距或常数项，$\boldsymbol{\beta}=(\beta_1, \cdots, \beta_J)^T$ 为回归系数，$\epsilon\sim N(0, \sigma^2)$ 为回归残差。举最简单的例子，若回归模型包括 2 个可能的自变量，则共有 $2^2=4$ 个不同的模型，表示为：

$$
\begin{aligned}
&M_0: y = \alpha + \epsilon \\
&M_1: y = \alpha + \beta_1 x_1 + \epsilon \\
&M_2: y = \alpha + \beta_2 x_2 + \epsilon \\
&M_3: y = \alpha + \beta_1 x_1 + \beta_2 x_2 + \epsilon
\end{aligned} \tag{9-2}
$$

变量选择或模型选择的本质是检验变量的回归系数 β_j，即检验 $\beta_j = 0$ vs $\beta_j \neq 0$。若 $\beta_j = 0$，则表示对应的自变量对因变量无影响，应当被剔除；若 $\beta_j \neq 0$，则保留。例如上述模型 M_0、M_1、M_2、M_3 可对应表示为：

$$
\begin{aligned}
&H_0: \beta_1 = 0,\ \beta_2 = 0 \\
&H_1: \beta_1 \neq 0,\ \beta_2 = 0 \\
&H_2: \beta_1 = 0,\ \beta_2 \neq 0 \\
&H_3: \beta_1 \neq 0,\ \beta_2 \neq 0
\end{aligned} \tag{9-3}
$$

因此，变量选择可以看作是多个假设的检验与比较，最受数据支持的假设为最优假设，所对应模型包括的自变量即为选择的自变量。

贝叶斯变量选择的常用方法是引入一个指标向量 $\boldsymbol{\gamma} = (\gamma_1,\ \cdots,\ \gamma_J)^T$ 来表示对应 $\boldsymbol{\beta} = (\beta_1,\ \cdots,\ \beta_J)^T$ 是否为零。$\boldsymbol{\gamma}$ 中元素的取值为 0 或 1，当 $\gamma_j = 1$ 时，表示 $\beta_j \neq 0$；当 $\gamma_j = 0$ 时，表示 $\beta_j = 0$。因为每个 γ_j 有两个可能的取值，所以 J 个 γ_j 对应 2^J 个备选模型。向量 $\boldsymbol{\gamma}$ 代表了模型选择自变量的所有信息，因此备选模型可表示为 M_γ。在模型 M_γ 下，线性回归模型的数据密度函数可表示为：

$$
f(D \mid \alpha,\ \beta_\gamma,\ \sigma^2,\ \boldsymbol{\gamma}) = N(\alpha + \boldsymbol{X}_\gamma \boldsymbol{\beta}_\gamma,\ \sigma^2) \tag{9-4}
$$

其中，$D = \{y,\ \boldsymbol{X}\}$ 表示样本数据，$\boldsymbol{X}_\gamma$ 表示模型 M_γ 包括的自变量，$\boldsymbol{\beta}_\gamma$ 表示模型中的非零回归系数。

1.2　因子分析模型

因子分析模型表示为：

$$
\boldsymbol{y} = \boldsymbol{\Lambda\eta} + \boldsymbol{\epsilon} \tag{9-5}
$$

其中，$\boldsymbol{y} = (y_1,\ \cdots,\ y_J)$ 为观测指标，$\boldsymbol{\eta} = (\eta_1,\ \cdots,\ \eta_P)$ 为潜变量，$\boldsymbol{\Lambda}$ 为 $J \times P$ 的因子负荷矩阵，其元素 λ_{jp} 表示 y_j 测量 η_p 的因子负荷。潜变量 $\boldsymbol{\eta} \sim N(\boldsymbol{\mu},\ \boldsymbol{\Phi})$ 服从正

态分布，$\boldsymbol{\mu}$ 为潜变量均值或截距项，$\boldsymbol{\Phi}$ 为潜变量的协方差矩阵，测量误差 $\boldsymbol{\epsilon} \sim N(\mathbf{0}, \boldsymbol{\Psi})$ 服从正态分布，$\boldsymbol{\Psi}$ 为测量误差方差矩阵。

与线性回归模型类似，因子分析模型也可根据潜变量 $\boldsymbol{\eta}$ 包含的不同测量指标设置不同的测量模型。观测指标选择的本质是检验因子负荷 λ_{jp}，即检验 $\lambda_{jp}=0$ vs $\lambda_{jp} \neq 0$。若 $\lambda_{jp}=0$，则表示对应的指标与潜变量无关，在该潜变量的测量模型中应当被剔除；若 $\lambda_{jp} \neq 0$，则保留。因此，因子分析的指标选择也可以看作是多个假设的检验与比较，受到数据最多支持的假设为最优假设，所对应模型包括的指标即为测量模型选择的指标。

因子分析模型同样可引入指标 $\boldsymbol{\gamma}$，与线性回归模型不同的是，这里 $\boldsymbol{\gamma}$ 为 $J \times P$ 矩阵，用于表示对应的因子负荷矩阵元素 $\boldsymbol{\Lambda}$ 是否为 0。$\boldsymbol{\gamma}$ 中的元素 γ_{jp} 取值为 0 或 1，当 $\gamma_{jp}=1$ 时，表示 $\lambda_{jp} \neq 0$；当 $\gamma_{jp}=0$ 时，表示 $\lambda_{jp}=0$。每个 γ_{jp} 有两个可能的取值，$J \times P$ 个 γ_{jp} 对应 $2^{J\times P}$ 个备选模型。但是，因子分析存在模型识别的问题，该问题第七章已经简单讨论。为此，我们需要约束潜变量因子的个数最多为观测指标的一半，这也间接表明不能存在过多的交叉负荷，因此，需要约束 $\boldsymbol{\Lambda}$ 中的部分元素为 0。因子分析的备选模型也表示为 M_γ，在模型 M_γ 下，因子分析模型的数据密度函数表示为：

$$f(D \mid \boldsymbol{\eta}, \boldsymbol{\Lambda}_\gamma, \boldsymbol{\Psi}, \boldsymbol{\gamma}) = N(\boldsymbol{\Lambda}_\gamma \boldsymbol{\eta}, \boldsymbol{\Psi}) \tag{9-6}$$

其中，$D=\mathbf{y}$ 表示样本数据，$\boldsymbol{\Lambda}_\gamma$ 表示模型 M_γ 对应的因子负荷矩阵。

1.3 变量选择的关键点

变量选择有两个核心问题。首先是假设或模型评估指标的选择问题。频率方法的常用指标包括模型假设检验的 F 值或 χ^2 值和信息评估指标 AIC 等。F 值以模型所解释方差与未解释方差的比来衡量模型的拟合程度，χ^2 值衡量评估模型与基准模型的差异。AIC 指标加入变量个数作为惩罚项，综合了模型拟合度与复杂度。在贝叶斯方法中，假设检验的贝叶斯因子和后验模型概率指标同样适用于变量选择问题，之后将重点介绍。

其次是高维变量选择的计算问题。当备选变量较多时，可能无法计算每一个模型或假设的评估指标。例如在线性回归模型中，当有 30 个可能的备选自变量时，需要比较十亿(2^{30})个模型，遍历每一个模型显然是不现实的。传统方法使用逐步回归等算法依次选择与因变量最相关的自变量或依次删除与因变量最无关的自变量，但是该方法可能陷入局部最优模型。贝叶斯变量选择借助 MCMC 算法抽取模型样本，选择最优模型，是本章重点讨论的方法。

第 2 节　贝叶斯变量选择

2.1　贝叶斯因子和后验模型概率

贝叶斯因子是贝叶斯假设检验和模型选择指标，可以用来比较两个模型受到数据支持的相对数据证据。在贝叶斯变量选择中，通常将备选模型 M_γ 与零模型 M_0(null model，不包括任何备选自变量的模型)或全模型 M_F (full model，包括所有备选自变量的模型)相比，计算贝叶斯因子。需要注意的是，零模型 M_0 和全模型 M_F 也是备选模型 M_γ 之一。本章只考虑各备选模型与零模型 M_0 的贝叶斯因子，表示为备选模型与零模型下数据边际似然函数的比：

$$BF_{\gamma 0}=\frac{m(D \mid M_\gamma)}{m(D \mid M_0)} \tag{9-7}$$

这里的贝叶斯因子可以看作是与零模型相比，在控制模型复杂度的情况下备选模型进步了多少，从这个角度来讲，贝叶斯因子与贝叶斯信息准则 BIC 指标有相似的解释。

贝叶斯因子只能比较两个假设或模型，变量选择需要对所有可能的备选模型进行比较，这时可以将所有备选模型 M_γ 与零模型 M_0 的贝叶斯因子转化为后验模型概率，后验模型概率正比于先验模型概率 $P(M_\gamma)$ 和贝叶斯因子的乘积：

$$P(M_\gamma \mid D)=\frac{P(M_\gamma)BF_{\gamma 0}}{\sum_\gamma P(M_\gamma)BF_{\gamma 0}} \propto P(M_\gamma)BF_{\gamma 0} \tag{9-8}$$

后验概率最大的模型即为最优模型。

本书第六章和第七章指出贝叶斯因子需要设定模型参数的先验分布，并讨论了线性回归模型和因子分析模型参数的先验分布设置和贝叶斯因子计算问题。下面将分别给出两类模型下的贝叶斯因子。

2.2 线性回归模型的贝叶斯因子

第六章展示了线性回归模型参数检验的调整的 fractional 先验和贝叶斯因子，在贝叶斯变量选择问题中，Zellner's g 先验更为常用。这里我们简单给出 Zellner's g 先验和 fractional 先验下的贝叶斯因子。

在模型 M_γ 下，Zellner's g 先验设置回归系数 $\boldsymbol{\beta}_\gamma$ 在给定残差方差 σ^2 的条件下服从正态分布 $\boldsymbol{\beta}_\gamma \sim N(\mathbf{0},\ g\sigma^2(\boldsymbol{X}_\gamma^T\boldsymbol{X}_\gamma)^{-1})$，$g$ 为超参数，σ^2 服从 Jeffreys 无信息先验。在该先验下，备选模型 M_γ 与零模型 M_0 的贝叶斯因子有显式表达式：

$$BF_{\gamma 0}=(1+g)^{(n-m_\gamma-1)/2}(1+g(1-R_\gamma^2))^{-(n-1)/2} \tag{9-9}$$

其中，R_γ^2 为备选模型M_γ 的决定系数R^2，n 为样本容量，m_γ 为自变量个数，超参数 g 的默认值为 $g=n$。

调整的 fractional 先验同样设置回归系数 $\boldsymbol{\beta}_\gamma$ 在给定残差方差 σ^2 时服从正态分布 $\boldsymbol{\beta}_\gamma \sim N(\mathbf{0},\ b^{-1}\sigma^2(\boldsymbol{X}_\gamma^T\boldsymbol{X}_\gamma)^{-1})$，$b$ 为超参数，但它设置 σ^2 的逆伽马分布。在该先验下，备选模型 M_γ 与零模型 M_0 的贝叶斯因子同样存在显式表达：

$$BF_{\gamma 0}=A_\gamma(1-R_\gamma^2)^{-\frac{n}{2}} \tag{9-10}$$

其中，$A_\gamma=\dfrac{\Gamma(nb/2)\Gamma((n-m_\gamma-1)/2)}{\Gamma(n/2)\Gamma((nb-m_\gamma-1)/2)}$，超参数 b 的默认值为 $b=J/n$。

Zellner's g 先验和调整的 fractional 先验下的贝叶斯因子都随着 R_γ^2 的增加而增大，这表明模型 M_γ 的拟合度越高，其贝叶斯因子越大；同时贝叶斯因子都随着 m_γ 的增大而减小，这表明模型 M_γ 的复杂度越高，其贝叶斯因子越小。这与模型评估信息指标的表现一致，事实上，贝叶斯信息准则 BIC 可以看作是(对数)贝叶斯因子的近似。

2.3 因子分析模型的贝叶斯因子

因子分析模型的贝叶斯变量选择同样可设置 Zellner's g 先验和 fractional 先验。Zellner's g 先验设置模型 M_γ 下的因子负荷 $\boldsymbol{\Lambda}_\gamma$ 在给定测量误差方差 $\boldsymbol{\Psi}$ 和潜变量方差 $\boldsymbol{\Phi}$ 的条件下服从正态先验分布，$\boldsymbol{\Psi}$ 和 $\boldsymbol{\Phi}$ 服从 Jeffreys 无信息先验。

fractional 先验同样设置因子负荷 $\mathbf{\Lambda}_\gamma$ 服从条件正态分布，但对于 $\mathbf{\Psi}$ 和 $\mathbf{\Phi}$ 使用部分样本数据得到逆 Gamma 和逆 Wishart 先验分布。参数的具体分布不再展开说明。

因子分析模型的贝叶斯因子没有显式表达式，但可借助模型参数的 MCMC 抽样估计贝叶斯因子。第七章介绍了如何使用 R 软件包 bain 计算因子分析模型中因子负荷参数的贝叶斯因子。变量选择是参数检验的拓展，对每一个备选模型，都可以在 bain 中设置该模型下因子负荷的假设，并与零模型下的因子负荷假设进行比较，计算可得贝叶斯因子 $BF_{\gamma 0}$。例如，对于一个潜变量和三个观测指标的因子分析模型 $\boldsymbol{y}=\lambda_{11}\eta_1+\lambda_{21}\eta_1+\lambda_{31}\eta_1+\boldsymbol{\epsilon}$，备选模型 $\boldsymbol{y}=\lambda_{11}\eta_1+\lambda_{21}\eta_1+\boldsymbol{\epsilon}$ 与零模型的贝叶斯因子可通过在 bain 中比较假设 $\lambda_{31}=0$ 与 $\lambda_{11}=\lambda_{21}=\lambda_{31}=0$ 计算得到。

2.4 先验模型概率

贝叶斯方法通过后验模型概率选择合适的模型和变量，在式(9-8)中，模型 M_γ 的后验概率 $P(M_\gamma \mid D)$ 正比于贝叶斯因子和先验模型概率的乘积。在前文假设检验章节中，我们考虑各假设的先验概率相等，因此将式(9-8)中的 $P(M_\gamma)$ 项约掉。但是变量选择问题有所不同，需要分别考虑每个模型的先验概率。

在贝叶斯变量选择问题中，每个变量被模型选择的先验概率应相等，所以可将每个变量被选择的概率都设置为 p，即 $P(\beta_j \neq 0)=P(\gamma_j=1)=p$，$j=1, \cdots, J$，这里 p 称为变量的先验包含概率(prior inclusion probability)。这时，模型 M_γ 的先验概率为：

$$P(M_\gamma)=p^{m_\gamma}(1-p)^{J-m_\gamma} \tag{9-11}$$

直观上，我们认为变量被选择与被删除的先验概率应相等，为此设置默认的先验包含概率 $p=1/2$。然而，该设定意味着无论与因变量有关的自变量个数 J 是多少，随着 J 增加，模型选择的变量数目也会增加。这种现象被称作多重性问题(multiplicity)，常出现在多重检验或变量选择中。例如，在 J 个自变量独立的情况下，变量选择需要检验 J 个独立的假设，即 β_j 是否为 0。由于每个变量被选择的概率都为 1/2，且共有 J 个变量，被选择的变量数目 m_γ 服从二项分布 $binomial(J, 1/2)$，所以先验模型包含 $J/2$ 个变量的可能性最大。例如，若 $J=30$，那么包含 $m_\gamma=15$ 个变量的模型的先验概率最大。若真实模型仅包括 5 个变量，则 $p=1/2$

的设置可能会过多地选择变量，导致较高的Ⅰ类错误。

为了克服变量选择的多重性问题，需要对先验包含概率 p 的设置进行修正，以往研究提出了两种方法：经验贝叶斯方法（empirical Bayesian approach, George & Foster, 2000）和完全贝叶斯方法（fully Bayesian approach, Scott & Berger, 2010），下面分别介绍两类方法。

经验贝叶斯方法利用样本数据估计先验包含概率 p，使得所有模型下的后验概率之和最大。后验模型概率之和表示为 $\sum_{\gamma} P(M_{\gamma} \mid D) \propto \sum_{\gamma} p^{m_{\gamma}}(1-p)^{J-m_{\gamma}} BF_{\gamma 0}$，使得该式最大的先验包含概率 p 即为经验贝叶斯方法的估计值，记为 $\hat{p}$。在后验模型概率中，当自变量个数 J 增大时，$\hat{p}$ 将会趋向于 0，以实现 $p^{m_{\gamma}}(1-p)^{J-m_{\gamma}}$ 的最大化。因此，先验包含概率估计值 $\hat{p}$ 会随着 J 的增大而减小，之后再将 $\hat{p}$ 带入先验模型概率得到 $P(M_{\gamma})=\hat{p}^{m_{\gamma}}(1-\hat{p})^{J-m_{\gamma}}$，从而达到控制变量选择多重性的目的。当自变量个数 J 较少时，可直接通过数值优化计算经验贝叶斯方法的先验包含概率估计值 $\hat{p}$。当自变量个数 J 较多时，可根据 MCMC 抽样方法近似计算，具体见第 3 节。

完全贝叶斯方法设定先验包含概率 p 的贝塔先验分布 $\pi(p)=Beta(a, b)$，其中超参数的默认值为 $a=b=1$，表示 p 的均匀先验分布。这时，模型的先验概率可表示为 $P(M_{\gamma})=\Gamma(m_{\gamma}+1)\Gamma(J-m_{\gamma}+1)/\Gamma(J+2)$。在该式中，随着自变量个数 J 的增加，$P(M_{\gamma})$ 将会减小，实现变量选择多重性的控制。完全贝叶斯方法的计算较为简单，无论 J 多大，都可以通过上式直接计算控制多重性的先验模型概率，是更为推荐的方法。

经验贝叶斯法或完全贝叶斯法根据变量个数设置先验包含概率 p 的大小，当变量个数较多时，p 减小；当变量个数较少时，p 增大且有可能大于 1/2。后者情况可能会导致较高的Ⅰ类错误，因此建议尽量在变量个数较多时使用经验贝叶斯法或完全贝叶斯法设置先验包含概率，在变量个数较少时，使用默认值 $p=1/2$。

在得到贝叶斯因子和先验模型概率后，即可根据式（9－8）计算模型的后验概率 $P(M_{\gamma} \mid D)$，后验概率最大的模型即为最优模型，其包括的自变量则为贝叶斯方法所选择的变量。本节讨论了贝叶斯变量选择的模型评估指标贝叶斯因子和后验模型概率，下节将关注高维变量选择的计算问题。

第3节 基于MCMC的模型搜索方法

当备选变量数目较大时，我们无法根据式(9－8)计算每个模型的后验概率。例如，在线性回归模型中，当 $J=30$ 时需要计算 2^{30} 个备选模型的后验概率。又如，在因子分析模型中，当有 $P=3$ 个因子和 $J=10$ 个观测指标时，可能的备选模型就有 2^{30} 个。遍历所有可能的模型并计算它们的后验概率显然是不现实的，这时贝叶斯变量选择需要使用基于模型搜索的方法，仅访问那些可能受到数据支持的模型。

3.1 线性回归模型

乔治和麦克洛克(George & McCulloch, 1993)针对线性回归模型提出了一种已被广泛使用的MCMC模型搜索方法。该方法设置回归系数 $\boldsymbol{\beta}$ 的spike and slab先验分布，给定模型 M_γ，如果指标 $\gamma_j=0$，则对应的回归系数 β_j 服从均值为0，方差较小的正态分布；而如果 $\gamma_j \neq 0$，则对应的 β_j 服从均值为0，方差较大的正态分布。spike and slab方法是贝叶斯变量选择常用的先验分布设置方法，它的思想是利用指标向量 $\boldsymbol{\gamma}$，为参数设置(方差大小)不同的先验，以区别不同的备选模型。

最初乔治和麦克洛克提出的spike and slab先验分布并不共轭于线性模型的似然函数，但随后，他们增加了共轭的spike and slab先验(George & McCulloch, 1997)，即回归系数 $\boldsymbol{\beta}$ 服从条件正态分布，并指出共轭的spike and slab先验在MCMC模型搜索方法中计算更为简便且搜索效率更高。

值得注意的是，前文提到的变量选择中的Zellner's g先验和调整的fractional先验都是共轭spike and slab先验的特例，它们都设置回归系数 $\boldsymbol{\beta}$ 的条件正态分布，区别仅在正态方差的设置。当指标 $\gamma_j=0$ 时(模型排除变量 x_j)，Zellner's g先验和fractional先验都严格限制 $\beta_j=0$，也可看作是设置条件正态分布的方差为0。而spike and slab先验允许较小的方差，即允许 β_j 取零附近的较小值。为了计算简便，我们可直接使用Zellner's g先验或调整的fractional先验作为spike and slab方法的先验。

在设置了spike and slab先验后，我们接下来讨论MCMC模型搜索方法。该方法的基本思想是从指标向量 $\boldsymbol{\gamma}$ 的后验分布 $\pi(\boldsymbol{\gamma} \mid D)$ 中抽取样本，并根据 $\boldsymbol{\gamma}$ 样本

出现的频率估计后验模型概率，选择最优模型。任意模型 M_γ 都可以由特定的 $\boldsymbol{\gamma}$ 元素组合表示，$\boldsymbol{\gamma}$ 的抽样等于 M_γ 的抽样，模型 M_γ 的后验概率等价于 $\boldsymbol{\gamma}$ 的后验概率，即

$$P(\boldsymbol{\gamma} \mid D) = P(M_\gamma \mid D) \propto P(M_\gamma) BF_{\gamma 0} \tag{9-12}$$

其中，$P(M_\gamma)$ 和 $BF_{\gamma 0}$ 都已在本章第 2 节给出。

随后，我们利用 MCMC 算法从 $\boldsymbol{\gamma}$ 的后验分布中抽取样本。在线性回归模型和共轭先验下，$P(\boldsymbol{\gamma} \mid D)$ 有显式表达式，不依赖于参数 $\boldsymbol{\beta}$ 和 σ^2，因此可使用 Gibbs 算法对 $\boldsymbol{\gamma}$ 进行抽样，根据 $\gamma_1, \cdots, \gamma_J$ 的条件后验分布，迭代抽取

$$\gamma_1^0, \cdots, \gamma_J^0, \gamma_1^1, \cdots, \gamma_J^1, \cdots, \gamma_1^t, \cdots, \gamma_J^t, \cdots \tag{9-13}$$

其中，$j=1, \cdots, J$，$t=1, \cdots, T$，T 表示抽样次数，$\gamma_1^0, \cdots, \gamma_J^0$ 表示抽样初始值，可简单设置为 0。

每个指标 γ_j 有两个取值 0 或 1，在其他 γ 给定时的条件后验分布为伯努利分布。在第 t 次迭代抽样中，$\gamma_j^t=1$ 的条件概率为：

$$P(\gamma_j^t=1 \mid \boldsymbol{\gamma}_{-j}^t, D) = \frac{\pi(\gamma_j^t=1, \boldsymbol{\gamma}_{-j}^t \mid D)}{\pi(\gamma_j^t=1, \boldsymbol{\gamma}_{-j}^t \mid D) + \pi(\gamma_j^t=0, \boldsymbol{\gamma}_{-j}^t \mid D)} \tag{9-14}$$

其中，$\boldsymbol{\gamma}_{-j}^t = (\gamma_1^t, \cdots \gamma_{j-1}^t, \gamma_{j+1}^{t-1}, \cdots, \gamma_J^{t-1})$ 表示除了 γ_j 以外其他 γ 在迭代中的最新值。这里，在抽取 γ_j^t 时，它之后的 $\gamma_{j+1}, \cdots, \gamma_J$ 在第 t 次迭代中还未被抽取，因此使用它们在第 $t-1$ 次迭代中的值。指标向量 $\boldsymbol{\gamma}$ 的后验分布密度 $\pi(\gamma_j^t=1, \boldsymbol{\gamma}_{-j}^t \mid D)$ 和 $\pi(\gamma_j^t=0, \boldsymbol{\gamma}_{-j}^t \mid D)$ 可使用式(9-12)计算，分别取 $\gamma_j^t=1$ 和 $\gamma_j^t=0$ 以及 $\boldsymbol{\gamma}_{-j}^t$ 的最新值并计算相应后验密度。此外，$\gamma_j^t=0$ 的条件概率为 $1-P(\gamma_j^t=1 \mid \boldsymbol{\gamma}_{-j}^t, D)$。

在第 t 次迭代中，根据后验概率抽取 $\gamma_j^t=1$ 或 $\gamma_j^t=0$，以表示该次迭代中的模型是否包括自变量 x_j。在完成第 t 次迭代后(即所有 $\boldsymbol{\gamma}^t=(\gamma_1^t, \cdots \gamma_J^t)$ 都已被抽取)，Gibbs 算法将开始第 $t+1$ 次抽样，直到第 T 次，以获得式(9-13)中的样本。在获得 Gibbs 抽样样本后，需剔除前面收敛不稳定的部分(burn-in phase，比如前 1000 次抽样)，在剩余有效样本中，出现频率最高的模型即为最优模型。例如，若对 5 个自变量进行变量选择，在有效样本中，$\boldsymbol{\gamma}=(1, 0, 1, 0, 1)$ 出现的次数最多，表示包含第 1、3、5 个自变量的模型为最佳模型。

MCMC 模型搜索方法适用于变量个数较多的情形，根据式(9－14)它通常只会访问到后验概率较高的模型，而那些后验概率接近为零的模型则不会出现在 $\boldsymbol{\gamma}$ 的抽样中，这时我们需要计算的后验模型概率 $P(\boldsymbol{\gamma} \mid D)=P(M_\gamma \mid D)$ 将大大减少。此外，Gibbs 抽样的收敛速率较高，一般进行的总抽样次数远远小于遍历所有备选模型的访问次数。乔治和麦克洛克指出当 $J>25$ 时贝叶斯变量选择无法遍历所有模型，需要使用 MCMC 模型搜索方法(George & McCulloch, 1997)。

3.2 因子分析模型

马弗里迪斯和恩佐夫拉斯(Mavridis & Ntzoufras, 2014)将 spike and slab 先验和 MCMC 模型搜索方法推广到因子分析模型，为因子分析模型确定与潜变量因子相关的观测指标集合。为了简单起见，假设因子的个数已知且固定为 P，以避免出现可能无意义的因子或可能引起的模型识别问题，但 MCMC 模型搜索方法并不限于固定因子的情形，也很容易拓展到因子个数不确定的情况。

spike and slab 先验同样设置因子负荷 $\boldsymbol{\Lambda}$ 的正态分布，调整的 fractional 先验是 spike and slab 先验的特例，当 $\gamma_{jp}=0$ 时，$\lambda_{jp}=0$，因子 η_p 的测量模型排除变量 y_j；当 $\gamma_{jp}\neq 0$ 时，λ_{jp} 在其他参数给定的情况下服从均值为 0，方差较大的正态分布，因子 η_p 的测量模型包含变量 y_j。

因子分析变量选择的 MCMC 模型搜索方法的基本思想与线性回归模型一致，都是抽取指标向量 $\boldsymbol{\gamma}$ 的后验样本，并找到出现频率最高的 $\boldsymbol{\gamma}$ 值，对应的模型为最优模型。但是，因子分析模型 $\boldsymbol{\gamma}$ 的后验分布 $P(\boldsymbol{\gamma} \mid D) \propto P(M_\gamma)BF_{\gamma 0}$ 没有显式表达式，这意味着我们无法仅针对向量 $\boldsymbol{\gamma}$ 进行 MCMC 抽样，而是需要构建 $\boldsymbol{\gamma}$ 和因子分析模型参数的条件分布，再使用 Gibbs 算法抽取 $\boldsymbol{\gamma}$ 的样本。

在构建 Gibbs 算法的条件后验分布时，我们要考虑的未知参数和指标包括潜变量因子 $\boldsymbol{\eta}$，因子负荷 $\boldsymbol{\Lambda}$，测量误差方差 $\boldsymbol{\Psi}$，以及指标 $\boldsymbol{\gamma}$。根据第七章和本章第 2.2 节讨论可知，$\boldsymbol{\eta}$ 服从条件正态分布，$\boldsymbol{\Lambda}$ 服从条件正态分布，$\boldsymbol{\Psi}$ 中的元素服从条件逆伽马分布，$\boldsymbol{\gamma}$ 服从条件伯努利分布。具体的分布函数不再展开说明，有兴趣的读者可参考文献(Mavridis & Ntzoufras, 2014)。

在设定各参数和指标的条件后验分布后，可根据 Gibbs 抽样算法依次生成 $\boldsymbol{\eta}$、$\boldsymbol{\Lambda}$、$\boldsymbol{\Psi}$、$\boldsymbol{\gamma}$ 的后验样本：

$$\boldsymbol{\eta}^0,\boldsymbol{\Lambda}^0,\boldsymbol{\Psi}^0,\boldsymbol{\gamma}^0,\boldsymbol{\eta}^1,\boldsymbol{\Lambda}^1,\boldsymbol{\Psi}^1,\boldsymbol{\gamma}^1,\cdots,\boldsymbol{\eta}^t,\boldsymbol{\Lambda}^t,\boldsymbol{\Psi}^t,\boldsymbol{\gamma}^t,\cdots \tag{9-15}$$

其中，$t=1, \cdots, T$，T 表示抽样次数，$\boldsymbol{\eta}^0$，$\boldsymbol{\Lambda}^0$，$\boldsymbol{\Psi}^0$，$\boldsymbol{\gamma}^0$ 表示初始值。上式中各向量或矩阵都包括多个元素，需按次序依次迭代。在第 t 次迭代中，生成 $\boldsymbol{\eta}^t$ 的条件分布是基于 $\boldsymbol{\Lambda}^{t-1}$，$\boldsymbol{\Psi}^{t-1}$，$\boldsymbol{\gamma}^{t-1}$ 的样本，生成 $\boldsymbol{\Lambda}^t$ 的条件分布是基于 $\boldsymbol{\eta}^t$，$\boldsymbol{\Psi}^{t-1}$，$\boldsymbol{\gamma}^{t-1}$ 的样本，即都使用各参数当前最新样本。在完成第 t 次迭代后，Gibbs 算法开始第 $t+1$ 次抽样，直到第 T 次。在获得 T 次抽样样本后，需剔除前面不稳定的部分，在有效样本中，出现频率最高的 $\boldsymbol{\gamma}$ 对应的模型为最优模型。

因子分析模型的后验概率计算相较于线性回归模型更为复杂，本身就需要借助 MCMC 抽样算法。因此，在观测指标和潜变量因子稍多时，推荐使用 MCMC 模型搜索方法进行因子分析模型的变量选择。

第 4 节　贝叶斯单边变量选择

4.1　单边变量选择简介

社会科学研究可能存在样本容量较小或真实效应量较小的情形。首先，在一些情况下选择被试需要耗费大量人力、财力，导致收集的样本较少。例如，在探索学龄前自闭症儿童的感觉处理功能障碍与情绪及行为问题之间的关系的研究中，招募被试自闭症儿童且要求他们完成实验制定的内容并非易事。其次，在一些研究中，人们可能希望找到尽可能多的影响因素，尽管这些因素的真实效应较低。例如，在探索高中生辍学的影响因素的研究中，一个重要的目的是干预和预防辍学现象，因此需要尽可能多地找到影响高中生辍学的变量，进而帮助教育工作者早发现、早干预。

样本容量或效应量较小可能导致变量选择未能有效识别存在真实效应的变量。前文提到，变量选择本质上是检验回归系数或因子负荷是否等于零。而假设检验的统计功效依赖于样本容量和效应量，在样本容量或效应量较小时，假设检验可能无法拒绝错误的零假设，导致较低的功效和较高的Ⅱ类错误率。相对应地，样本容量或效应量较小也会导致变量选择错误排除与因变量或因子相关的变量，从而影响模型解释或预测的准确性。

相较于双边假设检验，单边检验有更高的统计功效，在参数检验中有着广泛的应用。在变量选择中，若设置回归系数或因子负荷的单边检验且方向正确，则会获得更高的功效，意味着更大的概率包含变量。同时，如果一个变量确实没有效应，单边变量选择排除它的可能性也会更大，这是因为当观测到的效应与单边假设中的方向相反时，零假设会得到更多的支持。总的来说，只要单边的方向设置正确，选择正确模型的概率就会增加，有更大的可能性选择最优的模型。为此，研究者已展开了一系列关于单边变量选择的研究，以克服小样本或小效应量带来的统计功效不足的问题。例如，沃拉克(Wolak, 1986)首次使用单边检验来选择回归模型中的相关变量。之后，休斯和金(Hughes & King, 2003) 给出了单边 AIC 信息准则模型选择方法。此外，蒂施莱尼等(Tibshirani et al. , 2016)讨论在逐步回归、Lasso 正则化等变量选择方法中加入单边检验，以获得更大的统计功效。最近，顾昕等(Gu et al. , 2022)提出了贝叶斯单边变量选择方法。

单边变量选择的关键在于设置假设或模型中参数的符号(变量效应的方向)。一方面，蒂施莱尼等在线性回归模型中，使用回归系数最小二乘估计值的符号来设置单边检验的方向(Tibshirani et al. , 2016)。当然参数估计值的符号与真实效应的方向可能不符，可能增加错误选择模型的概率。但是蒂施莱尼等表示这种情况较少发生，即使发生了，也都出现在效应量很小的情形，而单边变量选择也会排除该变量(Tibshirani et al. , 2016)。另一方面，顾昕等提到根据参数估计值设置假设的方式可能存在数据样本二次使用的问题，也不符合假设检验或模型选择设定的一般做法(Gu et al. , 2022)。因此，顾昕等建议根据先验理论设置单边检验的方向，通常自变量与因变量或观测指标与因子的关系方向是明确的，或者有较强的理论预期(Gu et al. , 2022)。例如智力水平与学业成绩，青少年打架次数与反社会行为等。

4.2 贝叶斯单边变量选择方法

单边贝叶斯变量选择同样需要引入指标向量，记为 $\boldsymbol{\gamma}'$，$\boldsymbol{\gamma}'$ 中元素的取值为 0、1 或 −1。这里以线性回归模型为例，当 $\gamma'_j=0$ 时，表示 $\beta_j=0$；当 $\gamma'_j=1$ 时，表示 $\beta_j>0$；当 $\gamma'_j=-1$ 时，表示 $\beta_j<0$。因为每个 γ'_j 有三个可能的取值，所以 J 个 γ'_j 对应 3^J 个备选模型。需要注意的是，尽管单边贝叶斯变量选择备选模型的理论个数要远大于双边变量选择，但研究者可以也需要根据先验信息设置单边检验的方向，与先验信息相反的方向将会被排除。此外，单边变量选择并不是对每一个系数

都进行单边检验，而是只针对那些效应方向有较强理论预期的变量，若某些变量的效应方向不存在先验信息或预期较弱，则对这些变量的系数仍使用双边检验。因此，单边贝叶斯变量选择方法为研究者提供了对效应方向设置先验的可能性。

本章第 2 节给出了双边备选模型 M_γ 与零模型 M_0 的贝叶斯因子 $BF_{\gamma 0}$，而单边模型 $M_{\gamma'}$ 与零模型 M_0 的贝叶斯因子 $BF_{\gamma' 0}$ 可表示为：

$$BF_{\gamma' 0} = BF_{\gamma' \gamma} BF_{\gamma 0} \tag{9-16}$$

其中 $BF_{\gamma' \gamma}$ 表示单边模型 $M_{\gamma'}$ 与双边模型 M_γ 的贝叶斯因子。第六章和第七章分别给出了线性回归模型与因子分析模型次序假设检验的贝叶斯因子。单边模型中的单边假设如 $\beta_j > 0$ 和 $\lambda_{jp} > 0$ 是次序假设的一种，而双边模型中设置的是无约束备择假设。因此，$BF_{\gamma' \gamma}$ 实际上是次序假设与无约束假设的贝叶斯因子，该贝叶斯因子的计算已在第六章和第七章讨论。在计算单边模型的贝叶斯因子后，可得到单边模型的后验概率：

$$P(M_{\gamma'} \mid D) \propto P(M_{\gamma'}) BF_{\gamma' 0} \tag{9-17}$$

其中 $P(M_{\gamma'})$ 为单边模型的先验概率。

上文提到单边贝叶斯变量选择方法允许设置变量效应的方向，而先验概率控制了单边模型的方向。在本章第 2.4 节的介绍中，当变量个数较少时，先验包含概率 p 可以固定为 $p = 1/2$，当变量个数较多时，可使用经验贝叶斯法或完全贝叶斯法设置先验包含概率 p。

首先讨论固定先验包含概率的情形，单边贝叶斯变量选择同样设置 $p = 1/2$ 表示变量被选择与被删除的先验概率相等。变量被选择可分为存在正向效应和负向效应两种情形，因此，先验包含概率也可分为正向效应的概率，记为 p_{j+}，和负向效应的概率，记为 p_{j-}，且 $p = p_{j+} + p_{j-}$。在线性回归模型中，若研究者相信，如果自变量 x_j 被选择，那么会有正向效应，则对该自变量可设置先验包含概率 $p_{j+} = 1/2$ 且 $p_{j-} = 0$。这时，回归系数 $\beta_j < 0$ 的先验概率将为 0，与其相关的备选模型将会被排除。相反，若预期负向效应，则可设置 $p_{j+} = 0$ 且 $p_{j-} = 1/2$。若对效应方向没有先验预期，则可设置 $p_{j+} = p_{j-} = 1/4$。因子分析变量选择有类似的单边模型先验概率设置方法，若研究者相信，如果观测变量 y_j 在因子 η_p 的测量模型中被选择，那么 y_j 和 η_p 会有正向关系，则对该变量可设置 $p_{j+} = 1/2$ 且 $p_{j-} = 0$，表示因子负荷

$\lambda_{jp} < 0$ 的先验概率将为 0。

其次对单边变量选择使用经验贝叶斯法和完全贝叶斯法设置先验包含概率 p 的方式与双边变量选择类似。取决于效应的方向，p 等于 p_{j+} 或 p_{j-}，因此同样设置先验包含概率的贝塔先验分布 $\pi(p) = Beta(1, 1)$，得到单边模型先验概率为 $P(M_{\gamma'}) = \Gamma(m_\gamma + 1)\Gamma(J - m_\gamma + 1)/\Gamma(J + 2)$。与预期效应方向相反的单边模型的先验概率为 0。

第 5 节　本章小结

本章讨论了线性回归模型和因子分析模型的贝叶斯变量选择方法，使用后验模型概率指标选择最优模型。在变量个数较少时，可以计算每个备选模型与零模型的贝叶斯因子，并设置先验模型概率表示任意变量被选择与被排除的先验概率相等，后验模型概率表示为贝叶斯因子与先验模型概率的乘积。在变量个数较多时，则通过经验贝叶斯法或完全贝叶斯法设置先验模型概率，以控制变量选择的多重性问题，并使用 MCMC 模型搜索法仅遍历那些可能性较高的备选模型，以减少被访问模型的个数，提高计算效率。此外，本章还给出了单边贝叶斯变量选择方法，在变量选择中融入效应方向的先验信息，设定单边模型及其对应的贝叶斯因子和先验概率。该方法适用于小样本或小效应量的情形，能够提高统计功效，增加选择正确模型的概率。

目前 JASP 和 R 软件包 bain 还未支持贝叶斯变量选择方法。变量个数较少时，研究者可在 JASP 或 bain 中设置并检验关于回归系数或因子负荷是否为零的相关假设，进行模型选择。该方式仍是基于验证性假设检验的思路，但是变量选择是探索性的过程，在变量个数稍多时为每个备选模型设置假设显然是难以实现的。如何在软件中实现本章讨论的方法将是未来研究的一个方向。本章涉及的模型和数据都较为简单。一方面，本章没有考虑 logistic 回归模型、潜变量回归模型等的变量选择问题；另一方面，本章也仅针对连续变量的变量选择问题，讨论先验分布的设置和后验模型概率的计算。未来研究将会包含更多实际模型。

第十章　贝叶斯相对重要性分析

变量的重要性分析对研究者理解研究理论、确定干预方向具有重要意义。例如，自我意识、学校学习和人际交往都是大学生幸福感的预测因素，识别它们的重要性关系有助于我们理解和解释大学生幸福感的变化。又如，家庭环境和学校环境都会影响青少年的反社会行为，判断它们的相对重要性能够帮助确定干预青少年行为的重点。简单来说，变量的相对重要性表示其对关心的总效应的贡献。例如，在线性回归模型中，自变量重要性表示其在预测和解释因变量时的贡献。

变量相对重要性分析通常发生在模型建立之后，能够帮助研究者探索、验证和细化理论。标准化回归系数是变量相对重要性评估的指标之一，第六章回归分析的假设检验已给出比较标准化回归系数的推断方法。但是本章将说明标准化回归系数作为重要性评估指标的不合理之处，并阐述常用的重要性评估指标。同时，本章将给出重要性评估的频率统计和贝叶斯统计推断方法，量化重要性评估的不确定性。此外，尽管相对重要性分析方法是在线性回归模型中发展的，但相关方法已被拓展到其他统计模型。例如，在潜变量回归模型中，评估潜在自变量对因变量影响或预测的重要性排序；在多重中介模型中，评估多个中介变量的作用强弱。

第 1 节　相对重要性分析概述

在建立统计模型后，变量相对重要性的评估能够帮助回答众多研究问题。例如，个人、家庭、学校、社会层面的诸多因素都可能影响学生校园欺凌行为，研究者想要了解家庭因素和学校因素哪一个对于校园欺凌行为的影响更大，在家庭因素中亲子互动关系、父母管教方式、父母情绪处理等变量的重要性排序又是怎样的。相对重要性分析对变量的有效利用格外重要。首先，探索变量的相对重要性能够帮助决策者确定投入的重点。尽管师生关系、教师对待欺凌的态度、校园文化、班级大小等因素都会影响校园欺凌行为，但在资源和时间有限的情况下，管理人员可能不得不选择更具成本和时间效率的项目，例如是开发课程帮助学生认识校园欺凌还是加强教师处理欺凌事件技巧的培训更为迫切。此外，评估变量的相对重要性能够帮助决策者确定需要接受干预的个体。如果确定个体的自尊水平、身体表征是校园欺凌行为发生的重要因素，就可以预先识别出可能涉及欺凌事件的高危学生群体并进行早期介入，避免或减少欺凌行为的发生。因此，变量相对重要性的方法与应用研究具有重要的现实意义。

变量相对重要性分析的核心问题在于选择合适的评估指标。达林顿(Darlington, 1968)在《心理学公报》(*Psychological Bulletin*)发表的文章最早讨论了回归模型中的相对重要性评估指标，包括相关系数、偏相关系数、标准化回归系数等，但都被证明存在明显缺陷。后来，研究者提出了优势分析(Azen & Budescu, 2003)、相对权重(Johnson, 2000)等相对重要性评估指标，并给出了相对重要性的一般定义：同时考虑单独效应与偏效应时，每一个自变量对 R^2(回归模型决定系数，coefficient of determination)的贡献比例。这些指标能够衡量变量对 R^2 的平均贡献，更为全面地衡量变量的重要性，并已广泛应用于实证研究中。

例如，卡西利亚斯等(Casillas et al., 2012)使用优势分析探究组变量社会心理因素(包括动机、社会控制和自我调节)和行为因素(包括花在家庭作业上的时间和缺勤)对高中生学习成绩的重要性。巴伯等(Barber et al., 2005)探索父母的支持、心理控制和行为控制对青少年功能的影响，发现父母支持对于青少年的社会主动性最重要，心理控制对青少年抑郁症影响最大，行为控制与青少年反社会行为最为关联。安斯沃思和奥德菲尔德(Ainsworth & Oldfield, 2019)使用相对权重方法比较了促进教师韧性的各种因素在预测工作满意度、倦怠和幸福感中的相对重要性。胡咏梅和元静(2021)使用 Shapley 值，比较了家庭投入和学校投入对于中小学教育产出的重要性，相对重要性分析方法能够帮助研究者从家庭、学校和个人等角度分析教育的各个环节，从而促进教育成果。

在大多数研究中，变量的相对重要性以描述性方式进行比较。例如标准化系数为 0.5 的自变量比标准化系数为 0.4 的自变量具有更强的效应。但是，描述性的比较只表达了变量的影响或贡献的顺序，而没有得出统计推断的结论，即一个变量的影响或贡献是否显著大于另一个变量。通常,研究者对重要性指标进行零假设显著性检验,以确定变量是否有显著的重要性。然而,该检验不能直接推断变量重要性的顺序。因为显著性与非显著性之间的差异本身并不显著(Gelman & Stern, 2006),更常见的情况是两种效应都显著时,该检验无法表明两种效应之间存在显著或非显著差异。

评估重要性指标差异的传统方法是参数差异的检验,通过构建参数差异的统计量,或利用 bootstrap 抽样方法构造参数差异的置信区间,推断显著性。传统检验方法的本质是证伪零假设,只能给出拒绝或不拒绝零假设的二分判断,证伪零假设无法解释为数据支持重要性顺序的直接证据(Wagenmakers et al., 2018a)。

次序假设通过不等式约束构建模型参数间的结构关系,反映研究者对相对重要性理论的实际期望。例如,假设“H_1:自我意识 > 学校学习 > 人际交往”明确反映了研究者对大学生幸福感影响因素效应大小顺序的期望。次序假设对精确评估科学理论十分重要,可以通过贝叶斯因子进行检验(Hoijtink, et al., 2019c)。贝叶斯因子代表次序假设与备择假设受到数据支持证据的比值,可以根据重要性指标的先验和后验分布来计算。与传统方法相比,贝叶斯因子检验无需证伪零假设,研究者在接受或拒绝次序假设的同时,可以得到数据支持理论的程度。并且,贝叶斯因子不依赖抽样计划,能够随着数据的不断收集而更新。

本章继续使用第六章的《芝麻街》(*Sesame Street*)回归分析应用案例。研究者试图探究儿童数字知识的影响因素,因变量为 Postnumb,是观看《芝麻街》节目一年后儿童的数字知识测验得分(后测得分),自变量为儿童观看节目前的数字知识得分 Prenumb(前测得分)、Age(年龄)以及 Peabody 心理年龄得分(心理年龄)。变量间的关系用线性回归模型表示为:

$$\text{后测得分}_i = \alpha + \beta_{\text{前测得分}}\text{前测得分}_i + \beta_{\text{年龄}}\text{年龄}_i + \beta_{\text{心理年龄}}\text{心理年龄}_i + \epsilon_i. \tag{10-1}$$

其中,α 表示截距,$\beta_{\text{前测得分}}$,$\beta_{\text{年龄}}$ 和 $\beta_{\text{心理年龄}}$ 表示回归系数,ϵ_i 是残差。变量的相关系数矩阵如表 10-1 所示,前测得分、年龄和心理年龄均与后测得分呈正相关。

表 10－1　变量的相关系数矩阵

变量	后测得分	前测得分	年龄	心理年龄
后测得分	1.00			
前测得分	0.68	1.00		
年龄	0.30	0.36	1.00	
心理年龄	0.50	0.59	0.24	1.00

在设定线性回归模型后，研究者想要进一步回答的问题是前测得分、年龄、心理年龄三个自变量哪一个在解释或预测因变量后测得分时更重要。本案例将在下文中用于说明重要性评估指标和统计推断。

第 2 节　相对重要性评估指标

2.1　标准化回归系数

标准化回归系数是社会科学研究比较自变量重要性最常见的传统指标。自变量 X_j 的标准化回归系数表示保持其他自变量不变，X_j 对因变量 Y 的标准化偏效应，解释为 X_j 增加 1 个标准差时，Y 的预期变化。对于本章第 1 节中的案例数据，三个自变量标准化回归系数的估计值分别为 $\hat{\beta}_{前测得分}=0.57$、$\hat{\beta}_{年龄}=0.06$、$\hat{\beta}_{心理年龄}=0.15$。由于标准化回归系数可能为负，一般使用其平方作为重要性指标。但是标准化回归系数存在缺点：首先，标准化回归系数代表的是每个变量在控制其他自变量后的贡献，也即自变量对因变量的独特贡献。标准化回归系数的估计依赖模型中的其他自变量，一个自变量回归系数为零并不代表它一点也不重要，它的重要性可能被其他自变量隐藏。其次，标准化回归系数不能衡量变量组的重要性。一组变量标准化回归系数的和或平均值不能解释为变量组的联合效应，比如，年龄和心理年龄的标准化回归系数分别为 0.06 和 0.15，但其联合效应并非等于 0.21。最后，标准化回归系数无法衡量分类自变量的相对重要性。回归模型中的分类自变量，如职业与受教育水平，都需要转化为一组虚拟变量，其对应的系数表示相对效应，无法用于变量重要性的衡量与比较。

2.2 R 方增量

回归模型 R^2 增量 ΔR^2 是直观的变量重要性评估指标，它反映了自变量进入模型后因变量方差解释的增量。变量 X_j 最后进入模型时的 R^2 增量可表示为：

$$\Delta R^2(X_j)=R^2(Y)-R^2(X_{-j}), \tag{10-2}$$

其中 $R^2(Y)$ 是完全模型(full model)的 R^2，$R^2(X_{-j})$ 是不包含自变量 X_j 的简化模型(reduced model)的 R^2。R^2 增量方法能够衡量变量组的重要性，比如自变量 X_2，X_3 的联合贡献可由它们同时进入模型时的 R^2 增量 $\Delta R^2(X_2X_3)=R^2(Y)-R^2(X_{-23})$ 评估，其中 $R^2(X_{-23})$ 表示不包含自变量 X_2，X_3 的模型 R^2。但与标准化回归系数类似，R^2 增量为零不代表自变量毫无作用，该变量对方差解释的贡献可能被其他先进入模型的变量隐藏。此外，所有自变量最后进入模型的 R^2 增量之和不等于 $R^2(Y)$，不能表示 R^2 的分解。如对于本章第 1 节中的案例数据，由表 10-1 相关系数矩阵可计算得到，ΔR^2(前测得分)$=0.19$，ΔR^2(年龄)$=0.00$，ΔR^2(心理年龄)$=0.01$，其和不等于因变量总方差解释 $R^2(Y)=0.47$。

2.3 R 方增量平均值

R^2 增量只考虑了自变量最后一个加入模型时的 R^2 变化，而自变量可以有不同的进入次序，不同进入次序下 R^2 增量的平均值 $\overline{\Delta R^2}(X_j)$ 被认为是更合适的重要性指标。例如，对于 4 个自变量 X_1，X_2，X_3，X_4，有 $4!=24$ 种不同的进入次序，图 10-1 呈现了部分自变量进入次序。对于进入次序 (a)，X_3 的 R^2 增量为 $R^2(X_1X_2X_3)-R^2(X_1X_2)$，对于进入次序 (c)，X_3 的 R^2 增量为 $R^2(X_2X_3)-R^2(X_2)$，其中 $R^2(\cdot)$ 表示包含相应自变量的模型 R^2。对所有进入次序下 X_3 的 R^2 增量求平均值即得到 $\overline{\Delta R^2}(X_3)$。值得注意的是，所有自变量 R^2 增量的平均值之和等于模型总体 $R^2(Y)$，R^2 增量的平均值评估了各自变

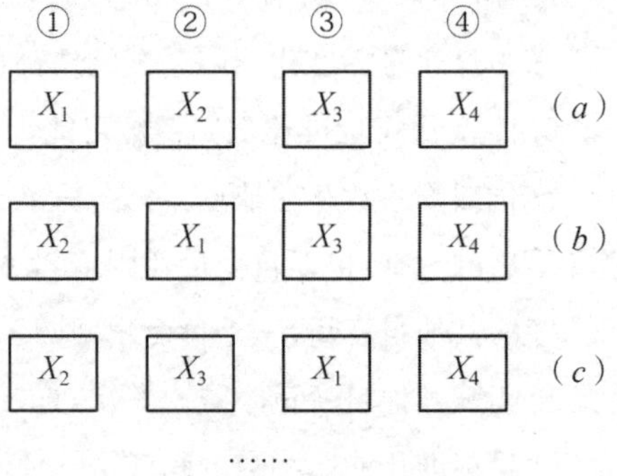

图 10-1 自变量加入模型的不同次序

量对因变量方差解释的贡献比例。如对于本章第 1 节中的案例数据，$\overline{\Delta R^2}$(前测得分)＝0.32，$\overline{\Delta R^2}$(年龄)＝0.04，$\overline{\Delta R^2}$(心理年龄)＝0.12。该方法结合自变量的不同进入次序，较为全面地衡量自变量的重要性，能够比较变量组的重要性，并且能够分解模型 R^2。单个或分组自变量 R^2 增量平均值的计算可在 R 软件包 relaimpo 中实现。然而当自变量个数较多时，该方法需要付出较大的计算成本。对于 J 个自变量，该方法需要考虑 $J!$ 个不同变量进入次序下的自变量 R^2 增量，当 $J=10$ 时，共有上百万种情形。

2.4　Shapley 值

事实上，自变量产生的 R^2 增量仅与它加入的自变量集有关，而与这个自变量加入前后的其他变量次序无关。例如图 10-1 中次序 (a) 和 (b) 下 X_3 的 R^2 增量相同，都为 $R^2(X_1X_2X_3)-R^2(X_1X_2)$。因此，只需考虑自变量可以进入的变量子集，这种变量子集可以是空集或是包含一个或多个自变量的集合。例如，对于 4 个自变量的模型，图 10-2 表示了 X_3 可进入的子集。随后，计算自变量进入不同子集后 R^2 增量的加权平均值指标，这里使用加权平均值是因为变量进入各子集的概率可能不同。

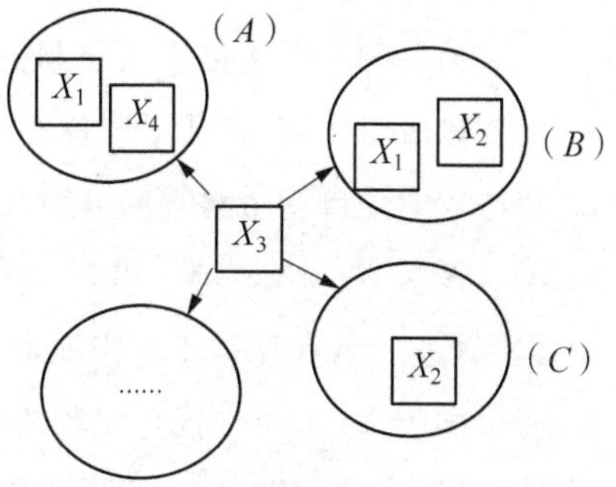

图 10-2　自变量可进入的子集

Shapley 值分解就是基于这样的思想。Shapley 值是数学家沙普利(Shapley)在合作博弈论的背景下提出的，用于衡量玩家的参与对合作游戏结果得分的影响。玩家 j 对参与情况(即参与时游戏中已有玩家)的独特贡献就是玩家 j 加入后得分的变化，Shapley 值是玩家加入所有参与情况的独特贡献的加权和，而所有玩家的 Shapley 值之和就是全部玩家参与时的游戏得分。将线性回归模型和 Shapley 值方法结合，自变量即是参与游戏的玩家，游戏的得分为 R^2，玩家的独特贡献是自变量加入变量子集带来的 R^2 增量。变量 X_j 的 Shapley 值用 $S(X_j)$ 表示。例如，图 10-2 中 X_3 进入子集 (A) 的 R^2 增量为 $R^2(X_1X_3X_4)-R^2(X_1X_4)$，子集 (A) 大小为 2,自变量总数为 4,因此 X_3 进入子集 (A) 的概率为 $\frac{2!(4-2-1)!}{4!}=1/12$。$X_3$ 进入子集 (C) 的 R^2 增量为 $R^2(X_2X_3)-R^2(X_2)$,子集 (C) 大小为 1,因此 X_3 进入子集 (C) 的概率为 $\frac{1!(4-1-1)!}{4!}=1/12$。$X_3$ 进入所有可能子集 R^2 增量的加权平均值即为 $S(X_3)$。对于本章第 1 节中的数据实例,S(前测得分)$=0.32$,S(年龄)$=0.04$,S(心理年龄)$=0.12$。Shapley 值同样能够分解 R^2,另外子集思想的引入有助于提升计算效率。对于 J 个自变量,该方法需要考虑的子集数量为 2^J-1 个,当 $J=10$ 时,共有一千多种情形。

2.5 优势分析

另一种考虑变量进入子集的方法是优势分析(Azen & Budescu, 2003),其使用变量成对比较,定义了三种优势模式:完全优势、条件优势和一般优势。完全优势比较两个自变量对它们可加入的公共变量子集的 R^2 增量。例如对 4 个自变量 X_1, X_2, X_3, X_4, X_1 和 X_2 可加入的公共变量集是空集 $\{\cdot\}$、$\{X_3\}$、$\{X_4\}$ 和 $\{X_3X_4\}$。若在这些子集中加入 X_1 比加入 X_2 都能得到更多的 R^2 增量,则称 X_1 完全优于 X_2。条件优势比较两个自变量加入相同大小的变量子集的 R^2 增量平均值,对每一种子集大小,若 X_1 的 R^2 增量平均值都大于 X_2,则说明 X_1 有条件优于 X_2。完全优势和条件优势都可能无法识别。一般优势比较两个自变量条件优势指标的平均值,考虑不同变量子集大小,若 X_1 的 R^2 增量的总体平均值大于 X_2,则说明 X_1 一般优于 X_2。完全优势必然导致条件优势,条件优势又必然导致一般优势。一般优势指标可以通过 R 软件包 dominanceanalysis 来计算。为了方便起见,使用 d_j 表示变量 X_j 的一般优势分析指标。

对于本章第 1 节数据实例,表 10-2 展示了优势分析结果,k 为变量加入的子集大小。自变量加入空集的 R^2 增量即为自变量与因变量相关系数的平方,例如前测得分加入空集的 R^2 增量为 0.46(见表 10-2 中 $k=0$ 平均行)。前测得分加入{年龄}的 R^2 增量为 R^2(前测得分,年龄)$-R^2$(年龄)$=0.37$,前测得分加入{心理年龄}的 R^2 增量为 R^2(前测得分,心理年龄)$-R^2$(心理年龄)$=0.22$,因此前测得分加入大小为 $k=1$ 的子集的 R^2 增量平均值为 $\frac{0.37+0.22}{2}=0.30$(见 $k=1$ 平均行)。前测得分的一般优势指标为各条件优势指标的平均值 $\frac{0.46+0.30+0.19}{3}=0.32$(见总平均行)。由表 10-2 可知,对于解释和预测数字测验得分,完全优势、条件优势和一般优势都表明,前测成绩优于心理年龄,心理年龄优于年龄。一般优势指标同样具备分解 R^2 的性质,所有自变量的一般优势指标之和等于模型 $R^2(Y)$。一般优势指标评估了自变量对因变量方差解释的贡献,完全优势和条件优势则提供了更多重要性模式的信息。此外,优势分析可以获得有限制的变量相对重要性,即在模型中固定包含一些自变量,检验其他自变量的相对重要性,能够提供更为灵活的分析。

表 10-2　优势分析结果

子集	$R^2(\cdot)$	R^2 增量		
		前测得分	年龄	心理年龄
$k=0$ 平均	0	0.46	0.09	0.25
前测得分	0.46		0.00	0.01
年龄	0.09	0.37		0.19
心理年龄	0.25	0.22	0.03	
$k=1$ 平均		0.30	0.02	0.10
前测得分-年龄	0.46			0.01
前测得分-心理年龄	0.47		0.00	
年龄-心理年龄	0.28	0.19		
$k=2$ 平均		0.19	0.00	0.01
总平均 (d_j)		0.32	0.04	0.12

2.6　共性分析

另一种划分因变量方差的方法是共性分析(commonality analysis),与前文方法不同的是,它不假定因变量的方差解释能够独立地分给每个自变量,而是存在着公共的方差解释部分。例如对于两个自变量 X_1, X_2,如图 10-3 所示,椭圆圈代表各变量的方差,共性分析将 Y 的被解释方差(阴影部分)划分为各自变量的独特效应 (U_1 和 U_2) 以及共同效应 C_{12}。自变量的独特效应是该变量最后一个加入模

型的 R^2 增量，即前文提到的 ΔR^2。共同效应 C_{12} 可由 Y 的总方差解释减去两个独特效应求得。

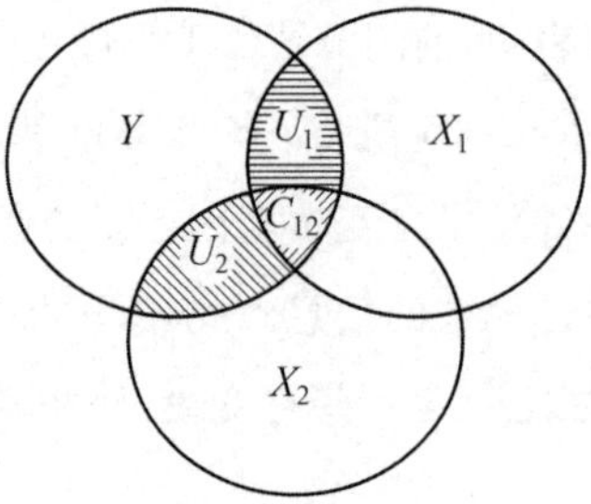

图 10-3　共性分析

独特效应和共同效应统称为共性系数，当有多个自变量时，共性系数的计算公式可以通过多项式展开的方法得到。表 10-3 列出了本章第 1 节数据实例的共性分析结果，所有共性系数之和为 $R^2(Y)$。仅由前测得分解释的方差占总方差的 41%，前测得分与心理年龄共同解释的方差占总方差的 37%，三个自变量共同解释的方差占总方差的 11%，这三部分解释了绝大多数方差。年龄和心理年龄主要是通过与前测得分的共同作用导致后测得分变化。共性分析能够为解释变量间的关系提供独特的视角，且能够检测抑制变量。当抑制变量存在时，共性分析可能产生负的重要性估计值。对共性分析可能的批评是高阶共性和负共性难以解释。

表 10-3　共性分析结果

效应	自变量	共性系数	百分比(%R^2)
独特效应	前测得分	0.19	41
	年龄	0.00	1
	心理年龄	0.01	3
共同效应	前测得分-年龄	0.03	7
	前测得分-心理年龄	0.18	37
	年龄-心理年龄	0.00	0
	前测得分-年龄-心理年龄	0.05	11
总计		0.47	100

2.7 相对权重分析

相对权重分析从不同的视角出发评估变量相对重要性。自变量相互独立时，各自变量标准化回归系数的平方和即为 R^2，能够对 R^2 进行分解。因此，相对权重方法的思想是寻找一组正交变量，使其与原始自变量具有最大相关，作为对原始自变量的近似。如果原始自变量相关程度不高，则正交变量的标准化回归系数的平方可近似作为原始自变量的相对重要性指标。但是如果原始自变量高度相关，则正交变量无法很好地近似原始自变量，其标准化回归系数的平方不能作为相对重要性指标。

为解决这一问题，相对权重方法将原始自变量回归到正交变量。记 X_j 为原始自变量，Z_k 为正交变量。$\widetilde{\beta}_{Z_k}$ 是因变量 Y 回归到正交变量 Z_k 的标准化回归系数，由于 Z_k 互不相关，$\widetilde{\beta}^2_{Z_k}$ 即为 Z_k 解释 Y 的方差比例。λ_{jk} 是 X_j 回归到 Z_k 的标准化回归系数，由于 Z_k 互不相关，λ_{jk} 即为 X_j 和 Z_k 的相关系数，λ^2_{jk} 即为 Z_k 解释 X_j 的方差比例。且由于原始自变量可以由正交变量线性表示，正交变量能完全解释原始自变量的方差，即 $\Sigma_k\lambda^2_{jk}=1$，又由于原始自变量到正交变量的标准化回归系数矩阵是对称的，有 $\Sigma_j\lambda^2_{jk}=1$。因此，$\lambda^2_{jk}\widetilde{\beta}^2_{Z_k}$ 为 Y 被 Z_k 解释的方差分配到 X_j 的比例，对 $\lambda^2_{jk}\widetilde{\beta}^2_{Z_k}$ 按 k 求和即得 Y 被 X_j 解释的方差比例。如对于三个自变量 X_1，X_2，X_3，自变量 X_1 的相对权重为 $w_1=\lambda^2_{11}\widetilde{\beta}^2_{Z_1}+\lambda^2_{12}\widetilde{\beta}^2_{Z_2}+\lambda^2_{13}\widetilde{\beta}^2_{Z_3}$。对于本章第 1 节数据实例，$w$(前测得分)$=0.32$，$w$(年龄)$=0.04$，$w$(心理年龄)$=0.12$。相对权重分析的步骤可总结为：(a)创建原始自变量的正交逼近；(b)获得原始自变量和正交变量的系数；(c)获得正交变量和因变量的系数；(d)结合两组系数。相对权重方法能够表示 R^2 分解，且能够衡量变量组重要性。对该方法可能的批评是，如果采用不同的正交近似过程，所得到的结果可能有差异。

尽管不同次序 R^2 增量的平均值、Shapley 值、一般优势分析指标的含义不同，但这三种方法得到完全相等的变量重要性度量，并且具有相同的性质：(1)衡量自变量对因变量方差解释的平均贡献；(2)分解 R^2，即将对因变量的方差贡献分配给每一个自变量；(3)能够衡量变量组的重要性。优势分析方法是更为推荐的评估方法，因为其对变量重要性的含义有直观的解释，且定义了相对重要性的不同模式。

共性分析方法也能分解 R^2，但是共性系数存在难以解释的问题。相对权重分析提供了和一般优势分析几乎相同的评估结果，前者可以看作后者的近似，相对权重分析的优点是计算效率较高。值得注意的是，所有相对重要性指标都可直接由变量相关系数矩阵计算得到，不需要原始数据样本(Gu，2023)。

第 3 节 相对重要性的贝叶斯推断

3.1 bootstrap 置信区间

对重要性指标的描述性统计不能回答统计显著性的问题，研究者可能希望对关心的假设进行检验。可以通过零假设和备择假设的比较来检验重要性指标的差异：

$$H_0:\theta_i=\theta_j \ vs \ H_a:\theta_i\neq\theta_j, \tag{10-3}$$

其中 θ 表示重要性指标，拒绝零假设表明自变量的重要性指标差异显著。由于优势分析、相对权重等指标的抽样分布函数未知，我们可使用 bootstrap 抽样方法构造的抽样分布来替代。对于原始样本进行重抽样得到多个 bootstrap 样本(一般重抽样 1 000 次是足够的)，在每个 bootstrap 样本中计算重要性指标，就得到了重要性指标的抽样分布。以优势分析指标为例，对于本章第 1 节数据实例，前测得分、年龄、心理年龄三个自变量一般优势指标 d_1，d_2，d_3 和指标差异的 bootstrap 抽样分布如图 10 - 4 所示。

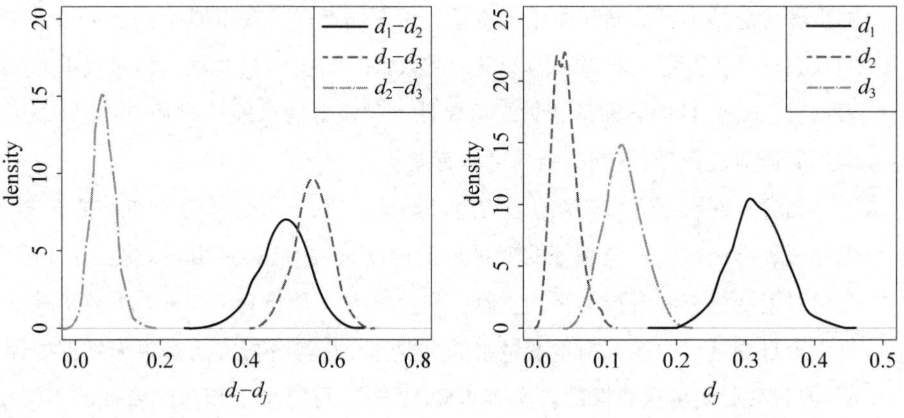

图 10 - 4 优势分析指标的 bootstrap 抽样分布

根据抽样分布即可计算重要性指标及指标差异的标准误、置信区间等。bootstrap提供了百分位置信区间和BCa(bias-corrected and accelerated)置信区间，前者95%置信区间的下限和上限分别是bootstrap抽样的2.5%和97.5%分位数，后者BCa置信区间用偏差校正加速方法对百分位置信区间进行调整，得到更精确的结果。重要性指标的置信区间反映了指标估计的不确定性。对于本章第1节数据实例，前测得分一般优势指标 d_1 的估计值为0.32，bootstrap百分位置信区间为[0.24，0.39]，BCa置信区间为[0.24，0.39]。若重要性指标差异的置信区间不包括0，则表示两变量的重要性指标有显著差异。例如，年龄和心理年龄一般优势指标差异 d_2-d_3 的bootstrap百分位置信区间为[−0.14，−0.02]，BCa置信区间为[−0.14，−0.02]，可知心理年龄的一般优势指标显著大于年龄，也即在解释或预测数字测验得分时，心理年龄比年龄重要。当涉及三个及以上变量重要性的比较时，传统的零假设检验可能面临多重检验问题(Braeken et al.，2015)。

次序假设能够反映研究者对变量重要性次序的实际期望：

$$H_k:\theta_{j_1}>\theta_{j_2}>\cdots>\theta_{j_i}, \tag{10-4}$$

其中 i 表示自变量在序列中的位置。H_k 精确描述了研究者对相对重要性的假设，它可能来源于研究者关于相对重要性的理论，也可能来源于重要性指标的估计值。对于后一种情况，先根据指标估计值得到重要性次序，再衡量其被数据支持的程度。变量重要性的次序关系可以通过次序的bootstrap复现性来评估，bootstrap复现性是变量重要性指标估计的大小次序在bootstrap样本中出现的频率，能够衡量该次序的不确定性。以一般优势指标为例，实例中指标的估计值为 $\hat{d}_1=0.32$，$\hat{d}_2=0.04$，$\hat{d}_3=0.12$，显示重要性次序 $d_1>d_3>d_2$。在1000次bootstrap抽样中，有992个bootstrap样本满足 $\hat{d}_1>\hat{d}_3>\hat{d}_2$，因此重要性次序的复现性为99.2%，表示该次序受到数据的支持是相当多的。然而，bootstrap复现性无法对次序假设进行检验，也不能评估研究者关心的零假设。

3.2 贝叶斯因子

贝叶斯因子既可以评估如式(10-3)所示的零假设，也可以评估如式(10-4)所示的重要性次序假设。与显著性检验相比，贝叶斯检验有许多优点。首先，它可以接受两个自变量同等重要的零假设，而显著性检验不能。其次，贝叶斯因子能够量化数据对一个假设相对于另一个假设的支持，了解它们的相对重要性理论得到支持的程度。第三，贝叶斯因子可以在观察新数据时更新，也就是说，研究者可以通过不断收集数据来积累相对重要性的证据。第四，贝叶斯因子可以同时检验多个零假设或次序假设，而不需考虑多重检验修正。最后，贝叶斯检验不控制Ⅰ类和Ⅱ类错误率，即在观测数据前，假设从总体中重复抽样的决策错误率。相反，贝叶斯检验控制的是贝叶斯错误概率，即在观测数据后，根据数据信息做出错误决策的概率。

本书第三章提到，贝叶斯因子为数据在两个假设下的边际似然比值。相对重要性指标的零假设或次序假设嵌套于无约束假设，因此，根据 Savage-Dickey 密度比或概率比方法，贝叶斯因子同样可以表示为待检验指标后验分布与先验分布在零假设下的密度比值或是在次序假设约束下的概率比值。与前文模型参数的贝叶斯因子不同的是，指标的分布函数往往未知。为此，本书作者开发了相对重要性的贝叶斯因子评估方法(Gu, 2023)。其基本思路是设定变量相关系数矩阵的先验分布和后验分布并从中抽样，依据相关系数矩阵的样本得到重要性指标的样本，根据重要性指标的样本计算其先验分布和后验分布的密度或概率。该方法适用于所有重要性指标的贝叶斯推断。

在得到数据样本后，可直接计算变量的相关系数矩阵，如本章第 1 节实例中表 10 - 1 中所示。记相关系数矩阵为 P，其可写成：

$$P=\begin{bmatrix}1 & r\\ r^T & P_X\end{bmatrix} \tag{10 - 5}$$

其中，$r=(r_1, \cdots, r_J)$ 包含因变量 Y 和自变量 X_j 的相关系数，$j=1, \cdots, J$，J 为自变量个数，P_X 表示自变量 $X_1, \cdots, X_J$ 的相关系数矩阵。根据变量的相关系数矩阵，本章第 2.1 节的标准化回归系数可写为：

$$\tilde{\beta}=P_X^{-1}r \tag{10 - 6}$$

本章第 2.2 节的自变量 X_j 的 R^2 增量可计算为：

$$\Delta R^2(X_j)=R^2(Y)-R^2(X_{-j})=r^TP_X^{-1}r-r_{-j}^TP_{X_{-j}}^{-1}r_{-j} \tag{10 - 7}$$

其中 $P_{X_{-j}}^{-1}$ 是 P_X 去掉第 j 行和第 j 列后的矩阵。r_{-j} 为 r 去掉第 j 个元素后的向量。本章第 2.3、2.4、2.5、2.6 节的重要性指标都可依据 R^2 增量 $\Delta R^2(X_j)$ 计算，本章第 2.7 节的相对权重指标可根据标准化回归系数计算。因此，在线性回归模型下，只要得到变量的相关系数矩阵，任何相对重要性指标都可经相应计算获得。

在贝叶斯因子假设评估中，需要设置重要性指标的先验分布和后验分布，上文给出了指标和变量相关系数矩阵的关系，相关系数矩阵是标准化的变量协方差矩阵。为此，我们首先设定 $Y, X_1, \cdots, X_J$ 的协方差矩阵 $\sum_{yx}$ 的先验分布：

$$\pi(\sum_{yx}) = IW(J+1, \omega I_{J+1}) \tag{10-8}$$

这里，IW 表示逆 Wishart 分布，自由度为 $J+1$，尺度矩阵为 ωI_{J+1}，其中 I_{J+1} 表示行列数为 $J+1$ 的单位矩阵，超参数 ω 控制先验方差。逆 Wishart 分布是协方差矩阵最常用的先验分布。需要注意的是，当使用标准化数据时，超参数默认值可设置为 $\omega=1$。

当所有变量都服从正态分布时，逆 Wishart 分布为协方差矩阵的共轭先验分布。但是这并不意味着该先验分布不适合非正态的分类自变量，无论是正态或非正态的自变量，其重要性指标都可以利用变量的协方差矩阵计算得到。顾昕（Gu, 2023）展示了逆 Wishart 先验分布同样适用于非正态自变量，该方法具有很好的稳健性。

式（10－8）表示在先验分布中所有变量都相互独立，该先验分布的一个优点是在观测数据之前保持中立，不偏向任何的重要性次序。当评估次序假设时，该性质保证了表示不同重要性次序的竞争假设具有相同的先验概率。反之，则先验可能偏袒某一假设，违背了假设检验的客观性。例如，当评估假设 $H_1: \theta_1 > \theta_2 > \theta_3$ 和其竞争假设 $H_2: \theta_1 > \theta_3 > \theta_2$ 时，我们希望两个假设的先验概率相等，但若 θ_1 与 θ_3 在先验分布中正相关，则 H_1 的先验概率可能小于 H_2 的先验概率。

在式（10－8）的先验分布下，协方差矩阵的后验分布同样为逆 Wishart 分布，表示为：

$$\pi(\sum_{yx} \mid D) = IW(n+J+1, S+\omega I_{J+1}) \tag{10-9}$$

这里 $D=[Y, X_1, \cdots, X_J]$ 表示观测数据矩阵，$S=D^T D$。在给定协方差矩阵的先验和后验分布后，我们可从中抽取协方差矩阵的先验和后验样本，表示为 $\sum_{yx}^{(t)}$ 和 $\sum_{yx}^{(t)} \mid D$, $t=1, \cdots, T$，并根据协方差矩阵与相关系数矩阵的关系计算相关系数矩阵的先验和后验样本，分别记为 $P^{(t)}$ 和 $P^{(t)} \mid D$。得到相关系数矩阵的样本后，可根据式(10－6)、式(10－7)等计算第2节各相对重要性指标的样本，进而计算对应先验分布和后验分布的密度或概率，得到贝叶斯因子。

贝叶斯因子可以将变量重要性的假设 H_k 和无约束假设 H_u 比较，记为 BF_{ku}，也可以比较两个假设 H_k 和 $H_{k'}$，即 $BF_{kk'}=BF_{ku}/BF_{k'u}$。贝叶斯因子对数据证据的衡量标准见第二章第1节。比较三个及以上的相对重要性假设可将贝叶斯因子转换为后验模型概率 PMP，具有最大 PMP 的假设获得的数据支持最多，其对应的重要性次序受到最多的数据支持，同时 PMP 也反映了重要性次序在统计推断中的不确定性。若某重要性次序的 PMP 为0.9，我们很确信该次序是最佳的，接受该次序犯错的概率为0.1；而若某重要性次序的 PMP 为0.4，即使它在和竞争假设的比较中具有最大的 PMP，我们仍不能确信该次序是最佳的，接受该次序犯错的概率为0.6。

相对重要性的贝叶斯因子可在 R 软件包 bain 中实现，在 bain 中只需输入相对重要性的假设、重要性指标的估计值和协方差矩阵，即可计算贝叶斯因子。对于第1节数据实例，考虑一般优势分析指标所有可能的次序假设执行探索性分析：

$$
\begin{aligned}
&H_1: d_1 > d_2 > d_3 \\
&H_2: d_1 > d_3 > d_2 \\
&H_3: d_2 > d_1 > d_3 \\
&H_4: d_2 > d_3 > d_1 \\
&H_5: d_3 > d_1 > d_2 \\
&H_6: d_3 > d_2 > d_1
\end{aligned}
\tag{10-10}
$$

将上述假设与无约束假设 H_u 进行比较，可以得出 $BF_{1u}=0.01$, $BF_{2u}=5.54$, $PMP_1=0.002$, $PMP_2=0.998$，其余假设的贝叶斯因子和 PMP 都为0。结果表明 H_2 受到数据的支持，也即对于解释或预测数字测验得分，前测得分最重要，心理年龄的重要性其次，年龄的重要性最低。

总体上说，bootstrap 抽样方法原理简单，适用于各种指标下两变量重要性差异的推断。但是涉及三个及以上变量的重要性比较时，bootstrap 方法仅能给出重要性次序的复现性，无法进行统计检验。与此相对，贝叶斯方法能够检验重要性次序的任意假设，衡量数据对重要性理论的支持程度，为相对重要性分析提供了直接、有效的方法。但是贝叶斯方法的统计原理和计算较为复杂。

第 4 节　相对重要性分析的模型应用

本节讨论相对重要性分析方法在不同统计模型中的应用，本章第 2 节和第 3 节已经在线性回归模型下展示了相对重要性的评估指标和推断方法，本节主要关注潜变量回归模型和多重中介模型中的变量相对重要性评估问题。

4.1　潜变量相对重要性分析

在相对重要性分析中，因变量或自变量可能为潜变量，本节使用第八章的测量模型 $\boldsymbol{Z}=\boldsymbol{\Lambda\eta}+\boldsymbol{\epsilon}$ 和结构模型 $Y=\boldsymbol{\beta X}+\delta$ 表示潜变量回归模型，其中，$\boldsymbol{\eta}=\{Y, \boldsymbol{X}\}$ 为潜变量，Y 为因变量，$\boldsymbol{X}$ 为自变量。例如图 10－5 中有三个潜自变量 X_1、X_2 和 X_3 和一个潜因变量 Y，各变量都有相应的测量模型。研究者可能感兴趣潜在自变量的相对重要性，例如，在大五人格特质中，开放性在预测青少年创造力方面是否比宜人性和外向性发挥着更重要的作用。第八章介绍了潜变量线性回归模型，但没有涉及除标准化回归系数外的其他重要性评估指标。本章前文指出了标准化回归系数作为重要性评估指标的缺点，并推荐使用基于 R^2 增量的指标，评估自变量对因变量方差解释的贡献比例。本节将 R^2 增量指标拓展到潜变量回归模型中。

潜在自变量 X_j 进入模型的 R^2 增量同样表示为包含和不包含 X_j 时模型 R^2 的差异，即 $\Delta R^2(X_j)=R^2(Y)-R^2(X_{-j})$，但是简化模型的 $R^2(X_{-j})$ 计算有所不同。在前文线性回归模型中，只需将变量 X_j 从模型中移除并计算 R^2 即可，但是在潜变量回归模型中，潜变量 X_j 包含其测量模型，存在三种计算移除 X_j 后简化模型 R^2 的方法。

第一种方法移除潜变量 X_j 及其测量模型。以图 10－5 中的潜变量回归模型为例，当我们移除 X_3 及其测量模型后，可得到图 10－6（左）所示的简化模型和 R^2。但是，该方法移除了部分观测指标，可能会影响模型识别和参数估计。此外，

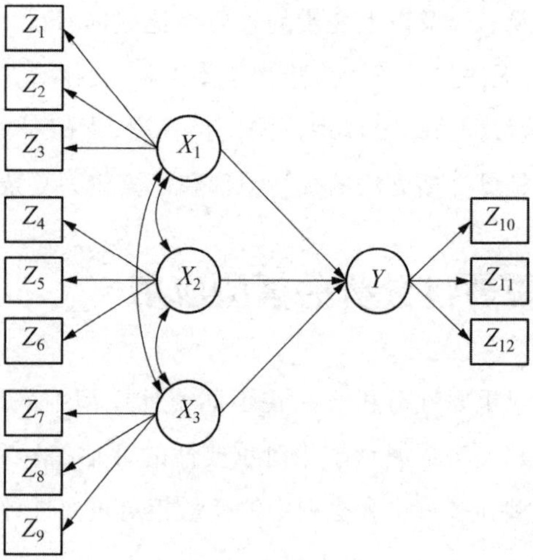

图 10 - 5　潜变量回归模型示例

若这些被移除的指标存在交叉负荷，那么简化模型的参数估计是有偏的，其 R^2 可能存在问题。

第二种方法是约束潜变量 X_j 的回归系数为 0。同样以图 10 - 5 中的模型为例，约束 X_3 的回归系数为 0，简化模型如图 10 - 6（右）中所示。但是该方法也存在问题，约束模型参数为 0 可能导致模型过度识别的问题（over-identified），同样会产生参数估计的偏差。

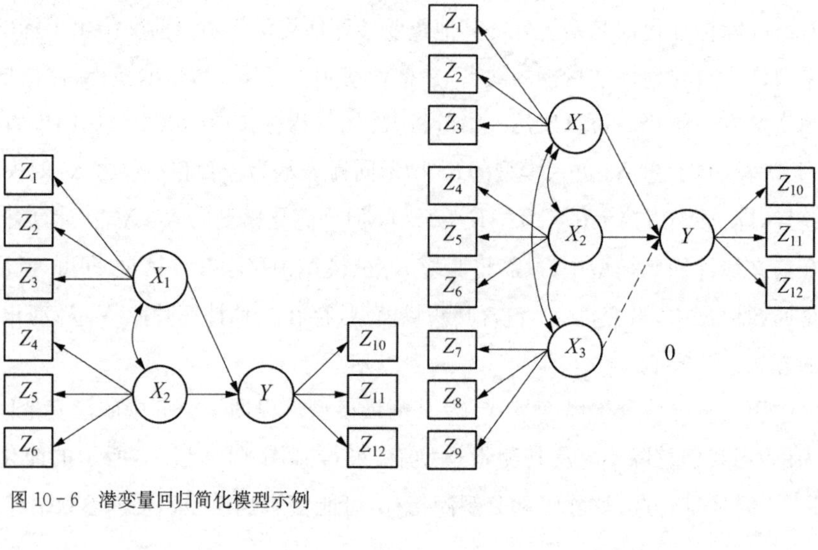

图 10 - 6　潜变量回归简化模型示例

第三种方法通过潜变量模型隐含相关矩阵(model implied correlation matrix)计算简化模型的 R^2，不对原始模型做任何修改或约束。在拟合完全模型后，可提取因变量和所有自变量的模型隐含相关矩阵，从中删除变量 X_j 对应的行和列，得到简化模型的隐含相关矩阵。根据模型隐含相关矩阵在式(10－7)中可计算简化模型的 R^2。该方法允许交叉负荷的存在并且没有对模型参数施加任何约束，避免了前两种方法的问题。因此第三种方法是推荐的简化模型 R^2 计算方法。

大部分结构方程模型分析软件都可输出模型隐含相关矩阵。得到模型隐含相关矩阵后，可计算自变量 X_j 的 R^2 增量，以及基于 R^2 增量的重要性评估指标。此外，还可以使用 bootstrap 方法对观测数据进行重采样，在每个 bootstrap 样本下通过拟合模型得到模型隐含相关矩阵，计算基于 R^2 增量的重要性评估指标，从而得到指标的 bootstrap 抽样分布，进行频率统计推断。也可计算重要性评估指标的估计值和协方差矩阵，计算重要性次序的贝叶斯因子和后验模型概率，进行贝叶斯统计推断。关于潜变量回归模型相对重要性评估的更多讨论可参考顾昕(Gu, 2022)的文章。

4.2　中介变量相对重要性分析

中介分析通过中介变量来解释自变量和因变量之间的关系。并行多重中介模型有一个自变量、一个因变量和多个相互平行的中介变量。图 10－7 展示了有三个中介变量的并行多重中介模型，其中图 10－7A 中的总效应分解为图 10－7B 中自变量到因变量的直接效应和自变量通过中介变量对因变量的特定间接效应。在并行多重中介模型中，研究者感兴趣中介变量的相对重要性。例如，研究者可能想要了解职业自我效能感和职业发展目标哪一个在人格特质对薪酬的影响中发挥着更重要的作用。评估中介变量的相对重要性可以帮助研究者理解中介过程并指导干预实施。中介变量重要性评估的传统指标是各中介变量的特定中介效应，即中介路径回归系数的乘积(MacKinnon, 2000;方杰等,2014)。但是系数乘积只考虑了中介

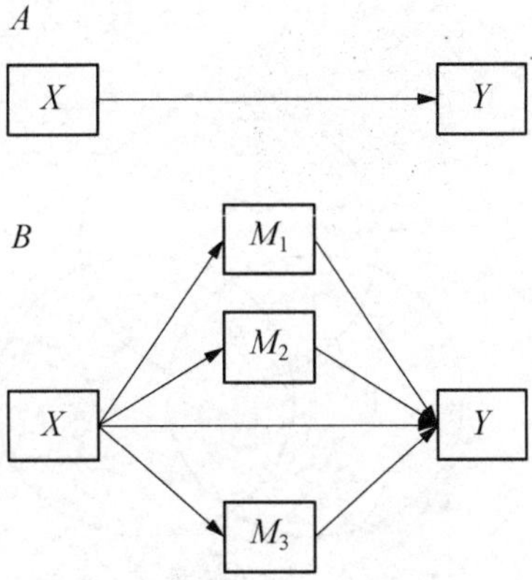

图 10－7　并行多重中介模型

变量的偏效应，当中介变量相关时，可能造成中介变量重要性的低估或高估，不利于中介过程的解释(Preacher & Hayes, 2008)。

基于 R^2 增量的重要性评估指标可以计算中介模型中的平均 R^2 变化，从而综合考虑中介变量的单独效应(当它是模型中唯一的中介变量)以及中介变量的偏效应(当它加入不同的变量子集)，较为全面地衡量中介变量的重要性。值得注意的是，在衡量中介变量的相对重要性时，关注的不是中介变量对因变量方差解释的贡献(这衡量的是中介变量作为自变量的重要性)，而是中介变量对中介效应方差解释的贡献。

研究者在简单中介模型中提出了多个中介效应的 R^2 效应量，具有不同的解释和性质。这里以麦金农(MacKinnon, 2008)提出的中介 R^2 效应量为例：

$$R^2 = r_{YX}^2 - r_{Y(X.M)}^2 \tag{10-11}$$

其中 r_{YX}^2 为 Y 和 X 的相关系数的平方，$r_{Y(X.M)}^2$ 为控制 M 后 Y 和 X 的部分相关系数的平方。该效应量参考共性分析的思想，将总效应(自变量对因变量的方差解释)分解为独特部分(由直接效应解释的方差)和共同部分(由中介效应解释的方差)。因此，中介效应解释的方差可由总方差解释(相关系数平方 r_{YX}^2)减去直接效应方差解释(部分相关系数平方 $r_{Y(X.M)}^2$)得到。

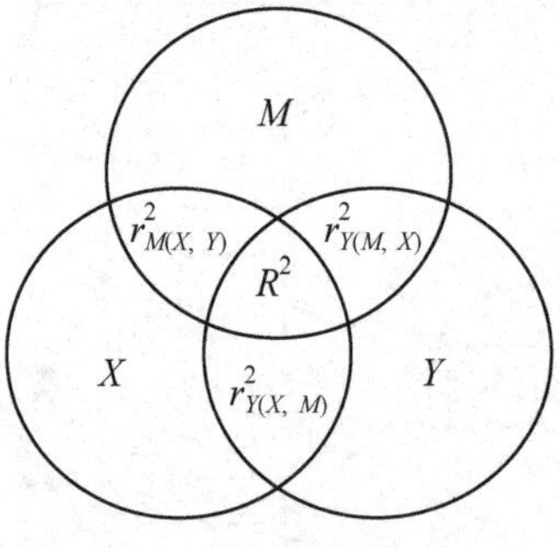

图 10-8　简单中介模型中的方差解释

简单中介模型中的方差解释如图 10-8 所示，图中清晰地呈现了公式(10-11)中三个部分的关系，即 R^2 和 $r_{Y(X.M)}^2$ 组成 Y 和 X 的相关系数平方 r_{YX}^2 (圆 X 和圆 Y 重合的部分)。R^2 表示 Y 的方差由 X 和 M 共同解释但不由其中任意一个单独解释的部分。当 M 是抑制变量时，控制 M 可能使得 Y 和 X 的关联增强，也即 $r_{Y(X.M)}^2 > r_{YX}^2$，因此 R^2 可能是负的。

将简单中介模型的 R^2 效应量拓展到多重中介模型中。记 $\boldsymbol{U}_M$ 为所有中介变量的集合，$\boldsymbol{U}_M = \{M_1, M_2, \cdots, M_I\}$，$\boldsymbol{U}_M$ 的中介效应是总方差解释 r_{YX}^2 和直接效应方差解释的差，直接效应的方差解释用 Y 和 X 控制 $\boldsymbol{U}_M$ 的部分相关系数平方 $r_{Y(X.U_M)}^2$ 表示，即：

$$R^2(\boldsymbol{U}_M) = r_{YX}^2 - r_{Y(X.U_M)}^2 \tag{10-12}$$

其中部分相关的平方 $r_{Y(X.U_M)}^2$ 为 X 加入含 $\boldsymbol{U}_M$ 的模型的 R^2 增量，又记为 $\Delta R^2(X \mid \boldsymbol{U}_M)$。

中介变量对中介效应总 R^2 的贡献可以由将该中介变量最后一个加入中介变量集的方差解释增量衡量。记 $\boldsymbol{U}_{-M_i}$ 为除了 M_i 之外所有中介变量的集合，M_i 的方差解释增量即是 $\boldsymbol{U}_M$ 和 $\boldsymbol{U}_{-M_i}$ 中介效应总方差解释的差异。因此中介变量 M_i 的方差解释增量为：

$$\begin{aligned}\Delta R^2(M_i) &= R^2(\boldsymbol{U}_M) - R^2(\boldsymbol{U}_{-M_i}) \\ &= (r_{YX}^2 - \Delta R^2(X \mid \boldsymbol{U}_M)) - (r_{YX}^2 - \Delta R^2(X \mid \boldsymbol{U}_{-M_i})) \\ &= \Delta R^2(X \mid \boldsymbol{U}_{-M_i}) - \Delta R^2(X \mid \boldsymbol{U}_M)\end{aligned} \tag{10-13}$$

$R^2(\boldsymbol{U}_{-M_i})$ 是以 $\boldsymbol{U}_{-M_i}$ 为中介变量的模型的中介效应总方差解释，$\Delta R^2(X \mid \boldsymbol{U}_{-M_i})$ 和 $\Delta R^2(X \mid \boldsymbol{U}_M)$ 分别是 X 对 Y 的包含 $\boldsymbol{U}_{-M_i}$ 和 $\boldsymbol{U}_M$ 的回归模型方差解释增量。在这个表述下，中介变量 M_i 的方差解释增量即是 X 对 Y 的不含 M_i 和含 M_i 的回归模型方差解释增量的差。这提供了 $\Delta R^2(M_i)$ 的替代解释，也即 M_i 的缺失导致 Y 由 X 额外解释方差的变化。如果 $\Delta R^2(M_i)$ 大，表明 M_i 在和不在时，X 额外解释的方差有很大差别，则中介变量 M_i 是重要的，否则 M_i 是不重要的。注意，这里 M_i 的方差解释增量不同于在 Y 的回归模型中最后一个加入 M_i 的方差解释增量，后者衡量的是 M_i 作为一个自变量的重要性。

在得到中介变量 M_i 的 R^2 增量后，即可计算第 2.1 节基于 R^2 增量的重要性指标。例如可使用优势分析方法对中介效应总方差解释进行分解，计算中介变量加入不同中介变量子集的平均 R^2 变化，得到中介变量的一般优势指标。同时，可使用 bootstrap 抽样算法和贝叶斯因子检验方法对重要性指标和次序进行推断。

4.3　其他模型应用

除了第 4.1 节和第 4.2 节介绍的潜变量回归模型和多重中介模型的变量相对重要性评估方法，基于 R^2 的重要性评估还可应用于多因变量线性回归模型、

logistic 回归模型、多层线性模型等。将基于 R^2 的重要性评估方法拓展到其他模型的关键是选择合适的方差解释效应量 R^2。R^2 与模型拟合有关，确定了 R^2 后，自变量对特定模型的独特贡献就可以由自变量加入模型时的 R^2 增量得到。对于多因变量回归模型，可使用基于典型相关（canonical correlation）的多变量关联测量（multivariate association measure）作为多元 R^2；对于因变量为二分变量的 logistic 回归模型，可使用基于似然比的伪 R^2 作为方差解释效应量；对于多层线性模型，可考虑按自变量的不同水平层次选取 R^2。在得到方差解释效应量后，基于 R^2 的相对重要性指标都可相应计算。

相对重要性评估方法已在多个 R 软件包中实现。例如，R 包 dominanceanalysis 可以对线性回归模型（单因变量和多因变量）、广义线性模型以及多层线性模型进行优势分析并计算 bootstrap 复现性；R 软件包 yhat 可以在线性回归模型中实现优势分析和相对权重方法并计算 bootstrap 置信区间；此外，上文已介绍作者开发的 R 软件包 bain 可以计算一般统计模型下任意重要性指标的零假设和次序假设的贝叶斯因子，进行多变量重要性排序的统计推断。

第 5 节　本章小结

本章重点介绍了基于 R^2 的相对重要性评估指标和统计推断方法。总体上说，优势分析指标是比较推荐的相对重要性评估指标，它综合考虑了变量的解释和预测作用，解释为变量对关注的总效应方差解释的贡献。bootstrap 方法能检验变量重要性的成对优势，贝叶斯检验可以衡量数据对各种变量重要性假设的支持程度。贝叶斯变量相对重要性评估的研究仍有较多的探索空间。首先，尽管变量相对重要性的研究已经扩展到其他模型，例如逻辑回归模型、多层线性模型等，但贝叶斯假设检验方法尚未用于在这些模型中推断相对重要性。其次，当前研究仅关注了具有潜变量的回归模型，还可以考虑方法在其他潜变量模型中的拓展，例如潜变量中介模型、潜变量多层模型。再次，中介模型的形式多种多样，重要性评估方法在具有多个自变量的中介模型、链式中介模型等的应用也是有趣的问题。最后，仍需评估方法拓展到分类变量数据类型的稳健性。贝叶斯变量相对重要性评估方法在一般模型和数据类型中的实现和评估是未来研究的方向。

第十一章　贝叶斯网络

实证研究强调数据证据，研究者根据理论提出假设，设计实验，收集数据，分析数据，得到支持或反对研究假设的结论。但是传统数据分析方法在处理复杂、多元、动态的实证研究数据时面临诸多挑战。首先，随着实证研究问题的复杂化，研究对象通常是包含多个维度、多个层次的复杂建构，传统方法如方差分析、回归分析等已无法满足数据分析的实际需求。其次，统计分析是基于概率的推断，具有不确定性。传统方法得到的研究结论通常表述的是差异的显著性或影响的大小、方向等，例如"不同家庭教养方式下的子女学业成绩有显著差异"，"父母受教育程度越高，其子女学业成绩越高"，这些研究结论并未体现数据证据的不确定性。再次，传统分析流程要求预先设置被试抽样、观测变量、样本容量等，得到的数据证据不可累积和更新。基于概率推理的贝叶斯网络(Bayesian network)能够处理数据分析中证据推理的复杂性(complexity)、不确定性(uncertainty)与动态性(dynamic)问题。

贝叶斯网络的概念和理论基础主要是由图灵奖得主犹大·伯尔(Judea Pearl)在 20 世纪 80 年代初期提出，他的工作极大地促进了贝叶斯推理方法的发展。随后在 90 年代，研究者进一步开发了用于贝叶斯网络学习和推理的算法和软件，使得贝叶斯网络在实际应用中变得更加可行。目前，贝叶斯网络作为不确定知识推理领域最有效的理论模型之一，已被广泛应用于教育学、心理学等社会科学研究领域。

本章主要讨论贝叶斯网络的基本概念和方法，贝叶斯网络与传统方法在研究范式、数据分析、统计模型等方面的不同与优势，基于后验模型概率和 MCMC 抽样的模型选择方法在贝叶斯网络结构学习中的应用，以及贝叶斯网络方法的实证应用等问题。

第 1 节 贝叶斯网络的方法与应用

1.1 贝叶斯网络简介

贝叶斯网络是一种以概率方式描述变量之间关系的图模型(Pinto et al.，2009)。概率无处不在,它允许我们从不确定和不完整的数据证据中做出复杂的统计推论。对于多维度、多层次的实证数据,变量间的关系错综复杂,概率推理计算困难。例如在评估学生英语的听说读写能力时,写作与听力水平依赖于阅读能力,但是又影响着口语能力。同时,英语能力也受到学生沟通交流能力的影响,所以要评估或预测学生的听力水平必须考虑其他能力的高低。一种简单的处理方法是画出变量关系的网络图(如图 11-1 所示),网络图中的节点(node)表示变量,其连线(edge)表示变量间的依赖关系,箭头指出的变量为“原因”变量,箭头指向的变量为“结果”变量。这类网络模型反映了变量间的因果关系,并能够以贝叶斯的方式(即随着新数据的收集而更新)表示复杂且不断变化的信息状态。伯尔推广了这类网络模型,并称之为贝叶斯网络(Pearl，1988)。

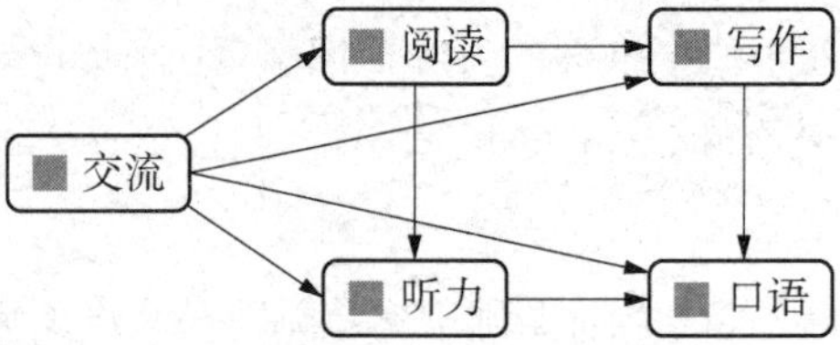

图 11-1 贝叶斯网络示例(Almond et al.，2015)

贝叶斯网络由有向无环图(directed acyclic graph，DAG)和条件概率表(conditional probability table，CPT)两部分组成。其中 DAG 中的节点表示变量,节点间的有向连线表示变量间的因果关系。若两个节点间以一个单箭头连接在一起,则箭头指出的是父节点(parent node),表示“原因”;箭头指向的是子节点(child node),表示“结果”。例如图 11-1 中,阅读指向写作,因此阅读为写作的父节点,写作为阅读的子节点。

贝叶斯网络使用条件概率表储存所有节点在其父节点下的条件概率,若无任

何父节点则储存其边缘概率(即不依赖于其他节点变量的概率)。需要注意的是,任意一个变量在给定父节点的情况下都独立于它的非子节点,这有助于变量的评估与预测。例如在图 11－1 英语测试中,给定阅读能力时,听力与写作能力是独立的,在评估写作能力时,我们仅需考虑写作在阅读和交流能力下的条件概率。根据贝叶斯网络的链式法则,所有变量的联合概率分布可以简化为每个节点关于其父节点的条件概率的乘积。每个节点的边缘概率等于每个节点的条件概率乘以其父节点的条件概率直至最上方的父节点的边缘概率(即最终的“原因”)。以英语能力测试为例,将测试结果简化为两个状态:高分或低分(记为 1 或 0),图 11－2 展示了其中交流、写作、阅读三个能力变量间的网络结构模型。用 P(写作)表示写作得高分的概率,P(阅读)表示阅读得高分的概率,P(交流)表示交流得高分的概率。此外,交流是阅读的父节点,交流得高分的学生在阅读上能得高分的概率表示为 P(阅读|交流)。同样地,交流和阅读都得高分的学生在写作上能得高分的概率表示为 P(写作|阅读,交流)。那么,可以从图中变量间的依赖关系推出 P(阅读)＝P(阅读|交流)×P(交流)以及 P(写作)＝P(写作|阅读,交流)×P(阅读|交流)×P(交流)。在收集到学生三项能力测验表现后,可得交流能力的边缘概率并计算出阅读、写作能力的条件概率表,建立完整的贝叶斯网络模型。

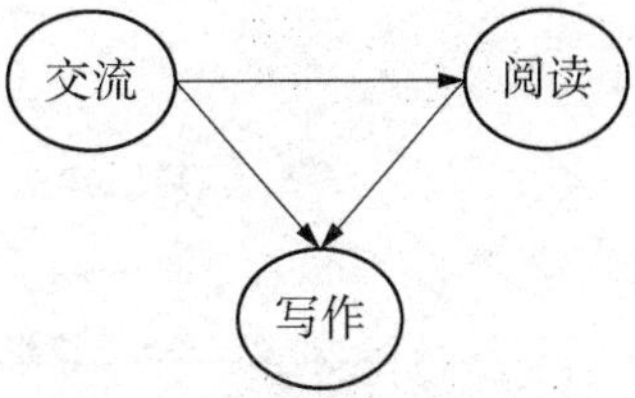

图 11－2　贝叶斯网络推理示例

贝叶斯网络可以进行因果推理(causal inference),目标变量在给定其他变量状态时的概率作为推理依据。具体地,目标变量及其父节点、子节点和子节点的其他父节点共同组成了该变量的马尔可夫毯(Markov Blanket),提供所有的概率依赖信息。利用这些概率信息,贝叶斯网络可以实现从原因到结果的推理,从结果到原因的推理,同一结果不同原因的关联推理,以及包含以上三种的混合推理等。在英语测试的例子中,当数据更新学生交流和阅读的表现后,可预测其写作能力高的概率(原因到结果);当知道学生的写作和阅读表现后,可反推其交流能力高的概率(从结果到原因);当知道学生的写作表现后,可推理交流和阅读的关系(关联推理)。

贝叶斯网络结构中的变量依赖或独立关系可以从图的角度进一步讨论。在网络图 DAG 中,d 分离(d-separation)提供了一种方法快速确定任意一对变量之间是否条件独立(Pearl, 1988)。考虑三个节点A, B和C, A和B通过C间接连接的情况有三种:汇连(converging connection)、顺连(serial connection)、分连(diverging connection),如图11-3所示。汇连结构也被称为V结构,变量C能够诱发A和B之间的信息流动,A和B之间边缘独立,但以C为条件时,A和B之间条件依赖。这种结构类似回归模型,如家庭环境A与学校环境B共同影响学生行为C,家庭环境和学校环境边缘独立,但当考虑学生因素时,条件依赖。在顺连和分连结构中,变量C将阻塞A和B之间的信息流动,A和B之间边缘依赖,但以C为条件时,A和B之间条件独立。顺连结构类似中介模型,如家庭社会经济地位A通过子女社会文化观C间接影响子女的创造力B,家庭社会经济地位与子女创造力相关,但在子女社会文化观不变时,家庭社会经济地位和子女创造力条件独立。分连结构又称为共同原因模型,如教育双减政策C提升了教师满意度A与家长满意度B。

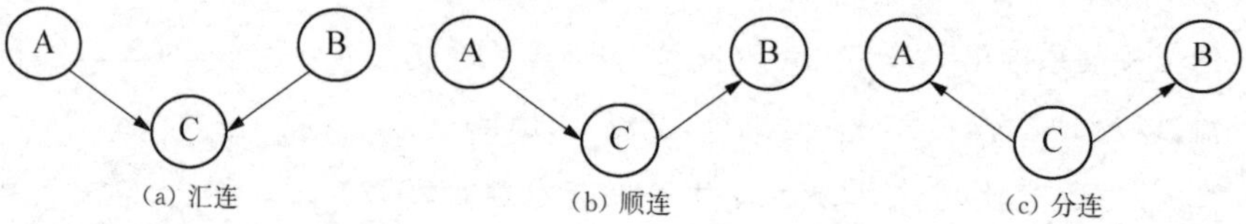

图11-3 节点之间的三种基本结构

1.2 贝叶斯网络方法的应用

近年来,随着社会科学研究问题的深入,研究数据越来越复杂多元,且存在很多动态、离散、缺失数据。如何从这些数据中挖掘出目标变量之间的潜在关系,尤其是因果关系,一直是教育、心理等实证研究领域关注的重要问题。为了解决复杂数据分析的问题,贝叶斯网络已广泛应用于教育、心理等研究。

在教育学领域,贝叶斯网络的应用主要涉及:(1)学生发展的动态监测,加西亚等(García et al., 2007)使用贝叶斯网络诊断并监测学生的学习风格;卡莫纳等(Carmona et al., 2008)设计动态贝叶斯网络构建学生学习风格模型;萨博林等(Sabourin et al., 2013)利用动态贝叶斯网络构建自主学习的早期预测模型。(2)不同维度的数据证据整合,贝兰等(Belland et al., 2017)将贝叶斯网络用于STEM教育中的认知数据证据整合;德克勒克等(De Klerk et al., 2015)利用贝叶斯网络对教育心理学数据测量做了系统性评估。(3)复杂研究问题的模型构建，彼得罗等(Pietro et al.，2015)在高等教育研究中使用贝叶斯网络评估教师表现，同时考虑内部绩效指标以及学生需求、期望、满意度等外部指标；克赛诺斯(Xenos，2004)在开放与远程教育中使用贝叶斯网络评价学生表现，构建了多变量关系的复杂模型。(4)在教育与心理测量领域的应用，赖钦伯格(Reichenberg，2018)综述了教育与心理测量中使用贝叶斯网络的文献，并关注其应用；阿蒙德等(Almond et al.，2015)展望了贝叶斯网络在教育测评中的应用。在国内的教育实证研究中，同样出现了许多贝叶斯网络的应用研究，主要集中在教育评价(张晓勇等，2012)，认知诊断与自适应学习(宋丽红，2016)等领域。

第2节　贝叶斯网络的优势

前文简要介绍了贝叶斯网络的模型与方法，本节具体讨论贝叶斯网络相较于传统方法在实证研究中的优势，能解决哪些传统方法不能解决或不能很好解决的问题。

2.1　理论驱动与数据驱动的融合

随着人工智能、大数据分析的发展，国内外研究者开始关注数据驱动的研究(Kurilovas，2020；杨现民等；2020)，但也有学者重申理论驱动研究的重要性(Huang & Hew，2018；杨向东，2014)。理论驱动的分析流程是“研究问题——提出假设——设计实验——收集分析数据——验证假设”，研究者需要理论构建模型，表达变量间的关系。数据驱动的分析流程是“研究问题——收集分析数据——得出结论”，研究者直接根据获得的所有数据信息构建模型，省去了研究假设与实验设计。

下面以农村地区学生学业困难的影响因素为例(Mandinach，2012)，具体说明两种传统分析路径的差异与缺点，并阐述融合理论与数据驱动的贝叶斯网络方法的优点。理论驱动分析方法首先根据研究问题提出研究假设，影响学业困难的因素有家庭状况、健康状况、不良行为等。再确定抽样对象、样本容量及观测变量，包括因变量学习成绩，自变量家庭收入、医疗记录、违纪频率等。随后收集数据，使用线性回归模型分析以上自变量是否对学习成绩有显著的影响及影响大小，验证研究假设。这一分析流程存在两个缺陷。首先，理论假设可能忽略某些对学业困难有显著影响的重要变量，如班主任管教方式，一旦确定研究设计、收集数据后无法增加新的观测变量。其次，需要事先设定样本容量的大小，样本不足会导致假设检验失效，而样本过多则会提高实验成本。

数据驱动分析流程首先明确研究问题，研究者试图了解为什么部分学生会在学业上遇到困难。随后收集到学生学业成绩、医疗记录、行为数据、出勤率等，以及其他看似与学业困难不相关的变量，如当地交通、当地气候等。基于所有数据信息，利用相关分析、聚类分析等大数据分析常用方法，得到学业困难的相关因素。注意，所有观测到的数据信息都可以加入分析。数据驱动方法的缺点是仅能判断与学业困难相关的变量，无法解释它们的影响机制。如研究者发现学生学业困难与当地气候有关，但真实原因可能是恶劣天气导致交通不便，进而影响学生学业。

贝叶斯网络结合理论驱动与数据驱动的思想，其基本分析流程可归纳为："研究问题——先验模型——收集分析数据——阶段性结论——更新模型——收集分析数据——"首先，贝叶斯网络可以整合特定研究领域内的理论知识与专家经验。贝叶斯方法鼓励专家参与选取变量并定义变量间的关系，这种关系可以是相关也可以是因果。比如，指定当地气候影响交通，进而影响学业困难的路径。专家经验将作为先验知识加入贝叶斯网络模型，这意味着先验模型的结构将有理论支撑，也能适应特定的研究目的。其次，在先验模型构建之后，研究者收集分析数据，得到阶段性结论，并更新先验模型，再收集分析数据，以此迭代。基于这一流程，贝叶斯网络能够从数据中学习。贝叶斯网络的数据学习特性来源于贝叶斯公式，其反映了人们对过去的认知会随着新数据的加入而发生改变。当收集到新的数据时，贝叶斯网络将改进基于理论或专家经验的原始模型，或更新之前数据分析得到的历史模型。这种学习既可以调整模型参数，也可以对模型结构提出更改建议。后者对于研究是有指导意义的，因为它反映了不断积累的数据证据对理论或专家经验的批判性修正。比如，随着小康社会的全面建成、农村经济的整体发展，家庭收入、交通状况或不再是影响学业困难的主要因素，而学业压力等可能成为新的影响因素。因此，新研究数据的分析结果会动摇我们对过去的认知。需要注意的是，部分数据分析结果往往不足以推翻旧的理论，但是贝叶斯模型会降低历史模型的可信度，直到积累足够的数据证据反对历史模型。

综上，相较于传统理论驱动或数据驱动分析方法，贝叶斯网络融合理论与数据信息构建模型，随着新数据的收集迭代模型，更新研究结论。贝叶斯网络方法避免了理论驱动方法在假设模型提出后无法增加新的变量，在实验设计后无法增加样本容量，在得到结论后无法更新修正等问题；同时，贝叶斯网络方法弥补了数据驱动方法在解释变量因果关系、影响机制等方面的不足。

2.2　概率推理

基于概率推理的实证研究结果具有不确定性，这种不确定性来自研究抽样误差、测量误差、统计分析误差等。传统统计推断报告的研究结论通常是变量存在"显著差异""显著相关""显著影响"等，研究者无法知晓其所关心变量，如学生能力、教师水平等高低的概率。贝叶斯网络将概率推理的不确定性纳入模型。概率可以用来表示个体发展、预测信息、情景感知，以及数据和先验知识融合等不确定性。研究者根据理论设定贝叶斯网络初始模型时，将这些不确定性带入模型，当数据输入后，利用概率迭代进行推理，推理的结论同样以概率表示。

以网络教学中的学生学习风格推理为例（García et al.，2007），学习风格包括信息加工、感知、输入和理解等维度。其中，信息加工有两种类型：活跃型与沉思型，根据学生在网络学习论坛和聊天室中的不同行为表现推理其信息加工的类型。论坛变量包括四种状态：回复消息、阅读消息、发布消息、不参与；聊天变量包括三种状态：参与、聆听、缺席。研究者评估学生信息加工风格，对于类别变量的关系，传统统计方法常使用交叉表格卡方检验，但是其得到的结论只能是信息加工风格与论坛、聊天等变量独立或显著相关；或是使用二元逻辑回归模型，但是其只能判断论坛、聊天等变量是否显著影响信息加工风格。而贝叶斯网络方法除了构建模型表达变量间的关系，还能对学生个体的信息加工风格进行概率推理。比如加西亚等构建了图 11 - 4 的贝叶斯网络（García et al.，2007），并根据数据生成变量的条件概率表 11 - 1。若观测到某学生在论坛回复消息且参与聊天，则由表 11 - 1 可推理其信息加工风格为活跃型的概率为 0.85；若观测到另一位学生仅在论坛中阅读消息并且没有参与聊天，则可推理其信息加工风格为沉思型的概率为 0.55。与传统统计推断方法得到的变量显著相关、显著影响等结论相比，贝叶斯网络更关注个体层面的概率推理，得到的结论更加精准有效。

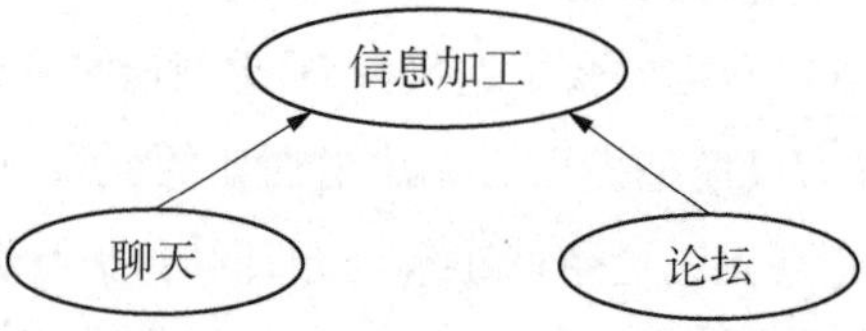

图 11-4 信息加工的贝叶斯网络

表 11-1 信息加工风格条件概率表

论坛		回复消息			阅读消息			发布消息			不参与		
聊天		参与	聆听	缺席	参与	聆听	缺席	参与	聆听	缺席	参与	聆听	缺席
信息加工	活跃	0.85	0.7	0.55	0.75	0.6	0.45	1	0.85	0.7	0.65	0.5	0.35
	沉思	0.15	0.3	0.45	0.25	0.4	0.55	0	0.15	0.3	0.35	0.5	0.65

2.3 复杂模型构建

实证研究问题往往涉及多变量、多维度的复杂建构。为了处理变量间的复杂关系，社会科学数据分析大多采用中介与调节模型（温忠麟等，2005）、结构方程模型（侯杰泰等，2004）、多水平模型等。但是这些模型都有很强的数据假设，如正态性，模型残差随机、独立、齐次等，在处理类别变量的非线性关系时，会有较大的估计误差，导致模型诊断与预测效果不佳。此外，这些模型能够处理的变量关系复杂度有限，拟合具有较高复杂依赖性的数据是一项挑战（Almond et al.，2015）。贝叶斯网络对数据类型与变量关系类型都没有要求，连续或类别变量、正态或非正态数据都可以纳入贝叶斯网络模型；线性或非线性的变量关系都可以在贝叶斯网络模型中表达与分析。同时，作为大数据分析方法，贝叶斯网络能够处理多维度、多层次的复杂变量关系。

在前文例子中，研究者诊断学生学习风格，考虑信息加工、感知、理解维度（García et al.，2007）。每个维度有两种类别，分别为活跃型与沉思型、感悟性与直觉型、序列性与综合型，由学生的网络学习行为数据诊断。研究中的信息加工、感知、理解均为类别变量，不满足传统线性回归模型、中介模型等的正态性、方差齐次、线性等假设。图 11－5 构建了学习风格的贝叶斯网络，研究者根据聊天行为、考试提交时间、修改答案行为、考试结果等变量诊断学生个体的学习风格。此外，在图 11－5 中贝叶斯网络可将学习风格模型的各维度分块建模，再对学习风格模型整体进行评估，分析信息加工、感知与理解维度间的关系。

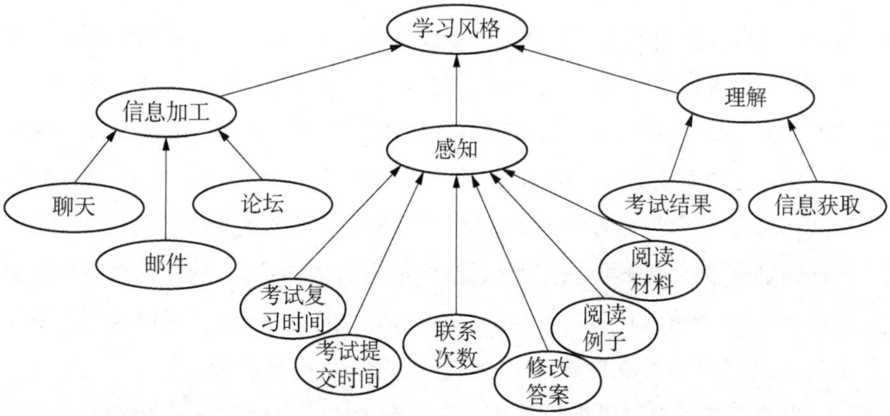

图 11－5　学习风格的贝叶斯网络(García et al.，2007)

2.4　实时监测与反馈

在教育学领域，传统教育测评多以纸笔测验为主，计算测验问卷的总分或平均分。这类评估通常指向知识、技能的单一维度，无法进行多维度、多层面的复杂测评。同时，如果问卷包含较多题目，或者学生没有意识到问卷的用途，往往会不经过仔细思考随意选择答案，得到的结果可能是不准确的。此外，传统测评独立于教学与学习活动，强调终结性评价，无法获知学生在学习过程中的发展与变化。当前教育研究关注过程性评价，以真实学习情境为载体，智能设备与系统为工具，教育过程数据为证据，动态测评模型为方法，实时监测与反馈为目标，评估学生在学习过程中体现出来的知识、技能、方法、思维、风格和价值观念等。随着便携式视频设备、智能学习系统引入课堂，学生在教学活动过程中的多维、动态数据可被捕捉，如教师教学时学生的面部表情，小组讨论中学生的发言次数，课堂练习中学生点击智能设备的频率等。基于教育过程数据在真实课堂中评价学生的能力，能够帮助教师全面、即时地了解学生的发展状况，从而更好地建立学习提升计划。

传统动态数据分析方法是建立时序模型，即将变量进行时间分割后加入模型，如重复测量模型、纵向追踪模型、自回归模型、交叉滞后模型等。这类模型分割的时间是离散的，需要在某一时刻观测到所有变量数据信息才能更新模型。但是教学与学习过程是连续的，行为数据并非发生在某一特定时刻；换句话说，特定时刻可能观测不到研究者需要的行为信息，因此这类时序模型无法做到实时监测与反馈。贝叶斯方法的天然优势就是处理数据的动态更新。教育研究者根据理论或专家经验等设置初始模型后，每当数据进入，模型都将更新，支持或反对研究理论的数据证据也持续累积。值得注意的是，在某一时刻，贝叶斯网络不需观测模型中的所有变量即可完成更新。例如，在数学课堂学习中，捕捉到学生举手发言后，我们对其注意力、计算思维等能力的评估，以及数学成绩的预测也将随之发生改变。贝叶斯网络能够有效融合动态学习过程中的所有数据信息，从而帮助教师评估学生知识、能力等的薄弱环节，实现实时监测和反馈。此外，贝叶斯网络还能够综合历史数据，推测学生发展趋势，为教师调整教学方案提供参考。

以前文学生学习风格与其在网络教学中的互动行为关系为例(García et al.，2007)，研究者可以建立重复测量模型，构建学习风格与互动行为的动态关系。例如在学习开始时、中间某时刻、结束时，分别收集学生的聊天、论坛、邮件等行为数据，构建学习风格的重复测量模型，评估学生学习风格在三个时刻的变化趋势。但是，重复测量模型等传统时序模型局限于固定时刻变量关系的多次评估，无法做到学习风格的实时评估。为此，构建了学习风格与互动行为的贝叶斯网络模型(García et al.，2007)，分析学生在使用网络教学系统时的学习与互动过程数据(见图 11 - 5)。模型构建与数据分析是连续的动态过程，在任意时刻，学生的任何行为，如参与聊天、回复邮件等，都将更新模型，给出学习风格的最新概率推理结果。换句话说，监测学生学习风格不需设置特定时间节点，不需观测所有行为数据。因此，贝叶斯网络相较于传统时序模型，能够提供实时监测。

2.5 小样本、缺失与不完整数据分析

受限于人力、物力、经费等实验条件，实证研究的样本容量可能相对较小。例如，教育神经科学研究需要对被试进行脑红外成像或核磁共振，能收集到的样本有限。在参数估计方面，对小样本数据使用传统极大似然法估计变量间的相互关系，

极易受到个别极端数据的影响，产生有偏差的估计结果。贝叶斯方法融入基于专家经验或历史数据的先验信息，减小了极端值的影响，比极大似然法的估计精确度更高（Van de Schoot et al.，2017）。在假设检验方面，频率统计方法需要确定样本容量、显著性水平等。实际操作中研究者可能会因为样本容量较小，无法得到任何结论，也可能会收集过多的样本数据造成浪费。贝叶斯方法无需预先设定样本容量，不依赖于实验设计，对多次实验可以进行数据证据的积累。即使一次实验的样本较小，无法得到有用的结论，研究者也可以继续收集新的数据，在贝叶斯模型中积累数据支持研究假设的证据，直到得到有意义的研究结论。一般来说，贝叶斯统计分析所需的样本容量都小于频率统计分析，而贝叶斯网络继承了贝叶斯统计方法在小样本参数估计和假设检验方面的优势。

实证研究数据可能存在缺失或不完整的情况，例如因为实验设备问题造成的部分学生的视频或音频数据缺失。对于缺失与不完整数据，贝叶斯网络同样比传统方法表现更优。贝叶斯网络模型可根据变量间的相互依赖关系计算各变量的条件概率，比如当学生听力水平高的概率是80%时，即使其口语能力测验数据缺失，我们也可根据其听力水平对口语能力进行估算。在具体分析中，贝叶斯网络使用期望最大化（Expectation-Maximum）算法从不完整数据中估计条件概率。与其他估计方法不同，无论数据是随机缺失或是缺失依赖于其他变量的状态，期望最大化算法都可以处理缺失值的估算。

本节重点阐述了贝叶斯网络方法较传统数据分析方法的优势：融合理论与数据驱动分析思想；能够对个体进行精准概率推理；适用任何数据与变量类型；对变量多维度、多层次的复杂关系进行建模；对过程数据进行实时分析与反馈；不依赖样本容量与实验设计等。

第3节 贝叶斯网络的分析算法

由本章第1节讨论可知，当知道各个变量节点的因果关系后，贝叶斯网络的结构即可确定。如果关于网络结构的先验信息不可知，则需要用数据驱动的方式构建网络图模型，即贝叶斯网络的结构学习。在贝叶斯网络的研究中，贝叶斯网络学习是一项重要内容，包括结构学习与参数学习两个部分。结构学习旨在寻找最佳网络结构，最大程度地拟合给定的实证数据。参数学习旨在估计结构中节点对应的条件概率表。应用贝叶斯网络来解决问题需要先构造代表变量间关系的贝叶斯网络结构，然后基于给定结构进行参数学习。值得注意的是，结构学习的准确性会直接影响到参数学习的准确性，同时也会影响到后续基于模型进行各种推理和分析的准确性。因此，构建准确的贝叶斯网络结构是应用贝叶斯网络的基础和核心。

在早期，研究者主要借助专家的知识来学习贝叶斯网络，通过专家系统地描述不同事物之间的关系来直接构造整个网络结构。然而这种构造方法难以保证结果的正确性，并且随着变量的增多，问题的复杂程度和模型的复杂度都呈指数级上升，专家也难以理清复杂的变量依赖关系，给出完整的正确网络。20 世纪 90 年代以来，从数据中学习最优的网络结构逐渐成为构造贝叶斯网络结构的主流方法。

贝叶斯网络结构学习算法分为两大类：基于约束的结构学习算法（constrained-based structure learning algorithms）和基于评分搜索的结构学习算法（score-based structure learning algorithms）。目前，基于评分搜索的结构学习算法更为常用。该算法的主要思想是选用一个评分函数对网络结构进行评分，然后再寻找出得分最高的网络结构作为最优模型。常用的评分函数包括 AIC、BIC、贝叶斯因子、后验模型概率等。鉴于统计方法和思维的一致性，与贝叶斯统计相关的评分函数是较为推荐的，如贝叶斯因子、后验模型概率等。

在贝叶斯网络结构学习算法中，备选模型数量会随着变量增多而呈指数级增长。因此当变量数目较大时，往往无法遍历所有可能模型。例如，当涉及 10 个变量时，可能的模型数量将多达 4.2×10^{18}。因此，对备选模型进行抽样，仅访问概率较高的模型，是当前网络结构学习的推荐方法。MCMC 抽样算法是贝叶斯统计分析最常用的算法，其典型算法包括：Gibbs 抽样算法和 MH 抽样算法。虽然这类抽样算法能保证抽样过程收敛于平稳分布，但当前算法的理论模型抽样效率还有待提高，并且网络模型选择的不确定性需要评估。此外，在收集数据之前，可能已经存在研究理论、专家经验等先验信息，如何在结构学习抽样算法中融入先验信息，以改进结构学习效果也是值得探讨的问题。

3.1 基于约束的结构学习算法

基于约束的结构学习算法将贝叶斯网络结构视为变量间条件独立性关系的表

示。通过一系列条件独立性检验学习模型中变量之间的独立性，从而依次确定节点间的边及其方向，生成有向无环图。具体而言，对于一个有向无环图中的任意两个随机变量 A 和 B，根据条件独立性检验可以确定它们之间的依赖关系。如果 A 和 B 未通过条件独立性检验，表示它们之间存在依赖关系，即存在 A 指向 B 或 B 指向 A 的边。反之，如果 A 和 B 通过条件独立性检验，表示它们之间是相互独立的，即节点 A 和 B 之间不存在边。常用的条件独立性检验方法有卡方检验、互信息检验等。其中，卡方检验用于检验两个变量之间是否存在条件独立性关系，而互信息检验则可以检测两个变量之间是否存在非线性关系。

基于约束的结构学习算法可进一步细分为全局发现算法和局部发现算法。全局发现算法旨在学习整个网络结构，其中 1989 年提出的 SGS 算法是后来许多算法的基础(Spirtes, & Glymour, 1991)，它使用条件独立性测试的结果来删除条件独立节点之间的边，并在随后的两个阶段学习结构中的 V 结构和边的方向。局部发现算法则旨在学习每个变量的局部结构并将其拼接成完整的贝叶斯网络结构，这里不展开介绍。

3.2　基于评分搜索的结构学习算法

基于评分搜索的结构学习算法是贝叶斯网络结构学习中被广泛应用的方法。该方法将结构学习过程视为结构优化的过程，把结构学习问题作为模型选择问题来处理。主要思想是对不同的网络结构进行评分，然后比较不同结构的评分来确定最优的模型。该方法的具体流程是先定义评价网络模型优劣的评分函数指标，然后使用搜索算法在给定搜索空间(即包含所有可能网络结构的集合)中进行搜索，找出其中评分最高的网络结构。评分函数以及搜索算法是基于评分搜索的结构学习算法的核心要素，下面主要展示贝叶斯评分函数和 MCMC 搜索算法。

评分函数是衡量网络结构与样本数据拟合程度的指标。按照不同理论基础，评分函数主要可以分为两类：基于信息论的评分函数和基于贝叶斯统计的评分函数。前者包括 AIC、BIC 等指标，后者包括贝叶斯因子、后验模型概率等指标。这里我们仅讨论基于贝叶斯统计的评分函数，使用贝叶斯因子和后验模型概率作为贝叶斯网络结构学习的指标。

基于贝叶斯统计的评分函数计算的是网络结构的后验模型概率，选取后验概率最大的网络结构作为最优模型。用 G 表示贝叶斯网络模型结构，D 表示数据，则贝叶斯网络模型的后验概率可以表示为：

$$P(G \mid D)=\frac{P(D \mid G)P(G)}{P(D)} \tag{11-1}$$

其中 $P(D \mid G)$ 表示数据 D 在模型 G 下的边际似然概率，$P(G)$ 表示模型的先验概率，$P(D)$ 表示数据的边际概率。此外，贝叶斯因子也是贝叶斯统计框架下的模型选择指标，直观量化了数据对两个假设或模型的支持程度。在模型选择中，其代表的是当前样本数据对两个不同模型的支持强度之比。在贝叶斯网络结构学习中，贝叶斯因子可以用来评估数据对两个贝叶斯网络结构的相对支持程度。

贝叶斯统计框架下，数据对贝叶斯网络结构的支持程度用模型的后验概率 $P(G \mid D)$ 来表示，见式(11-1)。对于任意两个贝叶斯网络结构 G_1 和 G_2，可以得到每个结构在给定数据 D 之后的后验概率，然后通过计算后验概率之比比较两个模型。后验概率之比表示为：

$$\frac{P(G_1 \mid D)}{P(G_2 \mid D)}=\frac{P(D \mid G_1)}{P(D \mid G_2)} \times \frac{P(G_1)}{P(G_2)} \tag{11-2}$$

其中贝叶斯因子为：

$$BF_{12}=\frac{P(D \mid G_1)}{P(D \mid G_2)}=\frac{P(G_1 \mid D)}{P(G_2 \mid D)} / \frac{P(G_1)}{P(G_2)} \tag{11-3}$$

在式(11-3)中，BF_{12} 下标的 1 代表的是 G_1，2 代表的是 G_2，因此，BF_{12} 代表的是 G_1 和 G_2 的边际似然之比，直观表示了两个网络结构对数据的拟合能力。此外，计算后验模型概率需要先设定模型的先验概率 $P(G)$ 或 $P(G_1)$ 和 $P(G_2)$。研究者既可以根据已有的先验信息指定主观的先验概率，也可以设置默认的先验概率，即设置每个模型的先验概率相等，此时贝叶斯因子等于相应的后验模型概率之比。

相较于其他评分函数，贝叶斯因子能为研究者提供更多有效信息。贝叶斯因子不仅可以比较模型之间的优劣，还能量化数据对于两个模型的相对支持程度，更具可解释性。如果 BF_{12} 等于 1，说明数据对 G_1 和 G_2 支持程度相当；如果 BF_{12} 等于 5，说明数据对 G_1 的支持程度是 G_2 的 5 倍；如果 BF_{12} 等于 1/10，说明数据对模

型 G_2 的支持程度是 G_1 的 10 倍。贝叶斯因子的具体解释见第二章第 1 节。

在定义了评估网络结构优劣的评分函数之后，结构学习问题便转化成在搜索空间中寻找具有最高评分函数值的结构模型。这与第九章的变量选择问题相似，但是贝叶斯网络模型选择比变量选择更为复杂，每个变量间都有可能有联系且存在方向。随着节点数的增加，贝叶斯网络可能的结构模型数量呈指数级增长。为此，研究者需要使用搜索算法仅访问概率较高的模型，以高效地找到最优模型。目前主要的搜索算法包括启发式搜索算法和 MCMC 抽样算法。下节将提出 Gibbs 抽样的模型搜索算法，用于贝叶斯网络结构学习，其基本思想与第九章的变量选择算法类似，使用后验模型概率作为迭代中模型被访问的概率，使用先验模型概率融合关于变量关系方向的先验信息。

第 4 节　基于 MCMC 的模型搜索算法

贝叶斯网络结构学习 MCMC 算法的主要思想是通过多次迭代抽样来估计模型的后验概率分布，选择后验概率最大即抽样频次最高的模型为最优模型。MCMC 算法通过对当前模型进行增加一条边、删除一条边或改变一条边的方向三种操作来获得可能的候选模型（即当前模型的邻域），然后从邻域中进行随机抽样，根据接受概率来选择是否从当前模型跳至下一候选模型。Gibbs 抽样算法是一种特殊的、简化的 MCMC 算法，在每一步移动过程中，不需要通过接受概率来评估当前模型是否移动到下一模型，而是直接从条件概率分布中进行抽样，因此可提高模型的收敛速度。

4.1　Gibbs 抽样算法

我们给出基于 Gibbs 抽样算法的结构学习 MCMC 搜索算法，将第九章变量选择的 Gibbs 方法应用到贝叶斯网络结构学习中。对于贝叶斯网络模型，我们分别从节点和边两个角度出发，引入矩阵 $\boldsymbol{M}$ 和指标向量 $\boldsymbol{\gamma}$ 来表示模型。首先，任意包含 J 个节点 $V=\{X_1, X_2, \cdots, X_J\}$ 的贝叶斯网络结构，可用 $J\times J$ 邻接矩阵 $\boldsymbol{M}$ 表示：

$$
\boldsymbol{M}=\begin{bmatrix} x_{11} & x_{12} & \cdots & x_{1J} \\ x_{21} & x_{22} & \cdots & x_{2J} \\ \vdots & \vdots & \ddots & \vdots \\ x_{J1} & x_{J2} & \cdots & x_{JJ} \end{bmatrix} \tag{11-4}
$$

对于任意节点 X_i 和 X_j，矩阵中都有其对应的元素 x_{ij} 和 x_{ji} 表示两个节点间的关系，若 x_{ij} 为 1，则表示 X_i 为 X_j 的父节点，为 0 表示无此关系。同样的 x_{ji} 若为 1，则表示 X_j 为 X_i 的父节点。由于贝叶斯网络是一个有向无环图，两个节点不可能互为父节点，因此在矩阵 $\boldsymbol{M}$ 中 x_{ij} 和 x_{ji} 不能同时为 1。此外，由于节点不能指向自身，因此矩阵 M 中的所有对角线元素都为 0。

同时，对于每个模型，都可能存在 $K=\dfrac{J(J-1)}{2}$ 条边，用向量 $\boldsymbol{\gamma}=(\gamma_1, \cdots, \gamma_k, \cdots, \gamma_K)$ 表示，$k=1, \cdots, K$。对任意一条边，γ_k 只有三种取值，分别表示两个节点之间的三种关系。例如节点 A 和节点 B 之间的有向边共存在三种状态：一是 A 和 B 之间没有边，表示 A 和 B 独立；二是 B 指向 A，表示 B 是因，A 是果，B 影响 A；三是 A 指向 B，表示 A 是因，B 是果，A 影响 B。上述三种状态可以用 $\gamma_k=\{1, 2, 3\}$ 分别来表示，因此向量 $\boldsymbol{\gamma}$ 可以表示每个贝叶斯网络。图 11－6 展示了包含四个变量的贝叶斯网络结构 G 的矩阵 $\boldsymbol{M}$ 及向量 $\boldsymbol{\gamma}$ 示例，其中向量 $\boldsymbol{\gamma}$ 的每个元素表示的边在其上方显示。

图 11－6　贝叶斯网络结构及其对应的邻接矩阵与向量示例

在 Gibbs 抽样算法中使用向量 $\boldsymbol{\gamma}$ 来表示贝叶斯网络模型 G_γ，模型的后验概率可表示为：

$$P(\boldsymbol{\gamma} \mid D)=P(G_\gamma \mid D) \propto BF_{\gamma 0} P(G_\gamma) \tag{11-5}$$

其中 $BF_{\gamma 0}$ 表示候选模型与零模型的贝叶斯因子，$P(G_\gamma)$ 表示模型的先验概率，这里默认设置为各模型的先验概率相等，之后第 4.3 节讨论其他情形。

令 Gibbs 算法的抽样次数为 T，$t=1, \cdots, T$ 表示抽样时刻，γ_k^t 表示边 γ_k 在 t 时刻的状态，当 t 时刻下 K 条边全部抽样完成后可以得到 t 时刻的抽样模型，随后进入下一时刻 $t+1$。需要注意的是，用于抽样的模型后验概率是动态变化的，如 $\gamma_k^t=1, 2, 3$ 的概率依赖于其他边在当前模型的状态。在 Gibbs 算法中，推导 γ_k^t 在给定其他所有边状态的条件概率分布，即可在 t 时刻从该分布中抽取 γ_k^t。具体地，γ_k^t 的条件概率服从多项分布（multinomial distribution），$\gamma_k^t=1$ 的后验概率如下式所示：

$$P(\gamma_k^t=1 \mid \boldsymbol{\gamma}_{-k}^t, D)=\frac{\pi(\gamma_k^t=1, \boldsymbol{\gamma}_{-k}^t \mid D)}{\pi(\gamma_k^t=1, \boldsymbol{\gamma}_{-k}^t \mid D)+\pi(\gamma_k^t=2, \boldsymbol{\gamma}_{-k}^t \mid D)+\pi(\gamma_k^t=3, \boldsymbol{\gamma}_{-k}^t \mid D)} \tag{11-6}$$

其中 $\boldsymbol{\gamma}_{-k}^t=(\gamma_1^t, \cdots, \gamma_{k-1}^t, \gamma_{k+1}^{t-1}, \cdots, \gamma_K^{t-1})$ 表示除 γ_k^t 以外的所有边在当前时刻的状态。$\gamma_k^t=2$ 和 $\gamma_k^t=3$ 的后验概率可相应得到。$\pi(\gamma_k^t, \boldsymbol{\gamma}_{-k}^t \mid D)$ 为 $\boldsymbol{\gamma}$ 的后验分布密度函数，分别取 $\boldsymbol{\gamma}_j^t=1, 2, 3$ 以及 γ_{-j}^t 的最新值即可计算式(11-6)中的各后验分布密度。

以具有三个节点的贝叶斯网络模型为例，说明 Gibbs 抽样算法流程。算法设置三个变量之间相互独立的零模型为初始模型，即在 $t=0$ 时刻 $\boldsymbol{\gamma}=(\gamma_1^0, \gamma_2^0, \gamma_3^0)=(1, 1, 1)$，然后进入第一次迭代 $t=1$，依次对每条边进行抽样。首先是从多项分布 $P(\gamma_1^1 \mid \gamma_2^0, \gamma_3^0, D)$ 中抽样获得 γ_1^1，接着从分布 $P(\gamma_2^1 \mid \gamma_1^1, \gamma_3^0, D)$ 中进行抽样获得 γ_2^1，从分布 $P(\gamma_3^1 \mid \gamma_1^1, \gamma_2^1, D)$ 中进行抽样获得 γ_3^1。至此，完成 $t=1$ 时刻所有边的抽样，得到模型 $\boldsymbol{\gamma}^1=(\gamma_1^1, \gamma_2^1, \gamma_3^1)$。随后以此模型为基础，重复上述流程，通过 T 次抽样构造一条稳定的马尔可夫链来获取具有目标分布的 T 个可能的模型样本。最后，剔除前面不稳定阶段（burning 阶段）的样本，从剩余的有效模型样本中选择出现频次最高的模型作为最优模型，具体算法流程见表 11-2。此外，其他与最优模型后验概率相近的模型也应被选出，原因见第 4.2 节。

表 11-2 Gibbs 抽样算法示例

Gibbs 抽样算法

Input：J 个变量的数据集，抽样次数 T，burning 阶段次数 B
设置初始模型为零模型，$\boldsymbol{\gamma}^0=(1, 1, 1)$
for $t=1, \cdots, T$, do
　for $k=1, \cdots, K$, do
　　　计算 $\gamma_k^t=1, 2, 3$ 时对应的后验模型概率
　　　$P(\gamma_k^t=1 \mid \gamma_{-k}^t, D)$, $P(\gamma_k^t=2 \mid \gamma_{-k}^t, D)$, $P(\gamma_k^t=3 \mid \gamma_{-k}^t, D)$
　　　根据后验模型概率抽样得到 γ_k^t 的最新值
　end(此时得到模型 $\boldsymbol{\gamma}^t$ 的值)
　Set $t=t+1$
end(此时得到 T 个模型 $\boldsymbol{\gamma}^1, \cdots, \boldsymbol{\gamma}^T$)
删除 burning 阶段的前 B 个模型，最终得到 $T-B$ 个模型样本
Ouput：选择有效样本中出现频次最高的模型，计算该模型的后验概率

4.2 等价类模型

在 DAGs 空间中进行贝叶斯网络结构学习一直存在着等价类模型的问题，即贝叶斯网络可以表示变量的条件独立性关系，但是该条件独立性关系可以被多个 DAGs 表示，此时称这几个 DAGs 是马尔可夫等价的。从概率论角度看，若贝叶斯网络结构所表示的联合概率分布相同，即模型对应的似然值相等，就认为这几个模型是等价类模型。

等价类模型代表着相同的条件独立假设，可以表示相同的分布。例如，图 11-7 所展示的贝叶斯网络结构中，a、b、c 三个模型都表示 A 和 C 在给定 B 的情况下条件独立，这三个模型具有相同的似然值，是等价模型；模型 d 没有表达该条件独立性，与其他三个模型不是等价模型。贝叶斯评分函数对等价类模型的评分是相等的，无法通过数据直接判断这些模型之间的优劣。但是等价类模型只是变量关系的方向有所差异，因此我们可以根据理论或常识从等价类模型中选择正确的模型。例如图 11-7 中，若变量 A、B、C 分别为年龄、收入、幸福感，则 a 为正确模型。

在 MCMC 搜索算法中，等价类模型的后验概率相同，在抽样过程中被选择的概率分布也相同。因此，MCMC 算法不能仅报告后验概率最高的模型，其他后验

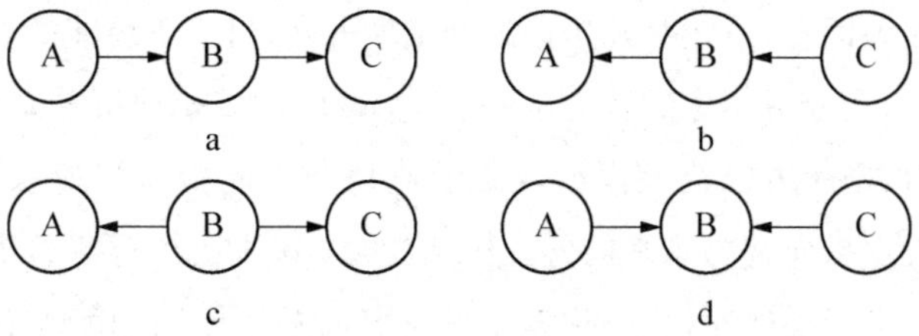

图 11－7　贝叶斯网络等价类模型示例

概率相近的模型可能为等价类模型，也应当被选择。研究者在结构学习之后，再从所有等价类候选模型中根据相关理论或常识进行模型选择。但是，该流程可能使得 MCMC 算法更加耗时，贝叶斯网络结构学习往往会在同一个等价类中进行多次移动，花费大量时间。为此，可在进行 MCMC 搜索之前，将变量关系方向的理论先验知识融入模型先验概率中，排除包含明显不符合理论或常识的变量关系的贝叶斯网络模型，具体见下节。

4.3　先验信息融合

在贝叶斯网络结构学习中，评分搜索算法可以将先验信息与数据信息相结合。使用先验信息能有效缩小搜索空间，提高结构学习的精度和效率，避免得出不符合常理的结论。目前已有相关研究，将先验信息与不同的结构学习算法相结合提出融合先验信息的结构学习算法（Angelopoulos & Cussens，2008）。

MCMC 搜索算法常用的先验信息融合方法是设置确定性的节点序先验，其主要思想是通过事先给定节点的顺序先验，然后依次遍历所有节点，为每个节点搜索其最佳父节点，以得到最优模型，来缩小模型选择的搜索空间。但此类方法所设置的先验信息都无法明确地定义贝叶斯网络结构上的先验，对于仅想设置某些节点间关系的先验信息存在融入困难的问题。

本节将变量关系方向的先验信息融入贝叶斯网络的边的先验分布，为边的方向设置先验概率。先验信息分为确定性和不确定性两种情况，确定性先验信息可通过设置先验概率为零完全排除某些理论上不可能的模型，不确定性先验信息则为不符合预期的模型设置较小的先验概率。

研究者可以根据已有理论、常识、相关文献或者专家经验等方法获取变量关系的确定性先验信息，给定某几条边的确定性方向，对于不可能的方向设置先验概率为零。例如，在分析学生的智力水平、学业表现及成就动机关系时，学业表现不可能影响智力，据此可以给该模型设置学业表现不能指向智力水平的确定性先验。给定学业表现指向智力水平的先验概率为0。算法在针对智力水平与学业表现之间的有向边进行抽样时，将排除学业表现指向智力水平的模型，仅从剩下的智力水平指向学业表现、智力水平与学业表现无关这两个可能模型中抽样。

在实际研究中，还存在许多先验信息不确定的情况。例如在研究学习动机与学业表现的关系时，可能有大部分文献支持学习动机会影响学业表现，但也有少部分文献支持学业表现会反向影响学习动机，同时还有更少的研究表明两者之间并无关系。对此我们可以设置学习动机与学业表现边的不确定性先验，如给定两者无关的先验概率为0.1，学习动机指向学业表现的先验概率为0.7，学业表现指向学习动机的先验概率为0.2。若只给出其中一种情况的先验概率，则另两种情况的先验概率可默认设置为剩余概率的二分之一。

在融合先验信息的MCMC算法中，将模型的先验概率 $P(G_\gamma)$ 用一个K行3列的Prior矩阵来表示，K行代表 K 条边，3列代表任意一条边可能存在的三种情况，即对应的边 $\gamma_k=\{1, 2, 3\}$ 的三种状态。Prior矩阵中的元素表示某条边的某种情况存在的概率，在无先验信息的情况下，默认每种情况存在的概率相同，都为三分之一。

以图11-8中智力水平、学习动机、学业表现三个变量的贝叶斯网络模型为例，说明确定性和不确定性先验信息的设置。若考虑确定性先验，对于智力和学业表现的边 γ_3，不可能存在学业表现指向智力的情况，记为 $\gamma_3\neq 2$，则其对应的先验概率可以设置为 $\{P(\gamma_3=1)=1/2, P(\gamma_3=2)=1/2, P(\gamma_3=3)=0\}$，如图11-8b所示，这时Prior矩阵 γ_3 所在行设定为 $(1/2, 1/2, 0)$，如图11-8c所示矩阵的最后一行。若考虑不确定性先验，对于学习动机和学业表现的边 γ_1，其先验概率可设置 $\{P(\gamma_1=1)=0.1, P(\gamma_1=2)=0.7, P(\gamma_1=3)=0.2\}$，如图11-8b所示，这时Prior矩阵 γ_1 所在行设定为 $(0.1, 0.7, 0.2)$，如图11-8c所示矩阵的第一行。若不考虑先验信息，对于智力和学习动机的边 γ_2，其先验概率可设置 $\{P(\gamma_2=1)=1/3, P(\gamma_2=2)=1/3, P(\gamma_2=3)=1.3\}$，如图11-8b所示，这时Prior矩阵 γ_2 所在行设定为 $(1/3, 1/3, 1/3)$，如图11-8c所示矩阵的第二行。

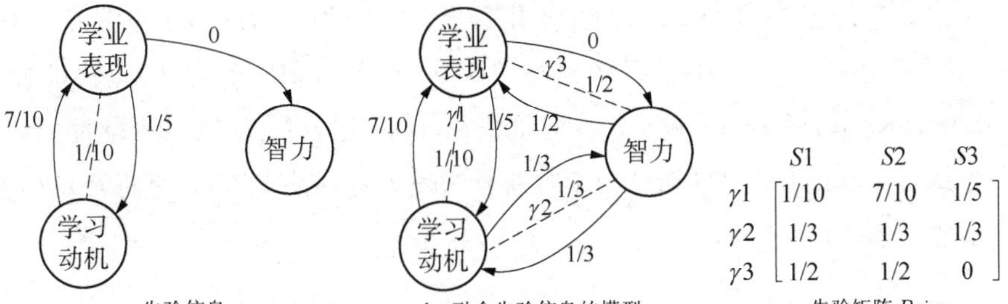

a. 先验信息　　b. 融合先验信息的模型　　c. 先验矩阵 *Prior*

图 11－8　先验信息融合示例

本节介绍了两类贝叶斯网络结构学习算法:基于约束的算法和基于评分的算法。基于约束的算法主要使用条件独立性检验来识别变量之间的条件独立关系,并构造相应网络结构图,其优点是便于判断变量间的因果关系,但是计算较为复杂。基于评分的算法使用评分函数衡量网络模型与数据的拟合程度,利用搜索策略来选择评分最高的结构。评分搜索算法的优点是给出了模型拟合数据的程度和模型选择推断的不确定性。因此,本节重点讨论了基于评分的算法,并提出基于Gibbs抽样的模型搜索算法,以贝叶斯因子和后验模型概率为评分指标,迭代抽取模型的样本,选择后验概率较高的模型。同时,关于变量关系方向的先验信息可用于设定贝叶斯网络边的方向,提高搜索效率和精度。

第 5 节　贝叶斯网络的分析软件

在贝叶斯网络结构学习确定结构模型后,贝叶斯网络分析的任务是计算条件概率表,即贝叶斯网络的参数学习。参数学习主要有极大似然估计和贝叶斯后验估计两种方法。这里推荐贝叶斯估计方法,与贝叶斯网络的整体分析方法(即贝叶斯法)具有一致性,并且贝叶斯方法对于小样本数据有较好的参数估计精度。贝叶斯参数估计不是本书的讨论重点,故不作进一步介绍。

能够实现贝叶斯网络数据分析的软件非常之多,这里仅介绍不同平台的部分软件,并对其算法、功能等进行比较,详见表 11－3。基于 R 语言平台的 bnlearn 是目前使用最广泛的贝叶斯网络软件,其功能强大,适用各种数据类型和结构学习算法,并能构建动态贝叶斯网络模型,进行参数估计、模型比较和近似推理等。其他两个 R 软件包 Deal 和 pcalg 分别采用基于评分和基于约束的结构学习算法，但是均不能构建动态贝叶斯网络模型。Banjo 和 Free-BN 适合 Java 软件使用者，BNFinder 适合熟悉 Python 软件的研究者，BNT 适合熟悉 Matlab 软件的研究者。本章第 4 节提出的贝叶斯结构学习新算法还未有软件支持，未来将开发相关软件实现新算法。

表 11-3 贝叶斯网络分析常用软件

	软件平台	分类数据	连续数据	约束算法	评分算法	动态模型	参数估计
bnlearn	R	√	√	√	√	√	√
Deal	R	√	√	×	√	×	√
pcalg	R	√	√	√	×	×	√
Banjo	Java	√	×	×	√	√	×
Free-BN	Java	√	√	√	√	×	×
BNFinder	Python	√	√	×	√	√	×
BNT	Matlab	√	√	√	√	√	√

第 6 节 贝叶斯网络的实证应用

本节使用一个教育实证研究案例来展示贝叶斯结构学习算法的应用。该实例关注青少年在合作学习过程中展现的尊重、帮助、关心、同情等亲社会行为与同伴关系发生和发展的作用机制（顾昕等，2022）。研究收集了 22 名来自河北省某县级中学的七年级学生的课堂合作学习行为视频数据，其中男生 8 名，女生 14 名。这些学生被分为 3 个小组（7＋7＋8＝22）参与基于合作推理讨论的合作学习模式，每个小组进行 8 轮讨论。

表 11-4 学生互助行为变量

互助行为类别	具体互助行为
讨论促进行为	邀请他人发言
	提醒讨论规则
	指导进一步行动

（续表）

互助行为类别	具体互助行为
行为支持	提供直接的或实物的帮助
认知支持	提供解释或澄清的机会
	提供建议和指导
	补充或评论对方观点
	给予提醒
情感支持	给予安慰、关心和鼓励
	表达理解和尊重
	表达亲近
	在压力情境下帮助

学生的互助行为包含讨论促进行为、行为支持、认知支持、情感支持等四个大类别，如表 11 - 4 所示。其中，讨论促进行为包括邀请他人发言，提醒讨论规则，指导进一步行动等小类；行为支持表示直接回应组员的需求，提供相关学习资源等小类；认知支持包括为组员提供解释、建议、指导，补充、评论、澄清对方观点等小类；情感支持包括对组员给予安慰、鼓励、关心，表达理解、尊重、亲近等小类。研究在讨论前与讨论后测试了学生的同伴喜欢程度和同伴关系提名，前者需要学生指出是否喜欢和组内某同学一起玩（0 表示不认识，1 表示不喜欢，2 表示喜欢），后者需要学生指出组内哪些成员被认为是他/她的好朋友（0 表示不是，1 表示是）。

表 11 - 5 展示了第 1 轮和第 7 轮讨论中四类互助行为出现的次数以及同伴喜欢程度和同伴关系提名次数。例如，第 1 轮中讨论促进行为发生了 46 次，各小组中学生两两之间共有 11 次提名对方是自己的好朋友，共有 67 次表示对对方的喜爱等。在各类互助行为中，认知支持的频次是最高的。讨论促进行为在第 1 轮初期较多，第 7 轮讨论促进行为减少。其他互助行为变化不大。同伴关系提名次数明显增加，同伴喜欢程度上升。以上分析描述了学生互助行为与同伴关系变量的独立变化。

表 11-5 学生互助行为与同伴关系频次统计表

	讨论促进	行为支持	认知支持	情感支持	总互助行为	同伴关系提名	同伴喜欢
第1轮	46	24	75	40	185	11	67
第7轮	30	25	73	39	167	30	73

注:表中数字表示发生次数。

在研究同伴关系的发生与互助行为的关系时,传统回归分析方法的分析思路是构建因变量为同伴喜欢程度或同伴关系提名,自变量为讨论促进、行为支持、认知支持、情感支持等的回归模型。但是,同伴喜欢程度或同伴关系提名在理论上是互助行为发生的内在原因,学生更有可能帮助或支持和自己关系好的组内同学。在交往和互助的过程中,具有相同或相近社会认知能力的学生更有可能发展友谊关系。只以同伴喜欢程度或同伴关系提名为因变量的回归分析可能是不合适的,需要进一步探究变量间的关系。此外,该研究涉及类别变量,类别变量的数据分析是对变量发生概率的解释和预测。使用线性回归或逻辑回归模型需要对类别变量进行虚拟化处理(dummy coding),其结果的解释较为复杂。最后,该研究的初始样本容量较小,传统分析方法可能无法得到任何有用的结论,也不能随着新数据的输入而更新数据证据。

下面我们使用贝叶斯网络方法构建变量关系的模型。首先,使用本章第 4 节提出的基于 Gibbs 抽样的结构学习算法,根据第 1 轮讨论数据进行贝叶斯网络的初始结构学习。针对同伴关系、同伴喜欢程度以及合作学习互助行为中的四大分类变量(讨论促进、行为支持、认知支持、情感支持)进行贝叶斯网络结构学习,建构拟合数据的网络模型。

当没有任何先验知识时,可使用完全数据驱动的结构学习算法构建贝叶斯网络模型。图 11-9 展示了基于 Gibbs 抽样算法进行结构学习得到的同伴关系与合作学习行为的贝叶斯网络结构,以及各网络结构的后验模型概率。其中共展示有 6 个等价类模型,每个模型的 6 个变量之间存在 5 条边,分别是:同伴关系与同伴喜欢程度、同伴喜欢程度与讨论促进、讨论促进与认知支持、认知支持与情感支持、认知支持与行为支持。这 6 个等价类模型中的边存在不同的方向,代表不同的因果关系,但是在拟合数据时都有相同的贝叶斯因子,在 Gibbs 抽样算法中对应的后验概率也大致相当，都在3%左右。研究者可以根据理论进一步选择模型。例如，从喜欢一个人才会愿意与她成为朋友的常识出发，可以确定同伴喜欢程度指向同伴关系，进而排除图 11-9 中的模型 1。根据同伴关系可能影响合作学习中的互助行为的理论，可以选择图 11-9 中的模型 3，同伴喜欢程度会影响讨论促进，即学生会更多地邀请或指导自己喜欢的同伴。此外，该模型也表示了认知支持与讨论促进、情感支持、行为支持的关系。讨论促进会影响认知支持，积极参与并推进讨论进展，会使得学生之间观点表达与交流更加充分，从而出现认知支持的行为。同时学生对于评论或补充自己观点的同伴会提供更多的情感支持和行为支持。

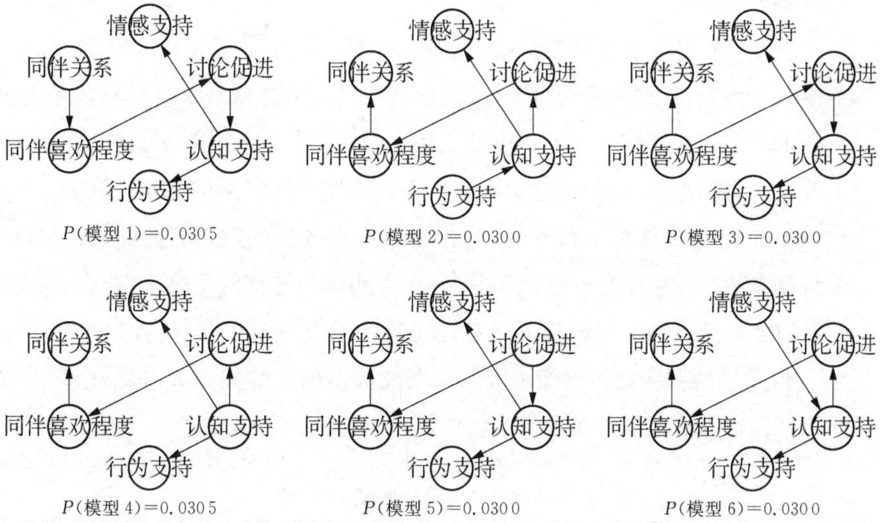

图 11-9　同伴关系与合作学习行为的贝叶斯网络

对于上述模型选择过程，我们也可以使用第 4 节提出的融合先验信息的结构学习算法进行贝叶斯网络模型的构建，根据理论或常识预先设置模型先验概率，排除不符合预期的模型，或减小此类模型的先验概率，提高结构学习效率。例如，考虑同伴关系或同伴喜欢程度和互助行为的关系，若研究者基于理论知识和实践经验认为同伴关系是学生进行合作学习时发生互助行为的影响因素，则在模型选择中可以使用确定性先验信息排除互助行为指向同伴关系或同伴喜欢程度的边，或是使用不确定性先验信息，为这类边设定较小的先验概率。相反，若研究者基于理论知识和实践经验认为学生在合作学习过程中的互助行为是引起友谊关系的重要原因，则可以使用确定性或不确定性先验信息设置相反方向的先验概率为零或设置该方向较小的先验概率。

以下我们考虑同伴关系或同伴喜欢程度和互助行为的确定性先验和两类不确定性先验的情形。确定性先验设置互助行为变量指向同伴关系类变量方向的先验概率为0。不确定性先验1更支持同伴关系类变量指向互助行为变量，为每条边设置该方向的先验概率为0.8，二者无关或互助行为指向同伴关系类变量方向的先验概率为0.1。不确定性先验2则更支持互助行为指向同伴关系类变量的先验，为每条边设置该方向的先验概率为0.8，二者无关或同伴关系类变量指向互助行为的先验概率为0.1。

表11－6展示了不同先验概率设置下，算法找出的模型以及其对应的后验模型概率。首先，各种先验信息下，结构学习找出的贝叶斯网络模型都在无先验信息下图11－9所示的6个等价类模型之中。其中，融合确定性先验的算法大大减少了搜索空间的范围，有效排除了不符合理论预期的网络结构，最终得到两个网络结构(图11－9中的模型1和模型3)，提高了模型选择的效率。此外，被选择模型的后验概率从3％左右提高到了10％左右，表明模型选择的不确定性有所降低，结果的可信度有所提高。当设置不确定性先验1时，结构学习同样找出了模型1和模型3，但是模型对应的后验概率较低。当设置不确定性先验2时，结构学习找出了同伴互助行为指向同伴关系类变量的模型。

表11－6　不同先验设置下找出的模型及其后验概率

类型	模型1	模型2	模型3	模型4	模型5	模型6
无先验信息	3.05％	3.00％	3.00％	3.05％	3.00％	3.00％
确定性先验	9.57％	—	9.99％	—	—	—
不确定性先验1	1.98％	—	1.96％	—	—	—
不确定性先验2	—	1.82％	—	1.82％	1.71％	1.55％

在确定贝叶斯网络结构后，即可进行推断、预测和更新。上面例子中，研究只在第1轮讨论前和第7轮讨论后测试了学生的同伴喜欢程度和同伴关系提名，中间5轮讨论只有互助行为数据，但是研究者可根据第1轮讨论数据得出的图11－9模型3，预测小组合作学习过程中的学生同伴喜欢程度和同伴关系提名的发生和

变化。此外,在第 7 轮数据收集后,研究者可对之前选择的模型 3 进行更新,既包括模型结构的更新,也包括模型参数的更新。

上面展示的贝叶斯网络结构学习例子中的变量个数较少,变量关系也较为简单。实际上,贝叶斯网络结构学习同样能够处理多变量的复杂关系。例如,考虑表 11-4 所示的学生具体互助行为,使用完全数据驱动的结构学习算法构建贝叶斯网络模型。图 11-10 展示了同伴喜欢程度和同伴关系与 11 个具体互助行为在第 1 轮讨论时的贝叶斯网络等价类模型中的一种,与所有变量都无关的互助行为已被删除。完全数据驱动得到的模型可能无法解释或错误解释变量间的关系,图 11-10 中的很多互助行为存在错误的因果关系,如实物帮助与给予提醒,补充或评论对方的观点与提醒讨论规则等。当新的数据不断进入模型后,变量的关系可能会被修正。多次数据迭代更新后的贝叶斯网络模型将能够准确推断和预测变量的变化。

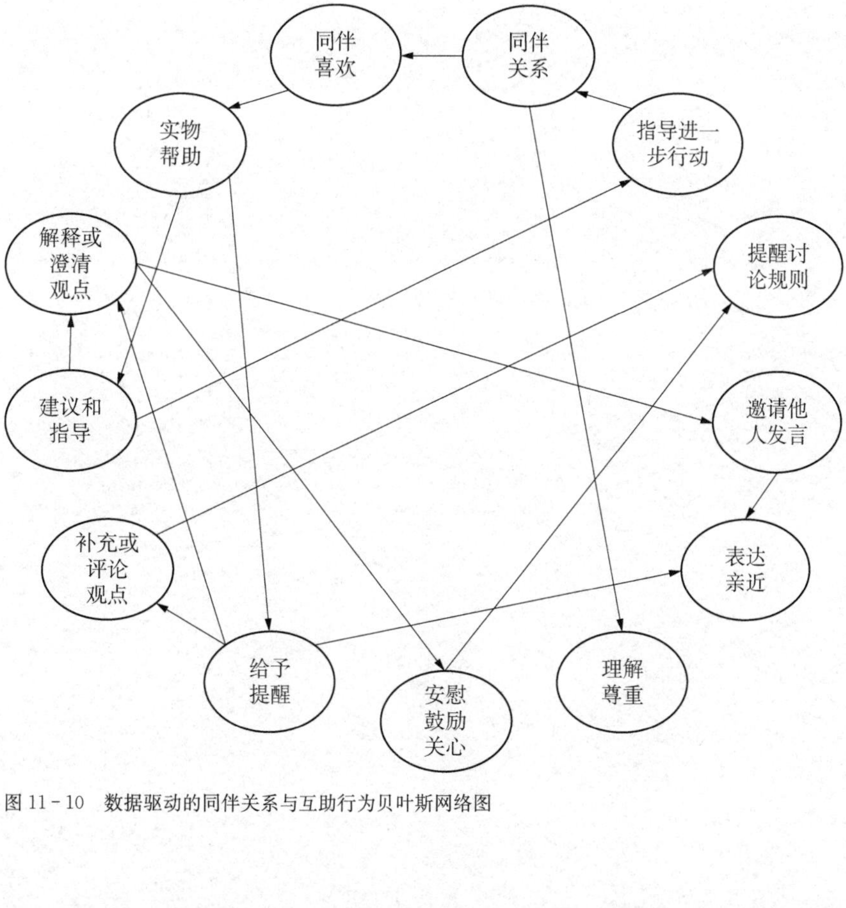

图 11-10　数据驱动的同伴关系与互助行为贝叶斯网络图

第7节　本章小结

本章论述了贝叶斯网络的基本概念、模型特征、应用优势、分析方法、实现软件等，并给出了基于Gibbs抽样的贝叶斯网络结构学习算法，使用贝叶斯因子和后验模型概率作为评分指标，评估模型选择的不确定性，同时有效融合关于变量关系方向的先验信息，提高模型选择的效率。最后，通过研究实例展示了贝叶斯网络结构学习方法的具体应用。本章提出的算法与第九章变量选择中的Gibbs算法的思想是一致的，区别在于变量选择关注的是变量本身，而贝叶斯网络结构学习关注的是变量间的关系，即网络模型中的边。此外，先验信息的融入方法也与第九章单边变量选择的先验概率设定类似。

参考文献

方杰，温忠麟，张敏强，孙配贞．基于结构方程模型的多重中介效应分析[J]．心理科学，2014，*37*(3)：735－741.

顾昕，毛梦琪，马淑风，陈森宇．贝叶斯网络方法能为教育研究带来什么？[J]．华东师范大学学报(教育科学版)，2022，*40*(11)：110－122.

侯杰泰，温忠麟，成子娟．结构方程模型及其应用[M]．北京：教育科学出版社，2004.

胡传鹏，王非，宋梦迪，隋洁，彭凯平．心理学研究中的可重复性问题：从危机到契机[J]．心理科学进展，2016，*24*(9)：1504－1518.

胡咏梅，元静．学校投入与家庭投入哪个更重要？——回应由《科尔曼报告》引起的关于学校与家庭作用之争[J]．华东师范大学学报(教育科学版)，2021，*39*(1)：1－25.

李贵玉，顾昕．贝叶斯统计方法的应用与现状[J]．心理学探新，2021，*41*(5)：466－473.

宋丽红．基于贝叶斯网的认知诊断模型构建[J]．心理科学，2016，*39*(4)：783－789.

王珺，宋琼雅，许岳培，贾彬彬，胡传鹏．效应量置信区间的原理及其实现[J]．心理技术与应用，2019，*7*(5)：284－296.

温忠麟，侯杰泰，张雷．调节效应与中介效应的比较和应用[J]．心理学报，2005，*37*(2)：268－274.

温忠麟，谢晋艳，方杰，王一帆．新世纪 20 年国内假设检验及其关联问题的方法学研究[J]．心理科学进展，2022，*30*(8)：1667－1681.

吴凡，顾全，施壮华，高在峰，沈模卫．跳出传统假设检验方法的陷阱——贝叶斯因子在心理学研究领域的应用[J]．应用心理学，2018，*24*(3)：195－202.

许岳培，陆春雷，王珺，宋琼雅，贾彬彬，胡传鹏．评估零效应的三种统计方法[J]．应用心理学，2022，*28*(3)：369－384.

杨现民，郭利明，王东丽，邢蓓蓓．数据驱动教育治理现代化：实践框架，现实挑战与实施路径[J]．现代远程教育研究，2020，*32*(2)：73－84.

杨向东．理论驱动的心理与教育测量学[M]．上海：华东师范大学出版社，2014.

张晓勇，彭军，文孟飞．基于贝叶斯网络的网络交互教学成效评价系统[J]．现代远程教育研究，2012(4)：85－90.

钟建军，Dienes，Z.，陈中永．心理研究引入贝叶斯统计推断的必要性、应用思路与领域[J]．心理科学，2017，*40*(6)：1477－1482.

朱训，顾昕. 贝叶斯因子及其应用[J]. 心理技术与应用，2023，*11*(9)：514－527.
朱训，顾昕. 变量相对重要性评估的方法选择及应用[J]. 心理科学进展，2023，*31*(1)：145－158.
Ainsworth, S., & Oldfield, J. (2019). Quantifying teacher resilience: Context matters. *Teaching and Teacher Education, 82*, 117－128.
Almond, R. Mislevy, R. Steinberg, L., Yan, D. & Williamson, D. (2015). *Bayesian Networks in Educational Assessment*. New York: Springer.
Angelopoulos, N. & Cussens, J. (2008). Bayesian learning of Bayesian networks with informative priors. *Annals of Mathematics and Artificial Intelligence, 2008*, 54: 53－98.
Azen, R., & Budescu, D. V. (2003). The dominance analysis approach for comparing predictors in multiple regression. *Psychological Methods, 8*(2), 129－148.
Barber, B. K., Stolz, H. E., Olsen, J. A., Collins, W. A., & Burchinal, M. (2005). Parental support, psychological control, and behavioral control: Assessing relevance across time, culture, and method. *Monographs of the Society for Research in Child Development, 2005, 70*(4):1－147.
Bartlett, M. S. (1957). Comment on 'a statistical paradox' by DV Lindley. *Biometrika, 44*(1－2):533－534.
Bayes, M., & Price, M. (1763). An essay towards solving a problem in the doctrine of chances. By the late Rev. Mr. Bayes, F. R. S. Communicated by Mr. Price, in a Letter to John Canton, A. M. F. R. S. *Philosophical Transactions of the Royal Society of London*, 53, 370－418.
Belland, B. R., Walker, A. E., & Kim, N. J. (2017). A Bayesian network meta-analysis to synthesize the influence of contexts of scaffolding use on cognitive outcomes in STEM education. *Review of Educational Research, 87*(6), 1042－1081.
Bem, D. J. (2011). Feeling the future: Experimental evidence for anomalous retroactive influences on cognition and affect. *Journal of Personality and Social Psychology, 100*(3), 407－425.
Benjamin, D. J., Berger, J. O., Johannesson, M., Nosek, B. A., Wagenmakers, E.-J., Berk, R., … Johnson, V. E. (2017). Redefine statistical significance. *Nature Human Behaviour, 2*(1), 6－10.
Berger, J. O. (2006). Bayes factors. In Kotz, S., Balakrishnan, N., Read, C., Vidakovic, B., & Johnson, N. L. (Eds.) *Encyclopedia of statistical sciences*. 2nd ed., (Vol. 1 pp. 378－386). Hoboken, NJ: Wiley.
Berger, J., & Pericchi, L. (1996). The intrinsic Bayes factor for model selection and prediction. *Journal of the American Statistical Association, 91*, 109－122.
Braeken, J., Mulder, J., & Wood, S. (2015). Relative effects at work: Bayes factors for

order hypotheses. *Journal of Management, 41*(2), 544 - 573.

Carmona, C., Castillo, G., & Millán, E. (2008). Designing a dynamic Bayesian network for modeling students' learning styles. *IEEE International Conference on Advanced Learning Technologies*, 346 - 350.

Casillas, A., Robbins, S., Allen, J., Kuo, Y. L., Hanson, M. A., & Schmeiser, C. (2012). Predicting early academic failure in high school from prior academic achievement, psychosocial characteristics, and behavior. *Journal of Educational Psychology, 104*(2), 407 - 420.

Cohen, J. (1994). The earth is round ($p < .05$). *American Psychologist, 49*(12), 997 - 1003.

Darlington, R. B. (1968). Multiple regression in psychological research and practice. *Psychological Bulletin, 69*(3), 161 - 182.

De Klerk, S, Veldkamp, B., & Eggen, T. (2015). Psychometric analysis of the performance data of simulation-based assessment: A systematic review and a Bayesian network example. *Computers & Education, 85*, 23 - 34.

De Santis, F. (2007). Using historical data for Bayesian sample size determination. *Journal of the Royal Statistical Society Series A: Statistics in Society, 170*(1), 95 - 113.

Dickey, J. M. (1971). The weighted likelihood ratio, linear hypotheses on normal location parameters. *The Annals of Mathematical Statistics, 42*(1), 204 - 223.

Edwards, W., Lindman, H., & Savage, L. J. (1963). Bayesian statistical inference for psychological research. *Psychological Review, 70*, 193 - 242.

Flora, D. (2020). Your coefficient alpha is probably wrong, but which coefficient omega is right? A tutorial on using R to obtain better reliability estimates. *Advances in Methods and Practices in Psychological Science, 3*(4), 484 - 501.

Fu, Q., Hoijtink, H., & Moerbeek, M. (2021). Sample-size determination for the Bayesian t test and Welch's test using the approximate adjusted fractional Bayes factor. *Behavior Research Methods, 53*(1), 139 - 152.

Gamerman, D., & Lopes, H. F. (2006). *Markov chain Monte Carlo: Stochastic simulation for Bayesian inference*. New York: Chapman and Hall/CRC.

García, P., Amandi, A., Schiaffino, S., & Campo, M. (2007). Evaluating Bayesian networks' precision for detecting students' learning styles. *Computers & Education, 49*(3), 794 - 808.

Gelfand, A. E., & Smith, A. F. M. (1990). Sampling-Based Approaches to Calculating Marginal Densities. *Journal of the American Statistical Association*, 85(410), 398 - 409.

Gelman, A., Carlin, J. B., Stern, H. S., & Rubin, D. B. (2013). *Bayesian Data Analysis* (Vol. 3). Boca Raton, FL: CRC Press.

Gelman, A., & Stern, H. (2006). The difference between "significant" and "not significant" is not itself statistically significant. *The American Statistician, 60*(4), 339 - 331.

George, E. I., & Foster, D. P. (2000). Calibration and empirical Bayesian variable selection. *Biometrika, 87*(4), 731 - 747.

George, E. I., & McCulloch, R. E. (1993). Variable selection via Gibbs sampling. *Journal of the American Statistical Association, 88*(423), 881 - 889.

George, E. I., & McCulloch, R. E. (1997). Approaches for Bayesian variable selection. *Statistica Sinica, 7*, 339 - 373.

Gill, J. (2014). *Bayesian Methods: A Social and Behavioral Sciences Approach* (Vol. 3). Boca Raton, FL: CRC Press.

Gronau, Q. F., Ly, A., & Wagenmakers, E.-J. (2019). Informed Bayesian t-Tests. *The American Statistician, 74*(2), 137 - 143.

Gu, X. (2022). Assessing the relative importance of predictors in latent regression models. *Structural Equation Modeling: A Multidisciplinary Journal, 29*(4), 569 - 583.

Gu, X. (2023). Evaluating predictors' relative importance using Bayes factors in regression models. *Psychological Methods, 28*(4), 825 - 842.

Gu, X., Hoijtink, H., & Mulder, J. (2016). Error probabilities in default Bayesian hypothesis testing. *Journal of Mathematical Psychology, 72*, 130 - 143.

Gu, X., Hoijtink, H., & Mulder, J. (2022). Bayesian one-sided variable selection. *Multivariate Behavioral Research, 57*(2), 264 - 278.

Gu, X., Hoijtink, H., Mulder, J., & Rosseel, Y. (2019). Bain: A program for Bayesian testing of order constrained hypotheses in structural equation models. *Journal of Statistical Computation and Simulation, 89*(8), 1526 - 1553.

Gu, X., Hoijtink, H., Mulder, J., & Van Lissa, C. J. (2023a). bain: Bayes factors for informative hypotheses. (Version 0.2.10) [R package]. https://CRAN.Rproject.org/package=bain.

Gu, X., Mulder, J., Dekovic, M., & Hoijtink, H. (2014). Bayesian evaluation of inequality constrained hypotheses. *Psychological Methods, 19*(4), 511 - 527.

Gu, X., Mulder, J., & Hoijtink, H. (2018). Approximated adjusted fractional Bayes factors: A general method for testing informative hypotheses. *British Journal of Mathematical and Statistical Psychology, 71*(2), 229 - 261.

Gu, X., Zhu, X., Zhang, L., & Pan, J. (2023b). Testing informative hypotheses in factor analysis models using Bayes factors. *Psychological Methods*. Advance online publication.

Heck, D., Boehm, U., Böing-Messing, F., Bürkner, P., Derks, K., Dienes, Z., ... Hoijtink, H. (2023). A review of applications of the Bayes factor in psychological research. *Psychological Methods, 28*(3), 558–579.

Hoijtink, H. (2012). *Informative Hypotheses: Theory and Practice for Behavioral and Social Scientists*. Boca Raton, FL: Chapman & Hall/CRC.

Hoijtink, H., Gu, X., & Mulder, J. (2019a). Bayesian evaluation of informative hypotheses for multiple populations. *British Journal of Mathematical and Statistical Psychology, 72*(2), 219–243.

Hoijtink, H., Gu, X., Mulder, J., & Rosseel, Y. (2019b). Computing Bayes factors from data with missing values. *Psychological Methods, 24*(2), 253.

Hoijtink, H., Mulder, J., van Lissa, C., & Gu, X. (2019c). A tutorial on testing hypotheses using the Bayes factor. *Psychological methods, 24*(5), 539.

Holzinger, K. J., & Swineford, F. (1939). *A Study in Factor Analysis: The Stability of a Bifactor Solution*. Supplementary educational monographs. University of Chicago.

Huang, B., & Hew, K. F. (2018). Implementing a theory-driven gamification model in higher education flipped courses: Effects on out-of-class activity completion and quality of artifacts. *Computers & Education, 125*, 254–272.

Hughes, A., & King, M. (2003). Model selection using AIC in the presence one-sided information. *Journal of Statistical Planning and Inference, 115*(2), 397–411.

Jeffreys, H. (1980). Some general points in probability theory. In Zellner, A. (Ed.) Bayesian analysis in econometrics and statistics: *Essays in honor of Harold Jeffreys* (pp. 451–453). Amsterdam: North-Holland Publishing Company.

Johnson, J. W. (2000). A heuristic method for estimating the relative weight of predictor variables in multiple regression. *Multivariate Behavioral Research, 35*(1), 1–19.

Kaplan, D. (2023). *Bayesian Statistics for the Social Sciences* (Vol. 2). New York, NY: Guilford Press Publications.

Kass, R. E., & Raftery, A. E. (1995). Bayes factors. *Journal of the American Statistical Association, 90*(430), 773–795.

Keysers, C., Gazzola, V., & Wagenmakers, E.-J. (2020). Using Bayes factor hypothesis testing in neuroscience to establish evidence of absence. *Nature Neuroscience, 23*(7), 788–799.

Klugkist, I., & Hoijtink, H. (2007). The Bayes factor for inequality and about equality constrained models. *Computational Statistics & Data Analysis, 51*(12), 6367–6379.

Klugkist, I., Laudy, O., & Hoijtink, H. (2005). Inequality constrained analysis of variance: A Bayesian approach. *Psychological Methods, 10*(4), 447–493.

Klugkist, I., Laudy, O., & Hoijtink, H. (2010). Bayesian evaluation of inequality and equality constrained hypotheses for contingency tables. *Psychological Methods, 15*(3), 281–299.

Kruschke, J. K. (2014). *Doing Bayesian data analysis: A tutorial with R, JAGS, and*

Stan. New York, NY: Academic Press.

Kurilovas, E. (2020). On data-driven decision-making for quality education. *Computers in Human Behavior, 107*, 105774.

Laplace, P. S. (1814). *Essai Philosophique sur les Probabilities [A philosophical essay on probabilities]*. New York, NY: Courcier.

Lee, S. (2007). Structural Equation Modeling: A Bayesian Approach. John Wiley & Sons.

Liang, F., Paulo, R., Molina, G., Clyde, M. A., & Berger, J. O. (2008). Mixtures of g priors for Bayesian variable selection. *Journal of the American Statistical Association, 103*(481), 410 - 423.

Lu, Z. H., Chow, S. M., & Loken, E. (2016). Bayesian factor analysis as a variable-selection problem: Alternative priors and consequences. *Multivariate Behavioral Research, 51*(4), 519 - 539.

Lynch, S. M. (2007). *Introduction to Applied Bayesian Statistics and Estimation for Social Scientists*. New York, NY: Springer Science & Business Media.

MacKinnon, D. (2012). *Introduction to Statistical Mediation Analysis*. New York: Routledge.

MacKinnon, D. P., Lockwood, C. M., Hoffman, J. M., West, S. G., & Sheets, V. (2002). A comparison of methods to test mediation and other intervening variable effects. *Psychological methods, 7*(1), 83.

Mandinach, E. B. (2012). A perfect time for data use: Using data-driven decision making to inform practice. *Educational Psychologist, 47*(2), 71 - 85.

Masson, M. E. (2011). A tutorial on a practical Bayesian alternative to null-hypothesis significance testing. *Behavioral Research Methods, 43*(3), 679 - 690.

Mavridis, D., & Ntzoufras, I. (2014). Stochastic search item selection for factor analytic models. *British Journal of Mathematical and Statistical Psychology, 67*(2), 284 - 303.

Merkle, E. C., & Rosseel, Y. (2018). blavaan: Bayesian structural equation models via parameter expansion. *Journal of Statistical Software, 85*(4), 1 - 30.

Morey, R. D., Rouder, J. N., Pratte, M. S., & Speckman, P. L. (2011). Using MCMC chain outputs to efficiently estimate Bayes factors. *Journal of Mathematical Psychology, 55*(5), 368 - 378.

Moses, T., Yang, W. L., &Wilson, C. (2007). Using kernel equating to assess item order effects on test scores. *Journal of Educational Measurement, 44*(2), 157 - 178.

Mulaik, S., & Steiger, J. (1997). *What If There Were No Significance Tests*. Mahwah: Erlbaum.

Mulder, J. (2014). Prior adjusted default Bayes factors for testing (in)equality constrained hypotheses. *Computational Statistics & Data Analysis, 71*, 448 - 463.

Mulder, J., & Gu, X. (2022). Bayesian testing of scientific expectations under multivariate normal linear models. *Multivariate Behavioral Research, 57*(5), 767-783.

Mulder, J., Hoijtink, H., & Klugkist, I. (2010). Equality and inequality constrained multivariate linear models: Objective model selection using constrained posterior priors. *Journal of Statistical Planning and Inference, 140*, 887-906.

Mulder, J., Klugkist, I., Van de Schoot, R., Meeus, M., Selfhout, M., & Hoijtink, H. (2009). Bayesian model selection of informative hypotheses for repeated measurements. *Journal of Mathematical Psychology, 53*(6), 530-546.

Mulder, J., Wagenmakers, E. J., & Marsman, M. (2022). A generalization of the Savage-Dickey density ratio for testing equality and order constrained hypotheses. *The American Statistician, 76*(2), 102-109.

Muthén, B., & Asparouhov, T. (2012). Bayesian structural equation modeling: A more flexible representation of substantive theory. *Psychological Methods, 17*(3), 313-335.

Muthen, L. K., & Muthen, B. O. (2010). *Mplus user's guide* (6th ed.). Los Angeles, CA: Muthen & Muthen.

Nobles, R., & Schiff, D. (2005). Misleading statistics within criminal trials: The Sally Clark case. *Significance*, *2*, 17-19.

Nuijten, M. B., Wetzels, R., Matzke, D., Dolan, C. V., & Wagenmakers, E. J. (2015). A default Bayesian hypothesis test for mediation. *Behavior Research Methods, 47*, 85-97.

O'Hagan, A. (1995). Fractional Bayes factors for model comparisons (with discussion). *Journal of the Royal Statistical Society, Series B, 57*, 99-138.

Open Science Collaboration. (2015). Estimating the reproducibility of psychological science. *Science, 349*(6251), aac4716.

Pearl, J. (1988). *Probabilistic reasoning in intelligent systems: Networks of plausible inference*. San Mateo: Morgan Kaufmann.

Pietro, L., Mugion, R., Musella, F., Renzi, M., & Vicard, P. (2015). Reconciling internal and external performance in a holistic approach: A Bayesian network model in higher education. *Expert Systems with Applications, 42*(5), 2691-2702.

Pinto, P. C., Nagele, A., Dejori, M., Runkler, T. A., & Sousa, J. M. (2009). Using a local discovery ant algorithm for Bayesian network structure learning. *IEEE transactions on evolutionary computation, 13*(4), 767-779.

Pituch, K. A., & Stevens, J. P. (2016). *Applied Multivariate Statistics for the Social Sciences*. (Vol. 6). New York and London: Routledge.

Preacher, K. J., & Hayes, A. F. (2008). Asymptotic and resampling strategies for assessing and comparing indirect effects in multiple mediator models. *Behavior Research Methods, 40*(3), 879-891.

Reichenberg, R. (2018). Dynamic Bayesian networks in educational measurement: Reviewing and advancing the state of the field. *Applied Measurement in Education, 31* (4), 335 - 350.

Robert, C. P., & Casella, G. (2004). *Monte Carlo Statistical Methods* (Vol. 2). Springer.

Rosseel, Y. (2012). lavaan: An R package for structural equation modeling. *Journal of Statistical Software, 48*(2), 1 - 36.

Rouder, J. N. (2014). Optional stopping: No problem for Bayesians. *Psychonomic Bulletin & Review, 21*(2), 301 - 308.

Rouder, J. N., & Morey, R. D. (2012). Default Bayes factors for model selection in regression. *Multivariate Behavioral Research, 47*(6), 877 - 903.

Rouder, J. N., Morey, R. D., Speckman, P. L., & Province, J. M. (2012). Default Bayes factors for ANOVA designs. *Journal of Mathematical Psychology, 56*(5), 356 - 374.

Rouder, J. N., Speckman, P. L., Sun, D., Morey, R. D., & Iverson, G. (2009). Bayesian t-tests for accepting and rejecting the null hypothesis. *Psychonomic Bulletin & Review, 16*(2), 225 - 237.

Sabourin, J., Mott, B., & Lester, J. (2013). Utilizing dynamic Bayes nets to improve early prediction models of self-regulated learning. In S. Carberry, S. Weibelzahl, A. Micarelli, G. Semeraro (Eds.), User modeling, adaptation, and personalization (pp. 228 - 241). New York: Springer.

Schönbrodt, F. D., Wagenmakers, E.-J., Zehetleitner, M., & Perugini, M. (2017). Sequential hypothesis testing with Bayes factors: Efficiently testing mean differences. *Psychological Methods, 22*(2), 322 - 339.

Scott, J., & Berger, J. (2010). Bayes and empirical-Bayes multiplicity adjustment in the variable-selection problem. *The Annals of Statistics, 38*(5), 2587 - 2619.

Silvapulle, M., & Sen, P. (2004). *Constrained Statistical Inference: Order, Inequality, and Shape Constraints.* New York: Wiley.

Sisson, S. A. (2005). Transdimensional Markov chains: A decade of progress and future perspectives. *Journal of the American Statistical Association, 100*(471), 1077 - 1089.

Spirtes, P., & Glymour, C. (1991). An algorithm for fast recovery of sparse causal graphs. *Social Science Computer Review, 9*(1), 62 - 72.

Stefan, A. M., Gronau, Q. F., Schönbrodt, F. D., & Wagenmakers, E. J. (2019). A tutorial on Bayes Factor Design Analysis using an informed prior. *Behavior Research Methods, 51*, 1042 - 1058.

Tendeiro, J. N., & Kiers, H. A. L. (2019). A review of issues about null hypothesis Bayesian testing. *Psychological Methods, 24*(6), 774 - 795.

Tibshirani, R. (1996). Regression shrinkage and selection via the Lasso. *Journal of the Royal Statistical Society: Series B, 58*(1), 267-288.

Tibshirani, R., Taylor, J., Lockhart, R., & Tibshirani, R. (2016). Exact post-selection inference for sequential regression procedures. *Journal of the American Statistical Association, 111*(514), 600-620.

Trafimow, D., & Marks, M. (2015). Editorial. *Basic and Applied Social Psychology, 37*, 1-2.

Van de Schoot, R., Depaoli, S., King, R., Kramer, B., Märtens, K., Tadesse, M. G., ... & Yau, C. (2021). Bayesian statistics and modelling. *Nature Reviews Methods Primers*, *1*(1), 1.

Van de Schoot, R., Kaplan, D., Denissen, J., Asendorpf, J. B., Neyer, F. J., & Van Aken, M. A. (2014). A gentle introduction to Bayesian analysis: Applications to developmental research. *Child Development, 85*(3), 842-860.

Van de Schoot, R., Winter, S. D., Ryan, O., Zondervan-Zwijnenburg, M., & Depaoli, S. (2017). A systematic review of Bayesian articles in psychology: The last 25 years. *Psychological Methods, 22*(2), 217-239.

Van Doorn, J., Haaf, J. M., Stefan, A. M., Wagenmakers, E. J., Cox, G. E., Davis-Stober, C. P., ... Aust, F. (2023). Bayes Factors for mixed models: A discussion. *Computational Brain & Behavior, 6*(1), 140-158.

Van Lissa, C., Gu, X., Mulder, J., Rosseel, Y., Van Zundert, C., & Hoijtink, H. (2021). Teacher's corner: Evaluating informative hypotheses using the Bayes factor in structural equation models. *Structural Equation Modelling: A Multidisciplinary Journal, 28*(2), 292-301.

Van Ravenzwaaij, D., Monden, R., Tendeiro, J. N., & Ioannidis, J. P. A. (2019). Bayes factors for superiority, non-inferiority, and equivalence designs. *BMC Medical Research Methodology, 19*(71), 1-12.

Wagenmakers, E.-J. (2007). A practical solution to the pervasive problems of p values. *Psychonomic Bulletin & Review, 14*(5), 779-804.

Wagenmakers, E.-J., Lodewyckx, T., Kuriyal, H., & Grasman, R. (2010). Bayesian hypothesis testing for psychologists: A tutorial on the Savage-Dickey method. *Cognitive Psychology, 60*(3), 158-189.

Wagenmakers, E.-J., Marsman, M., Jamil, T., Ly, A., Verhagen, J., Love, J., ... Morey, R. D. (2018a). Bayesian inference for psychology. Part I: Theoretical advantages and practical ramifications. *Psychonomic Bulletin & Review, 25*, 35-57.

Wagenmakers, E. J., Love, J., Marsman, M., Jamil, T., Ly, A., Verhagen, J., ... & Morey, R. D. (2018b). Bayesian inference for psychology. Part II: Example applications with JASP. *Psychonomic Bulletin & Review, 25*, 58-76.

Wasserstein, R. L., & Lazar, N. A. (2016). The ASA's statement on p-values: Context, process, and purpose. *The American Statistician, 70*(2), 129 - 133.

Wei, X., Huang, J., Zhang, L., Pan, D., &Pan, J. (2022). Evaluation and comparison of SEM, ESEM, and BSEM in estimating structural models with potentially unknown cross-loadings. *Structural Equation Modeling: A Multidisciplinary Journal, 29*(3), 327 - 338.

Wetzels, R., Grasman, R. P., & Wagenmakers, E.-J. (2012). A default Bayesian hypothesis test for ANOVA designs. *The American Statistician, 66*(2), 104 - 111.

Wetzels, R., Grasman, R. P. P. P., & Wagenmakers, E. J. (2010). An encompassing prior generalization of the Savage-Dickey density ratio test. *Computational Statistics & Data Analysis, 38*, 666 - 690.

Wetzels, R., Matzke, D., Lee, M. D., Rouder, J. N., Iverson, G. J., & Wagenmakers, E. J. (2011). Statistical evidence in experimental psychology: An empirical comparison using 855 t tests. *Perspectives on Psychological Science, 6*(3), 291 - 298.

Williams, D. R., & Mulder, J. (2020). Bayesian hypothesis testing for Gaussian graphical models: Conditional independence and order constraints. *Journal of Mathematical Psychology, 99*, 102441.

Williams, K. M., Nathanson, C., & Paulhus, D. L. (2010). Identifying and profiling scholastic cheaters: Their personality, cognitive ability, and motivation. *Journal of Experimental Psychology: Applied, 16*, 293 - 307.

Wolak, F. A. (1987). An exact test for multiple inequality and equality constraints in the linear regression model. *Journal of the American Statistical Association, 82*(399), 782 - 793.

Xenos, M. (2004). Prediction and assessment of student behavior in open and distance education in computers using Bayesian networks. *Computer & Education, 43*, 345 - 359.

Zhang, J., Paulhus, D. L., & Ziegler, M. (2019). Personality predictors of scholastic cheating in a Chinese sample. *Educational Psychology, 39*(5), 572 - 590.

Zellner, A. (1986). On assessing prior distributions and Bayesian regression analysis with g-prior distributions. *The American Statistician, 49*: 327 - 335.